台北MRT路線図

< 運賃について >

- ① 運賃は20〜65元
- ② EASYCARDで運賃2割引
- ③ MRT24時間 フリーパス200元

夕焼けが美しい水辺の街・淡水の最寄り駅。台北駅から約37分

温泉街・北投へはココから

台北最大の夜市、士林夜市まで徒歩2分

国立故宮博物院へはこの駅からバスに乗り換え

淡水
紅樹林
竹圍
關渡
北投
明德

JN220625

食べる場所は？

内用／外帯
（ネイ ヨン／ワイ ダイ）
「イートイン／テイクアウト」

フォーティアオチアン
佛跳牆
（煮込みスープ）

福建省発祥のスープ。佛跳牆は「修行僧も驚くほどの美味」の意。

（焼き）

ホアジーワン
花枝丸
（イカ団子）

イカを練って団子状にして揚げたもの。塩胡椒が添えられる。

フォンリーシャチウ
鳳梨蝦球
（エビマヨ）

独特な甘い味の台湾マヨネーズが効いた、パイナップル入りエビマヨ。

ホントゥンミエン
餛飩麺
（ワンタン麺）

ワンタンと麺が入り、スープに染み出たワンタンのコクがたまらない。

イーミエン
意麺
（平打ち麺）

小麦と卵を合わせて練った平打ち麺。シコシコとした食感が特徴。

タンツァイミエン
担仔麺
（汁入り麺）

細めの麺に肉味噌とニンニクをからめた、台南生まれの小吃麺。

料理名で見る調理法

煎（ジエン）…さっと焼く
炸（ジャー）…揚げる
拌（バン）…あえる
燉（ドゥン）…長時間煮込む
烤（カオ）…あぶる
燴（ホイ）…あんかけ

HOT／ICE

熱的（ロァダ）…熱い
冰的（ビンダ）…冷たい
溫的（ウンダ）…温かい

飲み物のサイズ

大杯（ダーベイ）…Lサイズ
中杯（ジョンベイ）…Mサイズ
小杯（シァオベイ）…Sサイズ

トッピング

花生（ホアション）…ピーナッツ
綠豆（リューウ）…緑豆
紅豆（ホンドウ）…小豆
地瓜（ディーグア）…サツマイモ
芋頭（ユィトウ）…タロイモ
湯圓（タンユエン）…白玉
粉圓（フェンユエン）…タピオカ
芋圓（ユィユエン）…芋団子
地瓜圓（ディーグアユエン）…サツマイモ団子
蓮子（リエンズ）…ハスの実
白木耳（バイムーアー）…シロキクラゲ
薏仁米（イーレンミー）…ハトムギ
大麦仁（ダーマイレン）…オオムギ
仙草（シエンツァオ）…仙草（薬草）のゼリー

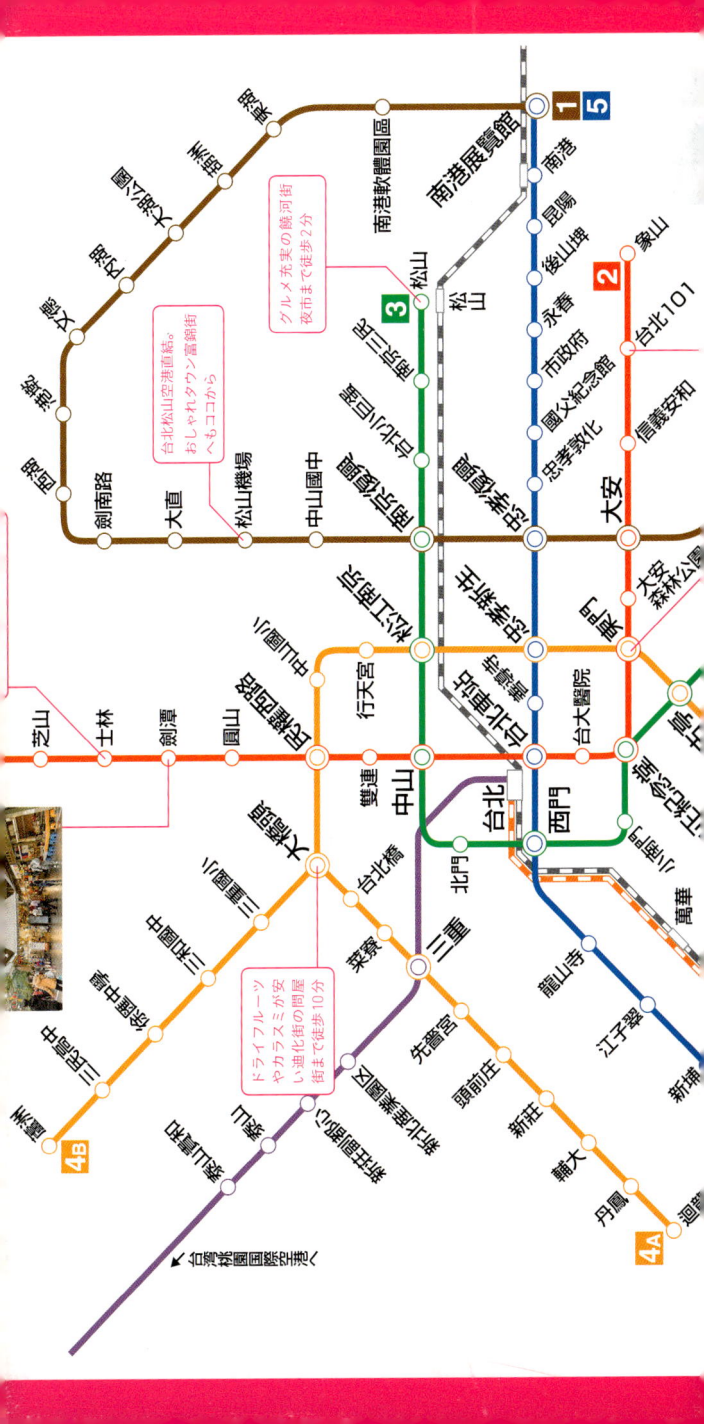

（指をさして）注文する

ウォ ヤオ ジョー ゴ
我要這個
「これをください」

値段を聞く

ドゥオ シャオ チエン
多少錢？
「いくらですか？」

ジーロウファン
雞肉飯
（鶏肉飯）

手で裂いた鶏肉をのせたご飯に、秘伝のタレを合わせたぶっかけ飯。

タイ ワン リャオ リー
台湾料理 （台湾料理）

高級料理から家庭の味まで台湾料理レストランの代表的なメニューをご紹介。

ホンシュンミーガオ
紅蟳米粉
（カニのおこわ）

卵の多いメスのカニを使う。子孫繁栄を意味する縁起のよい食べ物。

シュイジエンバオ
水煎包
（焼き小籠包）

挽き肉を具にした小ぶりな包子。蒸し焼きにし、肉汁もたっぷり。

ウーウィズー
烏魚子
（カラスミ）

台湾みやげの定番。スライスして大根、ニンニクなどと共に食べる。

ツァイブーダン
菜脯蛋
（切り干し大根入り）

切り干し大根入りのしょっぱい卵焼き。昔ながらの家庭料理。

ミータイムー
米苔目
（米の麺）

米で作った麺で、つるモチの食感が特徴。汁あり、なしを選べる。

チャオチンツァイ
炒青菜
（青菜の炒め物）

空心菜やほうれん草など、青菜にニンニクと塩を効かせた炒め物。

イエンシエンズー
醃蜆仔
（しじみの醤油漬け）

生のしじみを醤油、ニンニクで味付け。新鮮さがカキで酒の友に◎。

シャンチャン
香腸
（台湾ソーセージ）

甘みのあるソーセージ。生ニンニクやネギなどと食べるのが定番。

ミエン レイ
麺類 （麺類）

麺の種類も味付けもさまざま。「乾麺」は汁なし麺、「湯麺」は汁あり麺の意。

ニウロウミエン
牛肉麺
（牛肉麺）

スープは醤油ベースの「紅焼」、花椒で味付けた「清燉」などがある。

ミーフェンタン
米粉湯
（ビーフンスープ）

ビーフン入りスープはあっさり味で、サイドメニューとの相性もよい。

ヤンチュンミエン
陽春麺
（具なし麺）

スープに麺のみ、または極力シンプルな具を入れたあっさり麺。

リャンミエン
涼麺
（冷やし麺）

夏に人気の麺。ゴマまたは醤油ベースのタレをからめて食べる。

オアミエンシエン
蚵仔麺線
（カキ入り麺）

豚の腸とカキが入った汁麺。麺は極細でトッピングの香菜が合う。

チャオミエン
炒麺
（焼きそば）

野菜、肉、海鮮などを入れた焼きそば。「炒」は炒める料理法を表す。

ジャージァンミエン
炸醬麺
（ジャージャー麺）

太めの麺に肉味噌をからめて食べる。おろしニンニクともよく合う。

注文もこれでOK
グルメ指さしカタログ

これを食べなきゃ始まらない！　便利な指さしでオーダーも簡単。
グルメ天国・台湾で心ゆくまで本場の味を満喫しよう。

シャオ　チー
小吃 （軽食）

台湾グルメはやっぱり小吃（軽食）から。夜市や街なかの露店で、食べ切れないほど種類も豊富。

チョウドウフー
臭豆腐
（発酵豆腐）

発酵した臭みが特徴の揚げ豆腐。白菜の酢漬けが定番のトッピング。

ルーロウファン
魯肉飯
（肉そぼろかけご飯）

醤油をベースに甘辛く煮込んだトロトロの豚肉そぼろをかけたご飯。

オアチェン
蚵仔煎
（カキ入りオムレツ）

小さいカキを卵と炒め甘辛いソースを添えた、台湾小吃の代表格。

グアバオ
割包
（台湾式バーガー）

甘辛く煮た豚バラ肉、パクチーなどをフカフカの饅頭でサンド。

イエンスージー
鹽酥雞
（揚げ物）

鶏肉、野菜、練り物などの食材を揚げ、特製スパイスで味付け。

ツォンジュアビン
蔥抓餅
（ネギ餅）

小麦の生地に刻んだネギや卵を入れて焼いたもの。食感はモチモチ。

バオズ
包子
（中華まん）

日本でもおなじみ中華まん。ベジタリアン向けやタロイモ餡などもある。

フージアオビン
胡椒餅
（胡椒餅）

胡椒をきかせた肉餡がジューシー。高温窯で焼き上げた皮は食感がいい。

ロウゾン
肉粽
（台湾式ちまき）

もち米を笹で包んだちまき。具は豚肉、卵など地域によって異なる。

シュイジアオ
水餃
（水餃子）

台湾で餃子といえば水餃子。モッチリとした厚めの皮が食べ応えあり。

グオティエ
鍋貼
（焼き餃子）

甘いタレで食べるのは台湾ならでは。テイクアウトで食べる人も多い。

台湾の
得ワザ

300

TAIWAN TRAVEL TECHNIQUE

朝日新聞出版

知らなかったら損をする
TAIWANの基本情報

おいしい、楽しい、リーズナブルなスポットがいっぱいの台湾。
各エリアと都市のお得情報をつかんで旅を10倍楽しもう!

TAIPEI

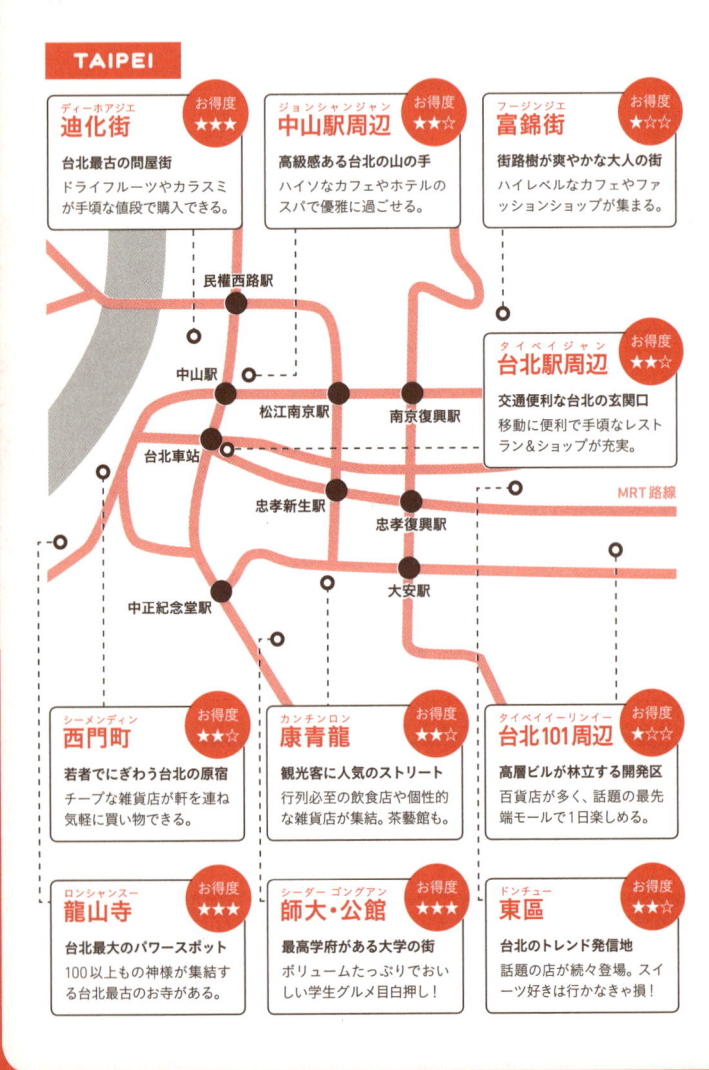

ディーホアジエ
迪化街
お得度 ★★★

台北最古の問屋街
ドライフルーツやカラスミが手頃な値段で購入できる。

ジョンシャンジャン
中山駅周辺
お得度 ★★☆

高級感ある台北の山の手
ハイソなカフェやホテルのスパで優雅に過ごせる。

フージンジエ
富錦街
お得度 ★☆☆

街路樹が爽やかな大人の街
ハイレベルなカフェやファッションショップが集まる。

タイベイジャン
台北駅周辺
お得度 ★★☆

交通便利な台北の玄関口
移動に便利で手頃なレストラン&ショップが充実。

シーメンディン
西門町
お得度 ★★☆

若者でにぎわう台北の原宿
チープな雑貨店が軒を連ね気軽に買い物できる。

カンチンロン
康青龍
お得度 ★★☆

観光客に人気のストリート
行列必至の飲食店や個性的な雑貨店が集結。茶藝館も。

タイベイイーリンイー
台北101周辺
お得度 ★☆☆

高層ビルが林立する開発区
百貨店が多く、話題の最先端モールで1日楽しめる。

ロンシャンスー
龍山寺
お得度 ★★★

台北最大のパワースポット
100以上もの神様が集結する台北最古のお寺がある。

シーダー ゴングアン
師大・公館
お得度 ★★★

最高学府がある大学の街
ボリュームたっぷりでおいしい学生グルメ目白押し!

ドンチュー
東區
お得度 ★★☆

台北のトレンド発信地
話題の店が続々登場。スイーツ好きは行かなきゃ損!

民權西路駅
中山駅
松江南京駅
南京復興駅
台北車站
忠孝新生駅
忠孝復興駅
MRT路線
大安駅
中正紀念堂駅

✈	日本から	3〜3.5時間（台北）
●	時差	−1時間
▣	ビザ	90日以内の観光は不要
💬	言語	北京語（公用語）、台湾語など
🚽	トイレ	水洗
🚗	主な交通手段	MRT、タクシー
🍶	お酒&タバコ	18歳からOK
🗄	レート	1元≒3.2円（2016年10月現在）

TAIWAN

マオコン 猫空
お得度 ★★☆
緑豊かなお茶の郷
静かな茶藝館で癒やしのひとときを。

ビンシーシエン 平溪線
お得度 ★★☆
人気のローカル線
侯硐で猫とたわむれ、十分で天燈に願いを。

ダンシュイ 淡水
お得度 ★★☆
夕日の名所
爽快なサイクリングと夕日を楽しめる。

ジウフェン 九份
お得度 ★★☆
情緒ある街並み
ほっこり小吃&絶景茶藝館を制覇。

台北

ウーライ 烏來
お得度 ★☆☆
台北の奥座敷
川辺の無料露天風呂でリラックス。

ガオション 高雄
お得度 ★★☆
台湾第2の都市
新鮮な魚介と南国フルーツのパラダイス。

ホアリエン 花蓮
お得度 ★☆☆
台湾東部の石の町
無料のダンスでアミ族の文化に触れる。

タイナン 台南
お得度 ★★☆
台湾の古都
台北では出合えない絶品小吃を味わう。

タイジョン 台中
お得度 ★★☆
台湾人憧れの町
リノベビルと茶藝館の風格がすごい！

🍴 GOURMET
お得度 ★★★
小籠包は日本の半額、有名店のマンゴーかき氷なら半額以下！

🏮 NIGHT MARKET
お得度 ★★★
並んででも食べたい激ウマ屋台で賢くスムーズに注文。

🛒 SHOPPING
お得度 ★★☆
クーポンでお得に買い物。レシートは捨てずに一攫千金を狙え!?

📷 TOURISM
お得度 ★★☆
台北101展望台の割引テクあり！　無料のお祓いも試そう。

📷 LOCAL
お得度 ★☆☆
九份の絶景ポイントを把握して誰よりもいい写真を撮ろう！

🛏 STAY
お得度 ★★☆
台湾の「こんなところに泊まってみたい」を叶えるホテルカタログ。

✈ OTHER
お得度 ★★☆
各社競合で手頃な航空券多し。キャンペーンならさらにお安く。

行く前に知っておきたい台湾の得ワザ
CONTENTS

GOURMET
全89ワザ

NIGHT MARKET

全11ワザ

🛒 SHOPPING

全56ワザ

📷 **TOURISM**
全35ワザ

OTHER
全64ワザ

本書の使い方

本書では、台湾旅行に使えるお得な情報や豆知識を「得ワザ」としてまとめています。得ワザはグルメ、夜市、ショッピング、観光、ローカル（台北郊外＆地方）、宿泊、その他のカテゴリに分かれています。日本円料金は1元＝約3円として計算しています。

【データの見方】

- ♠ 住所
- ☎ 電話番号
- ㊓ 営業時間（オープンからクローズまでを表記しています。ラストオーダーや入館締切時間は異なります。また、店の都合により閉店が早くなる、開始時間が変わることもあります）
- ㊡ 祝日、年末年始などを除く定休日
- ㊙ 大人の入場料、施設利用料ほか
- ㊤ 交通手段やMRT駅など拠点となる場所からの所要時間
- **MAP** 地図上での位置を表示

📖 巻頭綴じ込み

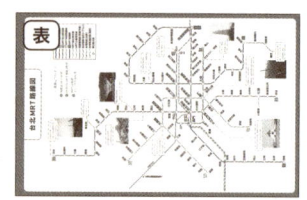

台北MRT路線図

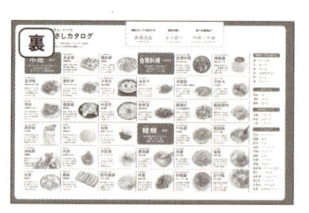

グルメ指さしカタログ

本書について

本書に掲載したデータは2016年10月現在のものです。内容が変更される場合がありますので、事前にご確認下さい。祝日や年末年始の場合は、営業時間や休みなどの紹介内容が大きく異なる場合があります。営業時間はオープンからクローズを記載しており、ラストオーダーの時間は店により異なります。料金に関しては、全て税・サービス料抜きの価格を記載しています。MRTやバス、車での所要時間は、道路状況により、大幅に異なる場合があります。本書に掲載された内容による損害などは弊社では補償しかねますので、あらかじめご了承下さい。

得ワザ

GOURMET

台湾旅行のメインはやっぱりグルメ！
小籠包、マンゴーかき氷などの定番から、
穴場＆格安レストランまで、
おいしい料理をお得に楽しむ
グルメのワザをご紹介！

全89ワザ

001

台湾グルメ　お得度 ★★☆

台湾で食べるべきはコレ！
2泊3日で食べ尽くすベスト献立術

火鍋はランチがベスト、小籠包は1日中食べられる！

　まず、朝食はホテルではなく地元の店で食べるべし。通勤中に朝食を買い職場で食べる習慣がある台湾では、早餐（朝食）店が多く、1食たった300円程度で本格料理を味わえる。大定番の小籠包も、台湾では早朝から深夜まで食べられることも覚えておきたい。

　昼食は、麺類や魯肉飯、火鍋に挑戦。特に火鍋店はランチ限定の特別価格を設定している店も多いので要チェック。迷ったときは台湾グルメの代表格がそろうフードコートが便利！

　夕食は、カジュアル路線なら夜市で食べ歩きや、にぎやかな居酒屋「熱炒」で。また、豆花やかき氷店は22〜23時頃まで営業している店も多いので、スイーツタイムは夕食後の時間を有効に使いたい。

食べるべきフード **BEST 3**

シャオロンバオ
小籠包
定番は豚肉餡。旨い店は地元で聞くのもいい。隠れた名店が見つかるかも

→鼎泰豐 P.14
→濟南鮮湯包 P.20
→明月湯包 P.23

ホオグオ
火鍋
鍋料理全般のこと。紅湯ベースの麻辣火鍋は刺激が強く食べ過ぎ注意

→問鼎 P.32
→天喜迷你火鍋 P.34

→ICE MONSTER P.60
→冰讚 P.62
→綠豆蒜啥咪 P.66
→西門町芒菓冰 P.67

マンゴーかき氷
マンゴーの旬は5〜8月。この時期以外は食べられない店もある

旅程組立にお役立ち！メニュー別ベスト時間帯

メニュー名	朝	昼	夜
小籠包（シャオロンバオ）		●	●
火鍋（ホオグオ）		●	●
牛肉麺（ニウロウミエン）		●	●
米粉（ミーフェン）		●	
魯肉飯（ルーロウファン）		●	●
豆漿（ドウジャン）	●		
台湾料理		●	●
中国料理		●	●
ベジタリアン		●	●
自助餐（ズージューツァン）		●	●
台湾式おにぎり	●		
割包（グアバオ）		●	●
かき氷		●	●
豆花（ドウホァ）		●	●
包子（バオズ）	●		●

さらに得ワザ

002 /310　有名店グルメは永康街（ヨンカンジエ）で解決！

永康街には鼎泰豊の本店をはじめ、牛肉麺や餃子、マンゴーかき氷の有名店が点在している。MRTで行くなら淡水信義線、または中和新蘆線の東門駅で下車し、5番出口から行くのが便利。

小籠包 お得度 ★★★

超有名店の小籠包が 日本の半額以下で味わえる！

観光スポット至近の有名店は食べてから観るが必勝

「小籠包といえば、鼎泰豐」と、必ずその名が挙がる超有名店、鼎泰豐。日本に支店があるとはいえ、現地で食べれば半額以下！（日本は6個908円に対し、台湾は10個210元≒約630円）。限定メニューも多く、訪れないわけにはいかない。そんな行列必至の人気店で待ち時間を最小限に抑えたいなら、朝イチの時間帯を狙おう。

本店である信義店は、土日・祝日は午前9時開店。おすすめは、開店前に到着し並ぶこと。この時間帯をはずすと非常に混雑する。なぜならば、信義店は旅行者に人気の散策スポット、永康街に隣接しているから。「街散策でお腹を空かせたあと食事を」と計画しても、訪れる頃には入店を待つ人の長蛇の列。「他店の小籠包で我慢するか…」という残念な結果になりかねない。

朝イチが狙い目なのは支店でも同じ。例えば、台北101の地下には台北101店があるが、こちらでも"食べてから観光"が鉄則だ。

📍 **康青龍**
鼎泰豐 信義店
ディンタイフォン シンイーディエン

丁寧で手際のよいカスタマーサービスも人気の秘密。メニューも写真入りで注文もノンストレス。

🏠 信義路二段194号　☎02-2321-8928
🕙 10:00～21:00、土・日曜・祝日9:00～　㊡無休
Ⓜ MRT東門駅から徒歩1分
日本語○　日本語メニュー○

康青龍 ▶ MAP P.232 B-1

✎ MENU

小籠包　210元（10個／約630円）
蟹粉小籠包（カニみそ入り小籠包）　370元（10個／約1110円）

スイスイ入店! 並び方をチェック

行列時の注文は入店前に済ませる。オーダーは注文表に各自記入する。日本語もあるので安心だ。

1 店先の人混みが鼎泰豊の目印。到着したらまず待機中の客を管理する店員を探して

2 店員はほぼ日本語対応可。人数を伝え、番号札、記入式オーダーシートとペンをもらう

3 写真入りメニューもあるので注文の参考にしよう。オーダーを記入したら店員へ

4 店先の番号表示ボードに自分の番号が表示されたら、番号札を店員へ提示し入店

> さらに
> 得ワザ

004/310 穴場は支店! カードも使える

台湾には本店を含め10店舗ある。そのうち台北市内には6店舗。味はどの店も変わらない。定番観光地に近い厳選4店は以下の通り。

📍 **台北101周辺**
鼎泰豊 101店
イーリンイーディエン

🏠市府路45号台北101 B1F 購物中心内 ☎02-8101-7799 🕐11:00〜21:30 🏖無休 🚇MRT 台北101／世貿駅から徒歩1分
[日本語〇] [日本語メニュー〇]
[台北101周辺] ▶MAP P.233 F-2

📍 **台北101周辺**
鼎泰豊 A4店
エーフォーディエン

🏠松高路19号 新光三越信義新天地A4館 B2F ☎02-2345-2528 🕐11:00〜21:30 🏖無休 🚇MRT 市政府駅から徒歩5分
[日本語〇] [日本語メニュー〇]
[台北101周辺] ▶MAP P.233 F-2

📍 **中山駅周辺**
鼎泰豊 南西店
ナンシーディエン

🏠南京西路12号 新光三越南西店1館B2F ☎02-2511-1555 🕐11:00〜21:30 🏖無休 🚇MRT 中山駅から徒歩1分 [日本語〇] [日本語メニュー〇]
[中山駅周辺] ▶MAP P.229 D-2

📍 **東區**
鼎泰豊 忠孝復興店
ジョンシャオフーシンディエン

🏠忠孝東路三段300号 SOGO復興館B2F ☎02-8772-0528 🕐10:00〜21:30、金・土曜〜22:00 🏖無休 🚇MRT忠孝復興駅から徒歩1分
[日本語〇] [日本語メニュー〇]
[東區] ▶MAP P.234 A-2

小籠包　お得度 ★★☆

台湾炒飯ランキングNo.2入賞！
「鼎泰豐」は炒飯も旨い！

通なお客は小籠包以外の点心を目当てに訪れる

1958年の創業当時、油問屋を営んでいた「鼎泰豐」が現在のように小籠包を提供し始めたのは1972年のこと。その後、評判が口コミで広まり、1993年にはニューヨークタイムズ紙の「世界の人気レストラン10店」に、中国料理レストランとして唯一選出された。

その実力は小籠包以外のメニューにも十分活かされているのだが、鼎泰豐で小籠包以外の料理をオーダーする旅行者は意外と少ない。餃子やシュウマイなどの蒸籠系メニューはもちろん、ぜひ食べてみてほしいのが、蝦仁蛋炒飯（エビと卵の炒飯）210元（約630円）。実はこの炒飯、「台湾で最もおいしい炒飯」を決める大規模な人気投票で、各地の専門店を抑え第2位に輝いている。この調査は「輕旅行travel.yam.com」というオンラインサイトが2013年に実施したもので、約11万人が参加。覆面調査員による投票40％と、オンライン投票60％の結果にもとづいてランキングが発表された。

多くのファンが「こんなに繊細な炒飯はほかでは味わえない！」と絶賛する通り、鼎泰豐の蝦仁蛋炒飯はプリプリのエビがゴロゴロ入ったあっさり味が特徴。一皿頼んで、数人でシェアするのもいいし、上品な味わいの元盅雞湯（鶏肉のスープ）などのスープ類とも好相性！　あまり知られていないのだが、実は炒飯のお米は、白米か玄米を選択することができる。常連客はあえて玄米をチョイスする人も！　日本にはないサービスなのでぜひ試してみて。

小籠包以外で！
鼎泰豊で食べるべきお得メニュー**BEST5**

ディンタイフォン

 1

シャレンダンチャオファン
蝦仁蛋炒飯
210元
（約630円）

上品であっさりとした味わい。小籠包と共に食べるなら、小碗をもらって数人でシェアするのがおすすめ

2

ユエンジョンジータン
元盅雞湯
200元
（約600円）

旨み濃厚な金色の鶏肉スープ。具は別皿で崩しながら食べよう

3

ドウミアオシャレン
豆苗蝦仁
650元
（約1950円）

値段は張るが大ぶりなエビと歯ごたえある豆苗のコンビが絶妙

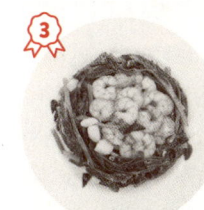

 **4**

シャレンシャオマイ
蝦仁燒賣
340元
（10個／約1020円）

みっちり詰まった肉のボリュームは小籠包とは異なる満足感がある

5

ツァイロウジョンジャオ
菜肉蒸餃
180元
（10個／約540円）

野菜メインの餡は、あっさりしていて箸休めにちょうどいい

さらに
得ワザ

006 /310   **土日祝限定メニューにトライ**

　ミニ小籠包とスープ、小籠湯包160元（10個／約480円）、320元（20個／約960円）は週末と祝日のみの特別メニュー。本店9時〜、101店11時〜、それぞれ1時間のみ提供している。

小籠包　お得度 ★★☆

迷ったらアイコンを確認！
おすすめがひと目で分かる

「鼎」と書かれた赤丸マークは人気の証

混雑時の「鼎泰豐」では、順番待ちの間にオーダーシートを記入して注文を済ませるが、その際に確認したいのが、日本語表示あり、食欲をそそる写真ありの、見やすいメニューだ。店員に頼めば見せてもらえるほか、入口付近の壁にも拡大版が貼ってある。

各料理の内容は写真と日本語をチェックすれば簡単に想像がつくが、注目したいのは豚やエビ、唐辛子の形をしたイラストアイコン。実はこれ、使われている素材や、辛さの度合いがひと目で分かるように、中国語のメニュー名の横に併記されているのだ。特に見落とさないようにしたいのが、赤い丸に白い字で「鼎」と書かれたマーク。これは、特に人気がある、いわば鼎泰豐の「看板メニュー」にのみ表示されているもので、もちろんP.16で紹介した蝦仁蛋炒飯（エビと卵の炒飯）の横にもこのアイコンが。注文に迷ったら、ぜひ参考にしてほしい。

なお、メニューを見て試してみたいものを見つけたら、「先にオーダーした料理が来てから」などと躊躇せずに、その都度オーダーすることも大事。混雑時は料理の出来上がりまで、思いのほか待たされてしまうこともある。たとえ食べ切れなくても、台湾の鼎泰豐はお持ち帰りOKなので安心を。「打包」といえば、残った分を包んでくれる。次々に運ばれてくる蒸したての小籠包や点心の蒸籠がテーブルを飾る様子は、写真映えすること間違いなしだ。

鼎泰豐メニューアイコン一覧

人気メニュー
一度は食べてみるべき、店イチオシの人気メニュー

鶏肉
小籠包や蒸し鶏料理に表記あり。あっさりしてコクがある

素食（ベジタリアン）
スーシー
アズキ小籠包、青菜炒めなど、野菜のみ使用している料理

エビ
シュウマイ、炒飯、炒め物など。やや高価格設定

豚肉
小籠包から麺類まで多種にわたる。排骨炒飯も人気

カニ
人気のカニみそ入り小籠包は、豚肉×カニみそが好相性

牛肉
鼎泰豐は牛肉麺も美味。細麺にピリ辛の醤油ソースが合う

ピリ辛
酸辣湯やラー油入りピリ辛ワンタンなどに表示あり

空心菜は季節限定！
小籠包の付け合わせにオーダーしたい青菜炒めは、キャベツ、豆苗、A菜（レタスの一種）、サツマイモの葉などバリエーション豊富。ただし、人気の空心菜は冬は品薄になるので気をつけて。ホウレンソウは通年食べられる。

さらに得ワザ

008 / 310 おみやげに！ 絶品Pケーキを
パイナップル

「鼎泰豐」はキーホルダーなどのオリジナルグッズやパイナップルケーキも販売している。特にパイナップルケーキは専門店に引けを取らないおいしさ。3個入りのミニサイズがあるのもうれしい。

金磚旺來 鳳梨酥禮盒
ジンジュアンワンライ フォンリースーリーホー

生地はバターたっぷりで濃厚。ほのかに塩味があって、ホロホロの食感。餡は台湾産のパイナップルに冬瓜を合わせ、酸味と甘みのバランスがよい、素朴な味に仕上げている。3個入り108元（約324円）、6個入り216元（約648円）。

小籠包　お得度 ★★☆

味が確かで居心地もいいのは「済南鮮湯包」と「點水樓」！
ジーナンシエンタンバオ　　　ディエンシュイロウ

薄皮にたっぷりスープ！　絶品小龍包を名店で味わう

　「鼎泰豐以外の小籠包を食べてみたい！」という旅行者には、地元で愛される確かな味と、居心地のよさを両立できる店がおすすめ。

　地元の人がよくテイクアウトで利用している「済南鮮湯包」なら、味は保証済み。透けて見えるほど薄い皮の中に、お肉の旨みが詰まった餡とスープがたっぷり。「これぞ本場の味！」と納得するはず。モダンな店内でゆっくり食事もできる。「點水樓」はクラシックなチャイナテイストの内装で、「台湾に来た！」という気分を盛り上げてくれる一軒。小籠包は餡にもしっかり味が付いていて、箸が止まらないおいしさ。現地ライターやカメラマンのなかには「鼎泰豐よりも點水樓派！」という人もいるほど。どちらもオシャレに本格料理を楽しめて、価格は済南鮮湯包の小籠包が180元（8個／約540円）、點水樓が120元（5個／約360円）とリーズナブル。手頃さも人気の秘密だ。

📍 忠孝新生
済南鮮湯包
ジーナンシェンタンバオ

開店直後から口コミで人気が広がった家族経営の店。注文を受けてから包むという小籠包はとりわけ薄い皮が特徴。
🏠 済南路三段20号　☎02-8773-7596
🕐 11:20〜14:30、17:00〜21:30　休無休　🚇MRT忠孝新生駅から徒歩5分
日本語○　日本語メニュー○
台北中心部　▶MAP P.226 C-2

📍 台北小巨蛋
點水樓 南京店
ディエンシュイロウ ナンジンディエン

7店舗の支店を持つ老舗。なかでもチャイナテイスト一色の南京店は広くて快適。メニューは日本語と写真付きで安心。
🏠 南京東路四段61号　☎02-8712-6689
🕐 11:00〜14:30、17:30〜22:00（LO21:00)　休無休　🚇MRT台北小巨蛋駅から徒歩1分
日本語×　日本語メニュー○
台北中心部　▶MAP P.227 E-2

これがローカルの2大人気小籠包！

ジーナンシエンタンバオ
済南鮮湯包

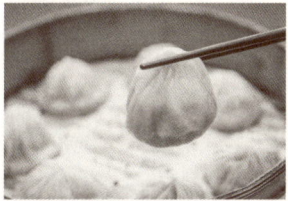

つゆだく!!

ユエンロンシエンタンバオ
圓籠鮮湯包
180元（8個／約540円）

スタンダードな小籠包は皮が薄く餡が透けて見える。スープが絶品なので必ずひと口で食べよう

つゆだく度 ━━━━━━━★

皮の薄さ ━━━━★━━

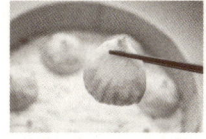

シエホアンユエンロンバオ
蟹黄圓籠包
270元（8個／約810円）

カニみそ入り小籠包。高級食材を贅沢に使いながらこの値段はお得！

✐ OTHER MENU

猪肉大餅捲（豚肉巻き）130元（約390円）　魩仔魚炒飯（シラス炒飯）180元（約540円）

ディエンシュイロウ
點水樓

鼎泰豐超え!?

シャオロンバオ
小籠包
120元（5個／約360円）

新鮮な黒豚の肉を使った餡はコクがあるのにさっぱり。たっぷりスープに肉の食感がしっかり

つゆだく度 ━━━━━━★━

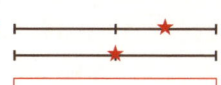

皮の薄さ ━━━★━━━

ジウツォンターシャオロンバオ
九層塔小籠包
150元（5個／約450円）

オリジナルの台湾バジル小籠包。皮にもバジルを使いきれいな緑色に

✐ OTHER MENU

點水烤方（豚の角煮包子の皮付き）620元（約1860円）
紹興醉雞（鶏肉の紹興酒漬け）480元（小／約1440円）

さらに
得ワザ

010 /310　　點水樓の小籠包をDIYできる!?

「點水樓」の桃園店では小籠包作りの体験ができる。自分で包んだ小籠包の味は格別！　体験証明書も発行してくれる。費用は330元（約990円）。前々日までに電話03-361-0202（中国語のみ）へ予約が必要。

小籠包　お得度 ★★★

1日50名限定！　平日午後は「點水樓(ディエンシュイロウ)」で点心食べ放題！

小籠包を含む点心を400元(約1200円)以下で好きなだけ

　點水樓(P.20)は台北市内にいくつか店舗があるが、平日台北中心部にいるなら、「點水樓SOGO店」へ足を運んでみてほしい。

　というのもこの店舗、平日14時半から16時半まで、1日50名限定で90分食べ放題(下午茶吃到飽)が実施されているのだ。しかも、食べ放題といっても、ビュッフェ形式ではなくその都度オーダーするスタイル。いつでも作りたてをテーブルに運んでもらえる。

　気になる価格は、注文できる料理の種類別に3パターン。Aの15種類が399元(約1197円)、Bの12種類が369元(約1107円)、Cの8種類が329元(約987円)で、それぞれ別途サービス料10%、前菜付きだ。點水樓の定番小籠包は5個入り120元(約360円)。食べ放題Cでいうと、3皿頼めば元が取れてしまう！

　平日のみとはいえ常に満席状態なので事前に予約を。店には日本語対応可能なスタッフも多いので、臆することなく電話してみよう。

📍 東區

點水樓 SOGO店
ディエンシュイロウ ソゴーディエン

トリュフやバジルなど7種類の小籠包が味わえることでも有名。看板の小籠包のヒダは17ヒダで徹底している。

🏠 忠孝東路 3 段 300 号 SOGO復興館 11F
☎ 02-8772-5089　🕚 11:00〜22:00　㈹無休
🚇 MRT忠孝復興駅から徒歩1分
`日本語○` `日本語メニュー○`
`東區` ▶ MAP P.234 A-2

注意点
・人気のプランなので予約必須。
・子ども料金は身長90cm以下なら無料、91〜120cmは1名につき199元、121cm以上は全額。
・午後の食べ放題は1日50名限定、制限時間は90分。
・食べ切れる範囲で注文すること。食べ切れない場合の持ち帰り不可。

012

`小籠包` お得度 ★★☆

ミンユエタンバオ
つゆだく小籠包「明月湯包」は羽根付き餃子も狙い目！

小籠包と焼き餃子が同時に食べられるのはミラクル⁉

　つゆだく小籠包が評判の「明月湯包」。宜蘭産黒豚の脂身1、赤身
肉5の配合で作る餡は、脂肪分控えめ。過去の人気小籠包コンテス
トでは、「ひと口噛めば、スープが四方にあふれ出る」と称賛された
ほどだ。そんな小籠包のお店だが、実は焼き餃子も密かなブーム！

　明月湯包の招牌鍋貼130元（約390円）は、鉄板で焼き上げる際に
水溶き粉を加えた羽根付き餃子。香ばしい香りとジューシーな餡に
は餃子好きならずとも魅了される。そもそも、台湾では餃子といえ
ば蒸し餃子か水餃子。特に小籠包のお店では蒸した点心しか置いて
いない所も多く、焼き餃子を食べられる機会が少ない。そんななか、
小籠包と共に、羽根付き焼き餃子が食べられるのは超ラッキー！

　さらに、台湾では「点心にはお茶」が主流でドリンクはお茶かソフ
トドリンクという店が多いなか、この店はビールも取り扱う。日本人
のニーズを満たしてくれる貴重な一軒だ。

📍 **信義安和**
明月湯包
ミンユエタンバオ

スープたっぷり、ヘルシーな小籠包といえば右に出るも
のなし！　黒豚の滋味豊かな味を楽しもう。

🏠 基隆路二段162-4号　☎ 02-2736-7192
🕐 11:00～14:00、17:00～21:00　🈺 月曜
🚇 MRT六張犁駅から徒歩6分

`日本語○` `日本語メニュー○`
`台北101周辺` ▶MAP P.233 D-3

✐ MENU

明月湯包（小籠包）　130元（8個／約
390円）　招牌鍋貼（焼き餃子）　130
元（10個／約390円）

013

小籠包　お得度 ★★★

夜便でも初日から食べられる！
深夜まで営業の小籠包

大ぶりの小籠包が8個で90元（約270円）！

「正好鮮肉小籠湯包」は、臨江街夜市（P.96）近くにある小籠包のお店。メニューは小籠包、酸辣湯、シュウマイの3品のみで勝負。お客が途切れないのがおいしさの証だ。

ネギの産地として有名な宜蘭に本店を持つので、餡には新鮮な宜蘭産ネギをたっぷりと使用していて、外からでもネギの緑がはっきりと見えるほど。かなり大ぶりサイズだが、皮が薄めでさっぱりした餡なので、女性でも余裕で8個を食べられる。何といってもうれしいのは小籠包90元（約270円）、酸辣湯35元（約105円）という価格！この値段で味にも満足の小籠包を食べられるから、多くの人がリピーターになってしまうのだ。オーダーは口頭のみだが、メニューが限られているのでお店の人の対応も慣れたもの。ローカルな雰囲気の割には入りやすい店構えも魅力。深夜0:50までやっているので、夜便で台北に着いてもその日のうちに小籠包を食べられる。

📍 **信義安和**

正好鮮肉小籠湯包
ジョンハオシエンロウシャオロンタンバオ

人気の臨江街夜市のメインストリートからすぐの路地にある。店内は狭いが回転はよく、並んでも時間は短め。

🏠 通化街57巷6-1号　☎ 02-2707-6005
🕐 17:00〜翌0:50　㊡月曜
🚇 MRT信義安和駅から徒歩6分
日本語× 日本語メニュー×
台北101周辺 ▶ MAP P.233 D-3

 MENU

小籠包　90元（8個／約270円）
酸辣湯　35元（約105円）

小籠包　お得度 ★★☆

カフェ風の「金品茶語」なら
1人でも小籠包を楽しめる

（ジンビンチャーユィ）

セットメニューをどうぞ！　1人旅にも便利なお店

　お茶の老舗「金品茗茶」がオープンしたカフェレストラン。明るくおしゃれな空間で本格的な料理と品質の確かなお茶を使ったドリンクが楽しめるとあって、若い女性を中心に人気が高まっている。

　特にお得なのがランチタイム。一番人気のクラシックセットは前菜のように食べられるパイ、小籠包6個、牛肉麺（苦手な場合は変更可）にドリンクが付いて360元（約1080円）。小籠包はプレーンとヘチマ、カニみそ入りが2個ずつ入っていて、麺料理も好みに合わせて選べる。1人旅や少人数の人でも色々な味が楽しめる工夫がうれしい。お店のもう一つの自慢は、自社で販売しているクオリティの高い茶葉を使ったミルクティー。特にタピオカミルクティーが絶品！ランチセットのドリンクとして選ぶこともできるので、1つのセットで小籠包、牛肉麺、タピオカミルクティーという台湾グルメの代表格をまとめて制覇することができる。

📍 **中山駅周辺**

金品茶語
ジンビンチャーユィ

小籠包では有名なレストラン「金品茶樓」（P.219）の系列店なので、カジュアルな雰囲気でも小籠包の味は確か。

⌂南京東路一段88号　☎02-2521-9669
🕐11:00〜22:00　🈑無休
🚇MRT中山駅から徒歩8分
〔日本語○〕〔日本語メニュー○〕
〔中山駅周辺〕　▶MAP P.229 E-2

✏ MENU

経典套餐（クラシックセット／小籠包
＋パイセット＋麺＋ドリンク）　360
元（約1080円）

015 /310

小籠包 お得度 ★★★

朝4時オープン、一籠100元！
早朝小籠包なら「鼎元豆漿」へ
ディンユエンドウジアン

激安&大ぶり小籠包を豆漿と共に

　1日に3回しかない食事タイム。「台湾にいるあいだにできるだけ小籠包を食べたい！」という人も多いはず。そんなときにおすすめなのが、朝から点心が食べられる朝ごはん専門店「鼎元豆漿」だ。

　台湾式朝ごはんといえば豆漿（豆乳）に蛋餅（台湾式クレープ）などの粉ものを合わせるのが主流だが、この店はサイドメニューの小籠包が絶品！　餡は比較的濃いめの味で、肉汁たっぷり。小籠包専門店と比べて一粒が大ぶりで、しっかりと満腹感も与えてくれる。さらに、値段も8個でたった100元（約300円）と超破格！　鼎泰豊は10個で210元（約630円）なので、約2分の1の価格で小籠包が味わえる。しかも、朝ごはん専門店なので朝4時から営業しており、旅行ラストの朝「もう一度小籠包が食べたい！」というときにも駆け込めて、かなり使える！　豆漿と共に小籠包を食べるという、台湾好きには夢のような裏技も叶えてくれるのだ。

- -

📍 **中正紀念堂**

鼎元豆漿
ディンユエンドウジアン

50年の歴史を持つ老舗。蛋餅などの粉ものから飯團（おにぎり）まで、台湾らしい朝ごはんを体験できる。

🏠台北市金華街30-1号　☎02-2351-8527　🕐4:00〜11:30　🈚無休　🚇MRT中正紀念堂駅から徒歩6分　 日本語× 日本語メニュー×

台北駅周辺 ▶MAP P.231 F-3

🖊MENU

小籠湯包　100元（8個／約300円）
鹹豆漿（おぼろ豆腐）　30元（約90円）
蛋餅　30元（約90円）

店舗別営業時間をチェック！

店名	ページ	営業時間	値段
ティンタイフォン シンイーディエン **鼎泰豐 信義店**	→P.14	**10:00〜21:00、 土・日曜・祝日9:00〜**	210元 （10個／約630円）
ガオジー **高記**	→P.219	**10:00〜22:30 (LO22:00)、 土・日曜8:30〜**	220元 （10個／約660円）
ジーナンシエンタンバオ **濟南鮮湯包**	→P.20	**11:20〜14:30、 17:00〜21:30**	180元 （8個／約540円）
シャオシャンハイ **小上海**	→P.219	**10:30〜14:30、 16:30〜21:00**	130元 （10個／約390円）
ジョンハオシエンロウシャオロンバオ **正好鮮肉小籠湯包**	→P.24	**17:00〜翌0:50**	200元 （10個／約600円）
ジンピンチャーロウ **金品茶樓**	→P.219	**11:00〜14:00、 17:00〜21:00**	160元 （8個／約480円）
ディエンシュイロウ ナンジンディエン **點水樓 南京店**	→P.20	**11:00〜14:30、 17:30〜22:00 (LO21:00)**	120元 （5個／約360円）
ハオゴンダオ ジアンジョーシャンハイディエンシン **好公道 江浙上海點心**	→P.219	**9:00〜21:00**	100元 （8個／約300円）
ハンジョウシャオロンバオ **杭州小籠湯包**	→P.219	**11:00〜22:00、 金・土曜〜23:00**	140元 （8個／約420円）
ベイダーハン **北大行**	→P.219	**11:00〜14:00、 17:00〜20:30**	150元 （10個／約450円）
ミンユエタンバオ **明月湯包**	→P.23	**11:00〜14:00、 17:00〜21:00**	130元 （8個／約390円）

※営業時間や価格は変更されることがあるのでご注意ください。

さらに
神ワザ

016 /310　　**テイクアウトで行列回避！**

　「鼎元豆漿」では小籠包のテイクアウトもOK。テイクアウトと店内利用でオーダーカウンターが違うので、並ぶのはいやという人はテイクアウト（外帯）（ワイダイ）の列へ。ホテルや公園でゆっくり味わおう。

朝ごはん　お得度★☆☆

午後になると店が変わる!?
朝限定の絶品ビーフン

朝のみ100円ちょいのカジキマグロのスープビーフン

　清朝末期に商店が軒を連ねていたという、台北で最も古い問屋街・迪化街。土地柄、早朝オープン、創業50年以上という老舗飲食店が集まっている。なかでも昼には売り切れ必至の絶品グルメが、創業80年の「民楽旗魚米粉湯」の米粉湯（カジキスープビーフン）だ。

　市場で仕入れた新鮮なカジキマグロから丁寧にダシをとったスープは、ひと口ごとにマグロの旨みがじんわり体に染み入り、コシのあるビーフンとの相性も抜群。仕上げにトッピングする揚げネギが香ばしく、一度食べたらヤミツキになること間違いなし。この味で1食35元（約105円）はお値打ち！

　ただしこのお店、6時から13時までの営業で、12時過ぎには売り切れてしまうこともしばしば。午後には店主が変わって、同じようなビーフンを販売しているが、味は別物なので要注意。午後の迪化街は観光客でにぎわうので、人気の老舗は早朝が狙い目だ。

📍 **迪化街**

民楽旗魚米粉湯
ミンラーチーウィミーフェンタン

添加物、化学調味料不使用のカジキマグロスープ目当てに、台北っこが集まる老舗店。早起きしてでも食べるべき！

🏠民楽街3号　☎0933-870-901　⏰6:00〜13:00
㊡無休　🚇MRT北門駅から徒歩7分
日本語△　日本語メニュー×

迪化街　▶MAP P.228 A-2

✏️ MENU

米粉湯（ビーフン）　35元（約105円）
紅炸焼肉（豚肉の紅麴からあげ）　50元（約150円）

台湾の朝ごはん図鑑

豆乳 ティエンドウジアン **甜豆漿**

砂糖入りの甘い豆乳。熱的（熱いもの）、冰的（冷たいもの）がある

おぼろ豆腐 シエンドウジアン **鹹豆漿**

ネギを浮かべたやさしい塩味の豆乳。おぼろ豆腐のような食感

おにぎり ファントアン **飯糰**

もち米が定番。具は大根の漬け物、甘い肉鬆（でんぷ）、卵、揚げパンなど

サンドイッチ サンミンジー **三明治**

肉、卵など具材は豊富でボリューミー。ミックスサンドは總匯三明治という

さらに
得ワザ

018 /310　　ブームの予感！　鉄板焼きサンド

鉄板で焼くホットサンドはボリューム満点で200円前後。餅＆ピーナッツバターなど変わり種も人気！

📍 **東區**
扶旺號 復興店
フーワンハオ フーシンディエン

🏠 復興南路一段133-1号　☎02-2771-5736
🕖 7:00〜16:00、金〜日曜〜19:00　🈳 毎月最終火曜　🚇MRT忠孝復興駅から徒歩1分
`日本語△` `日本語メニュー×`
`東區`　▶MAP P.234 A-2

✏ MENU

扶旺號招牌土司（ミックスサンド）
85元（約255円）　焼焼麻糬壓土司
（餅とピーナッツバターサンド）　60元（約180元）

朝ごはん　お得度★★☆

大行列の「阜杭豆漿」は
開店時間の5時半に訪問すべし

売り切れ必至の名物朝ごはんは、早起きしてゲット

　"台北No.1の朝食店"として名を馳せる「阜杭豆漿」。朝7時半以降のピーク時は、炎天下で平均1〜2時間待つことも！

　そこで狙うは、営業開始時刻の朝5時半。この時間なら、10分程度でサクッと入店可能。早朝はほとんど地元客でテイクアウト中心なので、座席はガラガラ。食事もゆっくりできる。早起きが苦手な人も、遅くとも6時までには到着を。それでも平均30分は並ぶが、この時間なら職人が作業する姿を見物しながら建物内で待機できるので、それほど退屈しない。商品も出来たてで、作り置きに当たることもなく、最もおいしい状態で食べられるのもポイントだ。ちなみに、豆漿といえば蛋餅（台湾風クレープ）とセットのイメージだが、この店ではぜひ厚餅夾蛋38元（約114円）の注文を。伝統の石窯で焼き上げたフカフカの手作り生地に卵焼きを挟んだもので、ほかの朝食店にはない、この店限定の逸品だ。

📍 **台北駅周辺**

阜杭豆漿
フーハンドウジアン

1958年創業。華山市場の建物2階にある。台湾人が愛する朝ごはん、豆漿、油條、焼餅、蛋餅などはすべて自家製。

🏠 忠孝東路一段108号 2F　☎02-2392-2175
🕐 5:30〜12:30　📅 月曜　🚇 MRT善導寺駅から徒歩1分　日本語△　日本語メニュー×

台北駅周辺　▶ MAP P.231 F-2

✏️ MENU

鹹豆漿（おぼろ豆腐）　30元（約90円）　薄餅油條（揚げパンのパイ包み）44元（約132円）

ここでも食べられる！　豆乳朝ごはん

📍 **中正紀念堂**
青島豆漿店
チンダオドウジアンディエン

創業40年以上の人気店。香ばしい豆の香りを楽しめる豆漿や、自家製ニラ入りまんじゅうなどがおすすめ。常連も多いので行列覚悟で。

🏠杭州南路一段139-3号　☎02-2393-4958
🕐5:30〜11:30　🈳第2・4日曜
🚇MRT東門駅から徒歩8分
日本語× ｜ 日本語メニュー○
台北駅周辺　▶MAP P.231 F-3

ジウツァイホー
韮菜盒　35元(約105円)
噛んだ瞬間、ニラの風味と肉汁がじゅわ〜！　パリッ、サクッとした生地との相性も最高

ルオボスービン
蘿蔔絲餅　25元(約75円)
塩辛く味付けた切り干し大根がたっぷり詰まった焼餅。シャキシャキした食感が美味

シエンドウジアン
鹹豆漿　20元(約60円)
ネギや干しエビの入った鹹豆漿。お酢の力でほわほわ固まって、おぼろ豆腐のよう

さらに得ワザ

020 ／310　朝食ついでにおみやげGET！

華山市場にはおみやげ店も数店舗入店している。中国菓子店もあり、阜杭豆漿の列に並んでいるとお菓子の試食を配布してくれることも。

📍 **台北駅周辺**
華山市場
ホアンシャンシーチャン

🏠忠孝東路一段108号　☎なし　🕐5:00〜21:00(店舗により異なる)　🈳店舗により異なる
🚇MRT善導寺駅から徒歩1分
日本語△
台北駅周辺　▶MAP P.231 F-2

火鍋 お得度 ★★★

食事しながらネイルにマッサージ！
ゴージャス火鍋で姫気分♪

おいしいのは当たり前。料理以外もすごい店

　台湾では鍋料理全般を「火鍋」という。激辛の「麻辣火鍋」、漢方入りの「養生鍋」、酸っぱい白菜と豚肉の「酸菜白肉鍋」など、味の種類は多種多様！　日本では鍋というと冬を思い浮かべるが、台湾では一年を通して人気があり、それだけに街なかの店舗数も多い。

　それぞれがサービスを競うなかで、火鍋界のエンターテイナーといわれているのが「問鼎」だ。具材やスープの味がいいのはもちろん、レストランの範疇を超えた驚きのサービスが用意されている。例えば、清王朝の衣装に着替えて撮影できる変身写真コーナー。さらに、ネイリストによるネイルケアのほか、マッサージ師に体をほぐしてもらえるリラックススペースも！　もちろん、これらすべてが無料。ちなみに、デザートはハーゲンダッツのアイスクリーム食べ放題。火鍋を食べに来ただけなのに、至れり尽せりのおもてなし！　この店なら、一石二鳥を超える、この上ない満足感を得られる。

📍 東區

問鼎
ウェンディン

制限時間2時間、最低消費料350元（約1050円）／人＋サービス料10%。具材をその都度オーダーする注文式。
🏠 忠孝東路四段210号2F　☎02-2731-2107
🕐 11:30〜翌0:00　休 無休
🚇 MRT忠孝敦化駅から徒歩3分
[日本語△] [日本語メニュー○]
[東區] ▶MAP P.235 D-2

✎ MENU

鴛鴦鍋（2色鍋）　158元（約474円）
総合手工海鮮滑（手作り海鮮つみれ盛り合わせ）　268元（約804円）

問鼎のお得ポイント！

（ウェンディン）

① 写真撮影

入口付近の衣装は自由に着用、撮影OK。
清朝の皇帝、皇后に扮装して玉座で1枚

② ネイルケア

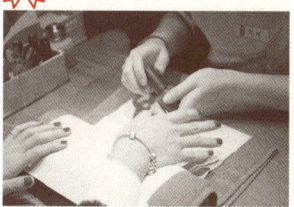

有名ブランドOPIとのコラボで最新色のネ
イルがそろう。食べてキレイになれてお得

③ 無料マッサージ

専門のマッサージ師が上半身を5分間ほぐ
してくれる。名前を書いて席で待つ

④ アイス食べ放題

常時16種類のフレーバーをそろえる。食
前に、デザートに、いくら食べてもOK！

さらに
得ワザ

022 /310　姉妹店もアイス食べ放題！

ランチは599元（約1797円）、夜と土・日曜・祝日は699元（約2097円）。
肉、海鮮、野菜などの具材とアイス、ビールが食べ放題、飲み放題。

📍 東區

馬辣頂級麻辣鴛鴦火鍋 復興店
マーラーディンジーマーラーユエンヤンホオグオ フーシンディエン

🏠 復興南路一段152号 4F　☎02-2772-7678
🕐 11:30〜翌 2:00（LO翌2:00）　㊡無休　🚇忠
孝復興駅から徒歩1分　日本語× 日本語メニュー○

東區 ▶MAP P.234 A-2

023

火鍋 お得度 ★★☆

おひとり様ウエルカム！
気軽に火鍋を楽しめる店

リーズナブルで気兼ねなしと、いいことづくし！

「1人旅だけど、ぜひ台湾の火鍋を食べてみたい！」こんな人もきっと多いに違いない。火鍋といえば大勢でワイワイ鍋を囲む店を想像するが、実は、台湾では1人で黙々と鍋をつつける店もメジャー。

店はカウンター式が多いので1人でも入店しやすく、着席すると目の前の1人用コンロに小型鍋がセットされる。メニューからベースとなる具材（牛肉、豚肉、羊肉、海鮮類などのメイン1種に野菜、練り物が付く）を選ぶとすぐに鍋が運ばれてきて、待ち時間なく食べ始められるのもいい。スープが減ったら注ぎ足してくれたり火加減を調節してくれたり、店員が常に目を配ってくれるので安心だ。

台湾式ひとり鍋の元祖といわれる「天喜迷你火鍋」では、1人前190元〜（約570円）と、鍋料理なのに1食まさかの1000円以下！ たいていの店では、セットまたは別料金でご飯やはるさめ、緑豆を使ったデザートなどが用意されており、具材の追加注文（加料）ができる。

📍 **迪化街**
天喜迷你火鍋
ティエンシーミーニーホオグオ

台湾ひとり鍋発祥の店。30年ものの石鍋で煮る旨さは格別で、地元の人々でにぎわう。
🏠南京西路306号 ☎02-2558-6781
🕐11:30〜23:00 ㊡火曜
㊡MRT中山駅から徒歩10分
日本語○ 日本語メニュー×
迪化街 ▶MAP P.228 B-2

📍 **台北駅周辺**
Le Pot 甄品鍋
ルポット ジェンピンゴ

ヨーロッパ調のカフェのようなおしゃれな火鍋の店。カウンター席や個室もある。
🏠華陰街35号 ☎02-2555-9222
🕐11:30〜21:30 ㊡月曜
㊡MRT台北車站から徒歩10分
日本語× 日本語メニュー○
台北駅周辺 ▶MAP P.231 E-1

HOW TO 石頭火鍋の食べ方
シートウホオグオ

> ソースは
> セルフで！

石頭火鍋 (牛)
シートウホオグオ
190元（約570円）
底が浅い石鍋に、牛、羊、豚肉、海鮮や野菜などを入れて、火を通し食べる。ベジタリアン鍋も

① 薬味を選ぶ

最初の薬味が足りない場合は、店内にセットされた薬味から、食べる分だけ小皿に取る

→

② タレを混ぜる

薬味と醤油、酢、好みで台湾ならではの沙茶醤（魚介ベースの調味料）などを混ぜる

→

③ 小碗や取り皿を使い食べる

薬味を調節しながら小碗に取り分けて、煮えた具材やスープを入れながら食べる

> さらに
> 得ワザ

024/₃₁₀ オーガニックなひとり鍋！

　自社農園で生産した新鮮な野菜を使った鍋を1名用でサーブ。人気はトマトスープがベースのトマト鍋。

📍康青龍
齊民東門市集
チーミンドンメンシージー

🏠信義路二段158号 2F　☎02-2327-9824
🕐11:30〜15:30、17:30〜22:00、土・日曜
11:30〜22:00　🈳無休　🚇MRT東門駅から徒歩1分　 日本語△ 日本語メニュー〇
 康青龍 　▶MAP P.232 A-1

🖊 MENU

爐烤蕃茄澳洲牛肉湯（オージービーフ＆トマトスープ鍋）128元（具材別途／約384円）　有機野菜盛り合わせ 98元（約294円）

麺 お得度 ★★☆

台湾麺は無料トッピングで
カスタマイズ無限大！

麺類の完全制覇は至難の業？　自分で作る究極の一杯

　台湾の牛肉麺は、日本におけるラーメンのような存在。専門店がいくつもあり、店ごとにスープや具材の牛肉、麺にそれぞれこだわりがある。ガッツリ系からフレンチにインスパイアされた高級系まで種類もさまざまで、実はとても奥深い料理だ。

　しかもこの牛肉麺、無料で自分好みに味をカスタマイズできる楽しみがある。定番スープは紅燒（醤油ベースのピリ辛）、清燉（あっさり塩味）、蕃茄（トマト）の3種。店によっては扁麺（平麺）、細麺、はるさめ麺を選べることも。さらに、トッピングの肉の部位（筋／スジ、腱／スネ、腩／バラなど）、辛さ（辛いものから大辣、中辣、小辣、微辣）を選び、定番トッピングの高菜などを加えれば、幾通りにも味が変化。日本では決して食べられない、台湾の味が完成する。

　もちろん、牛肉麺以外にも麺料理はまだまだある。軽く小腹を満たすなら麺線、炸醤麺、擔仔麺。シンプルで日本人好みの意麺、涼麺、米粉、米苔目。いずれも湯麺（汁あり）、乾麺（汁なし）がある。

　そのほか、無料のトッピングも豊富なのでお見逃しなく。牛肉麺の高菜のように、大蒜（ニンニク）や香菜（パクチー）などは、麺料理には欠かせない名脇役！　テーブルやカウンターに「請自行拿取（ご自由にお取りください）」と表記されている場合もあるし、注文時に「不要大蒜（ニンニク抜き）」、「放多／少一點（多め／少なめ）」と伝える場合もある。自分だけの至高の一杯を探求しよう。

こんなにある！　台湾麺の種類

〈 ニウロウミエン 〉
牛肉麺

牛肉がゴロゴロ入った麺。
台湾麺料理の代表格

〈 タンツァイミエン 〉
擔仔麺

エビダシで肉そぼろ入り。
台南発祥の小碗の麺

〈 イーミエン 〉
意麺

歯ごたえのある卵麺。汁な
しの乾麺がポピュラー

〈 ミエンシエン 〉
麺線

極細麺にカツオダシ＆とろ
み汁。具は豚の大腸とカキ

〈 リアンミエン 〉
涼麺

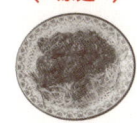

冷たい汁なし麺。ゴマ、また
は醤油ダレのあっさり系

〈 ミーフェン 〉
米粉

焼きビーフンと米粉湯（ビー
フン入りスープ）がある

〈 ヤンチュンミエン 〉
陽春麺

麺のみ、またはシンプルな
具を入れたあっさり汁麺。

〈 ミータイムー 〉
米苔目

米が原料で見た目はうどん。
かき氷のトッピングにも

〈 ダオシャオミエン 〉
刀削麺って？
麺生地の塊を専用の刀
で削るパフォーマンス
で有名な麺

さらに
得ワザ

026 /310　CNN絶賛の牛肉麺は「微風 信義店」にあり

　台北きってのラグジュアリーホテル、リージェント台北がプロデュー
ス。CNNが必食と賞した牛肉麺が食べられる店。

📍 **台北101周辺**
晶華冠軍牛肉麺坊
ジンホアグアンジュンニウロウミエンファン

🏠 忠孝東路五段68号微風信義店 4F
☎ 02-8786-8799　🕐 11:00〜21:30（LO21:00）、
木〜土曜〜22:00（LO21:30）　🈚 無休　Ⓜ MRT
市政府駅から徒歩1分　[日本語△][日本語メニュー×]
[台北101周辺]　▶ MAP P.233 F-2

牛肉2種とワンタン入り晶華三
冠王牛肉麺380元（約1140円）

24時間　お得度 ★★☆

24時間グルメ天国！
眠らない美食街「雙城美食一條街」
シュアンチョンメイシーイーティアオジエ

台北っこに人気の安くて珍しいグルメに出合える

　生鮮食品だけでなく、ファッションも充実している屋根付きの晴光市場。そこから続くアーケードと、さらに続くストリートに屋台がひしめくのが「雙城美食一條街（雙城街夜市）」だ。朝は朝食店、夜は夜市と、朝から晩までさまざまな食屋台が並び、24時間台湾グルメ楽しみ放題！　付近にはサンルート台北など、日系ホテルを含む宿泊施設が多いが、このあたりに泊まれば食事に困ることはないだろう。また、このエリアの店はただおいしいだけでなく、非常にユニーク。実は台湾人も遠方からわざわざ足を運ぶ名店ぞろいなのだ。例えば、豆花に卵を入れて、プリン風にアレンジしたスイーツが人気の「丁香豆花」（P.39）、フレンチトーストで肉や野菜をサンドした「Mr. Lin's Sandwich」など。ほかではなかなかお目にかかれない珍しいグルメが24時間味わえて、しかも一食平均50〜90元（約150〜270円）程度！　まさかのワインコイン以下で楽しめる。

📍 中山國小
雙城美食一條街
シュアンチョンメイシーイーティアオジエ

晴光市場の裏に広がる美食街。朝昼晩、どの時間にも対応する安くて味も納得のグルメが集まっている。
⌂ 雙城街周辺　☎ 店舗により異なる
🕐 24時間　🈵 無休
🚇 MRT中山國小駅から徒歩5分
日本語△　日本語メニュー△
中山駅周辺　▶ MAP P.229 D-1

市場臨接！ 周辺には日系ホテルも。

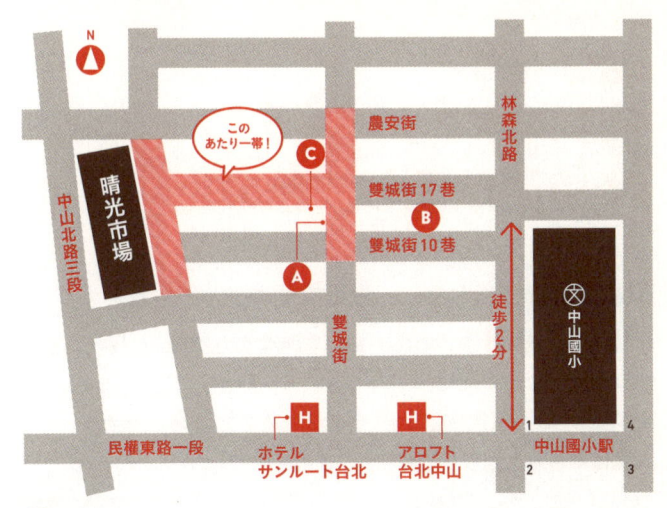

このあたり一帯！

N

中山北路三段

晴光市場

農安街

林森北路

C

雙城街17巷

B

雙城街10巷

A

雙城街

徒歩2分

☒ 中山國小

1　　　　4

2　　　　3

民權東路一段

H ホテル
サンルート台北

H アロフト
台北中山

中山國小駅

A

香廣珍燒腊
シャングアンジェンシャオラー

香港出身の店主が作る三寶飯（鴨肉プレート）80元（約240円）が有名。五香粉に漬けた鴨肉はやわらか！

♠雙城街10巷1-1号　☎02-2595-0745　⏰11:00〜19:30　㊡日曜　🚇MRT 中山國小駅から徒歩5分

日本語× 日本語メニュー×

中山駅周辺 ▶MAP P.229 E-1

B 脆皮鮮奶甜甜圈　→P.74
ツイピーシエンナイティエンティエンチュエン

台湾風ドーナツ25元（約75円）の店。サクッもちっの独特な食感の正体は片栗粉。

中山駅周辺 ▶MAP P.229 E-1

C 丁香豆花　→P.73
ディンシャンドウホア

豆花に卵と牛乳を加えたプリン風豆花45元（約135円）〜の店。手作りトッピングも美味。

中山駅周辺 ▶MAP P.229 D-1

さらに
神ワザ

028 /310　昼と夜で店が入れ替わる!?

雙城美食一條街の青空屋台は、夕方17時頃に屋台自体はそのまま、店主がチェンジするお店が多い。屋台番号は同じでも味付け等は17時前と後で変わるので、注意しよう。

029 /310

[24時間] お得度 ★★☆

1皿ワンコイン以下！
24時間飲茶し放題の店

深夜はカフェ代わりに。お得な朝食セットもある！

「吉星港式飲茶」は1997年から約20年間台北で愛され続ける広東料理と香港式飲茶の大型レストラン。友人同士や家族の集まりから、大人数のカジュアルな会食まで、地元の人々でいつもにぎわう。

味は本格派ながら、価格帯は水晶明蝦餃（エビ入り水餃子）105元（約315円）など、どれもワンコイン以下！ さらにこの店は中山駅周辺という好立地に加え、24時間営業。グループでの食事に、深夜のカフェ代わりに、朝ごはんにと、何かと使い勝手がいい。

また、朝食やランチ、夜食の時間帯にはお得なセットメニューも！なかでもおすすめなのが、毎日7〜10時半の朝食セット。麺、ワンタン、ピータン入り粥などから1品（60元〜／約180円〜）選べば、特定のメニューが割引に。例えば、普段100元（約300円）の点心が一品30元（約90円）に。付け合わせも1皿30元（約90円）、飲み物は10元〜（約30円〜）など、破格の値段で味わえる。

📍 中山駅周辺

吉星港式飲茶
ジーシンガンシーインチャー

昔から日本人が多く訪れる中山で店を構えて約20年。24時間営業で、老若男女を問わず地元で愛され続ける名店。

🏠 南京東路一段92号2F ☎ 02-2568-3378
🕐 24時間 休 無休
🚇 MRT中山駅から徒歩10分
[日本語△] [日本語メニュー×]
[中山駅周辺] ▶ MAP P.229 E-2

✏ MENU

明蝦韭菜餃（エビニラ水餃子）105元（約315円）　海鮮焗白菜（海鮮白菜グラタン）135元（約405円）

深夜＆24時間営業の神店5連発

豆漿 [ドウジアン]

洪記豆漿大王
ホンジードウジアンダーワン

豆乳や小籠包、大根餅、卵焼きなど、夜食に食べてもちょうどいい軽食をそろえる。テイクアウトもOK。

📍 南京復興

🏠 長春路352号　☎02-2717-5511
🕐 24時間　㊡無休　Ⓜ MRT南京復興駅から徒歩6分　日本語×　日本語メニュー○
台北中心部　▶MAP P.227 D-2

牛肉麺 [ニウロウミエン]

建宏牛肉麺
ジエンホンニウロウミエン

小碗でも十分満足できる牛肉麺（小）は、うれしい安さの90元（約270円）。スープはほんのり甘め。

📍 西門町

🏠 西寧南路7号　☎02-2371-2747
🕐 24時間　㊡無休　Ⓜ MRT北門駅から徒歩3分　日本語×　日本語メニュー○
西門町　▶MAP P.230 C-1

炸醬麺 [ジャージアンミエン]

四郷五島 馬祖麺店
スーシャンウーダオ マーズーミエンディエン

人気は麻醤麺（ゴマダレ麺）40元～（約120円～）。黒心水餃（ゴマ入り水餃子）60元（10個／約180円）ほか。

📍 南京復興

🏠 遼寧街7号　☎02-2771-5406
🕐 24時間　㊡無休　Ⓜ MRT南京復興駅から徒歩7分　日本語×　日本語メニュー○
台北中心部　▶MAP P.227 D-2

お粥

無名子清粥小菜
ウーミンズーチンジョウシャオツァイ

自助饗のお粥店。席を取ってから、トレーを持ってカウンターの料理を指さしオーダーする。

📍 大安

🏠 復興南路二段146号　☎02-2784-6735
🕐 11:00～翌3:00　㊡無休　Ⓜ MRT大安駅から徒歩7分　日本語△　日本語メニュー×
台北中心部　▶MAP P.227 D-3

火鍋

鼎王麻辣鍋 光復店
ディンワンマーラーグオ グアンフーディエン

古代中国風のゴージャスな雰囲気の店内で火鍋が楽しめる。具材は注文式で、店員のサービスもいい。

📍 南京三民

🏠 光復北路89号　☎02-2742-1199
🕐 11:30～翌4:00　㊡無休　Ⓜ MRT南京三民駅から徒歩8分　日本語△　日本語メニュー○
台北中心部　▶MAP P.227 E-2

030 /310

`台湾料理` お得度 ★★☆

青葉（チンイエ）のミニプレートで
台湾料理を低予算コンプリート

本格料理を少しずつ注文できるうれしいサービス

　台湾料理とは、福建料理をベースに台湾独自に発展した料理のこと。いわゆる中国本土の料理ほど認知度が高くないジャンルだが、実はフカヒレやカラスミなど、日本ではなかなか味わえない高級食材を使ったメニューがたくさん存在する。

　しかし、本来それらの料理は正月や結婚式などの祝いの席で見かけるもので、基本的に大皿での提供がメイン。少人数用にオーダーできる店は少なく、2人での食事なら、1人1品頼んだだけでもすっかり満腹になってしまう。そこでおすすめなのが、本格台湾料理の名店「青葉」。ここでは、各料理をミニサイズでオーダーできるのだ。例えば、ワタリガニをまるごと一杯使った贅沢なカニおこわも、この店では珍しく大小2サイズ用意がある。豚バラ肉を甘辛く煮た角煮、フカヒレを使ったスープ、アワビやカラスミの料理にも小サイズがあるので、他店より低予算で幅広くコンプリートが可能だ。

📍 **中山駅周辺**

青葉台湾料理 中山店
チンイエタイワンリアオリー ジョンシャンディエン

1964年創業の名店。家庭で口にする庶民的な味から高級海鮮料理まで、台湾人になじみの深い料理を楽しめる。

🏠 中山北路一段105巷10号　☎ 02-2551-7957
🕐 11:00～14:30 (LO14:00)、17:00～22:30 (LO21:30)　🈳 無休　🚇 MRT中山駅から徒歩7分
`日本語○` `日本語メニュー○`
`中山駅周辺` ▶ MAP P.229 D-3

✏️ **MENU**

醃蚋仔（シジミの醤油漬け）198元（小／約594円）　菜脯蛋（干し大根の卵焼き）208元（小／約624円）

「青葉」で食べたいお得メニュー BEST5

① シャンシュンミーガオ
上蟳米糕
988元（小／約2964円）
コスパ★★☆
定番度★★★

身の詰まったカニとゴマ油風味のおこ
わは相性ぴったり。噛みしめる度にカ
ニのエキスがじんわり舌に広がる

② ルーロウ
嚕肉
218元（小／約654円）
コスパ★★☆
定番度★★★

とろんぷるんとした食
感と、肉の旨みがたま
らない！

③ ウーウィズー
烏魚子
828元（小／約2484円）
コスパ★☆☆
定番度★★☆

カラスミを紹興酒に漬
け、表面を炙ってサー
ブ。ねっとり香ばしい

④ フォティアオチアン
佛 跳 牆
698元（小／約2094円）
コスパ★★☆
定番度★★☆

フカヒレ、ナマコ、ホタ
テ貝柱など、高級食材
が詰まったスープ

⑤ チンジョンパオユィ
清蒸鮑魚
760元（小／約2280円）
コスパ★★☆
定番度★☆☆

紹興酒と醤油で蒸した
アワビ。やわらかな食
感でクセになる味わい

さらに
得ワザ

031 /310　珍しい島料理が台北で食べられる

　台湾北西部にある離島「馬祖島」の料理を出す店。島民が造る老酒と酒
糟を使って調理する魚介類が自慢。必食は蚵仔煎（カキの卵焼き）サンド。

📍 **南京復興**

枕戈待旦
ジェンゴーダイダン

🏠興安街93号　☎02-2502-2252　🕐10:30〜
14:30、17:00〜22:00　⑭無休　🚇MRT南京
復興駅から徒歩6分

日本語×　日本語メニュー×

台北中心部　▶MAP P.227 D-1

MENU

繼光餅夾蚵蛋（カキの卵焼きサンド）
120元（約360円）　三鮮炒魚麵（海
鮮麵）　180元（約540円）

032

お酒　お得度★☆☆

クラフトビールは
穴場の店でオシャレに楽しむ！

感度の高い若者が集まる東區のビールバー

　台湾の夜といえば夜市を想像するかもしれないが、最近、若者の間ではクラフトビールがブーム！

　数年前までは、新鮮なクラフトビールをそろえる店は台北にほとんど存在しなかった。しかし、おしゃれスポット東區の「啜飲室」は、アメリカの「Founders」など世界中のクラフトビールを日替わりで常時20種提供している。なかでも見逃せないのは、台湾産のクラフトビールだ。台湾発のクラフトビールは地元でもなかなかお目にかかれないので、造りたての味を堪能できるのはかなり貴重！　また、日本のバーとはひと味違って楽しいのが、おつまみ。種類はシンプルに数点のみだが、滷味（台湾式ごった煮）150元（約450円）など、伝統の味をモダンにアレンジしたものが食べられる。

　客層は現地在住の外国人や感度の高いおしゃれな若者が中心で、観光地とはまた違った雰囲気。リアルな台北を感じるにも最適だ。

📍 **東區**
啜飲室
チュオインシー

開店直後は静かだが、夜がふけるとワイワイ大にぎわい。
クラフトビールを楽しめる台北でも貴重な場所。

🏠復興南路一段107巷5弄14号　☎02-8773-9001
🕐17:00〜23:30、金・土曜〜翌0:30　㉺無休
🚇MRT忠孝復興駅から徒歩5分
日本語△　日本語メニュー×
東區　▶MAP P.234 B-1

✏ MENU
FOUNDERS PORTER　200元（約600円）
55th STREET　SCULPIN IPA
200元（約600円）

GOURMET

お酒 お得度★★☆

コンビニのフルーツビールで
部屋飲みが楽しい

フルーツビール350㎖缶が120円程度

　台湾啤酒（台湾ビール）は、台湾で最も広く飲まれているビールブランド。コンビニやスーパーで気軽に買えるので、旅先のホテルで部屋飲みするのにもぴったりだ。台湾は日本と違ってチューハイやカクテル系のドリンクが少ないが、近年はマンゴーやパイナップルなど、台湾らしい南国フルーツを使用したフルーツビールが登場。アルコール度数は2.5〜3.8％と低めで、口当たりも甘くてライト。「ビールの苦みはちょっと苦手だけど、雰囲気は楽しみたい」という人にぴったりだ。店舗によるが、いずれも350㎖で30〜40元（約90〜120円）程度とお手頃。飲み比べを楽しもう。

コンビニで購入できるビール

タイワンビージウ ジンパイ
台湾啤酒 金牌
アルコール度数5％。低温でゆっくり発酵させて造るラガービール。台湾啤酒の定番

タイワンビージウ
台湾啤酒 PREMIUM
アルコール度数5％。ミュンヘンモルトを使用し、味、香り、色共に金牌よりも濃厚

グオウェイシュン
果微醺
アルコール度数3.5％、果汁9％のフルーツビール。青リンゴ、白ぶどう、ライチの3種

タイワンビージウ マングオ
台湾啤酒 芒果
アルコール度数2.8％、果汁5％。愛文という台湾産マンゴーを使用。まるでジュースのよう

タイワンビージウ フォンリー
台湾啤酒 鳳梨
アルコール度数2.8％、果汁5％。パイナップルの甘みのあとに、しっかりと苦味が

タイワンビージウ フォンミー
台湾啤酒 蜂蜜
アルコール度数4.5％。龍眼の花のハチミツを使用。ハチミツの香りと味が濃厚

駅弁 お得度★★★

鉄道に乗らなくても食べたい！180円の絶品駅弁

味付け肉がドカンとのったアツアツ弁当が100元以下！

　台湾に駅弁文化が定着したのは日本統治時代。2015年には1年間で約1000万個を売り上げる人気グルメに成長している。

　主流のスタイルは素揚げしたり煮付けたりした豚、鶏、牛肉がご飯にドカンとのったもの。例えば、昔から車内販売されている、骨付き豚肉がのった排骨便當。揚げた豚肉と一緒に煮卵や揚げ湯葉が白米にのっていて、おかずはもちろん、味の染みたご飯がたまらない。しかも、お値段60元（約180円）！　おいしいうえにボリュームもたっぷりの弁当を、たった数百円で味わえるのはうれしい限りだ。

　台北市内だけを観光する予定の人には無縁な話に聞こえるかもしれないが、実はこの駅弁、電車に乗らずとも台鐵台北駅にある「臺鐵便當本舖」で購入できる。7〜10時のあいだは、電車をかたどったキュートなおにぎりと豆乳をセットにした、幸福飯糰35元（約105円）も販売。連日9時には売り切れ必至の人気商品だ。

- - - - - - - - - -

📍 **台北駅周辺**
臺鐵便當本舖 1號店
タイティエビエンダンベンプー イーハオディエン

1日1万個以上売れるという、台北駅構内の人気駅弁店。種類も豊富。売り切れ次第終了なので注意。

🏠北平西路3号（台北駅構内）　☎なし
🕗8:30〜20:00（売り切れ次第終了）　㊡無休
🚇MRT台北車站直結
日本語△ 日本語メニュー×
台北駅周辺 ▶MAP P.231 D-1

✏ MENU

圓木雙併便當（豚の首肉焼き入り弁当）100元（約300円）　圓木鯖魚便當（焼きサバ弁当）100元（約300円）

迷ったらコレ！ 定番弁当BEST3

台北駅で人気のお弁当はこの3種！ どれもボリューミー！

① バイグービエンダン
排骨便當 60元（約180円）

醤油、五香粉でしっかり味付けた揚げ豚肉が美味

② ホワイジョウバイグーツァイファンビエンダン
懷舊排骨菜飯便當
100元（約300円）

排骨のせ。ご飯は炊き込みご飯にグレードアップ！

③ スーシードゥンファン
素食燉飯
80元（約240円）

豆腐や揚げ湯葉を煮付けたものがのったベジタリアン向け

台北駅での販売所は3カ所！

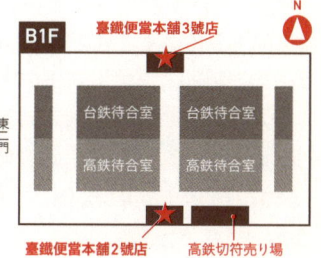

さらに得ワザ

035/310　街なかにも駅弁チェーンがある！

　台北駅に行く用事がない人にも朗報。いまや駅弁屋は市内にチェーン展開しており、台北101周辺など駅から離れたエリアでも購入可能だ。なかでも人気は台湾東部の米どころ、池上のお米を使う「池上」。

📍 信義安和

悟饕池上飯包 台北敦南店
ウータオチーシャンファンバオ タイベイドゥンナンディエン

池上発、台湾全土に支店を持つ、米にこだわる弁当店。揚げた肉を別添えにしてクリスピー感を大事にするなど工夫を凝らしている。

🏠敦化南路二段81巷45弄45号 ☎02-2755-5530 ⏰8:00～20:00 ㊡無休 🚇MRT信義安和駅から徒歩6分

日本語× 日本語メニュー×

台北中心部 ▶MAP P.227 E-3

炒飯 お得度★★★

おしゃれタウンに潜む300円の台北No.1炒飯の店

こんなところに安くて旨い行列炒飯!?

1960年代のアメリカの都市を思わせる住宅街・民生社區（ミンションシャーチュー）に近い富錦街は、台北で最も旬なエリア。かつて外国人の住宅街だったこともあり、街路樹が続くストリートはアジアとは思えない雰囲気だ。周辺にはセンスの光る雑貨をそろえるショップやおしゃれなカフェが続々オープンし、流行に敏感な台北っこや観光客でにぎわっている。

そんなトレンドエリアだが、実はローカル食堂のレベルが高く、グルメな人々も多く集まる。必食は「民生炒飯専売店」の炒飯。一見、屋台に毛が生えたような食堂だが、こちらの炒飯はネット投票で台北No.1に輝いた逸品。豚肉、スルメイカ、ハムが入った什錦炒飯（シージンチャオファン）なら100元（約300円）で味わえる。

添加物は一切不使用、オーダーを受けてから作るので、待つこと必至。店先では番号札を配っているが、その場に並んでいる人優先なので、札をもらっても列を離れず待つのが無難だ。

📍 富錦街

民生炒飯専売店
ミンションチャオファンジュアンマイディエン

自家製調合油を使った炒飯は、米の一粒一粒がもちもちした食感で、日本人好みの味。ビーフンもおすすめ。

🏠民生東路五段27巷 ☎02-2763-5576 🕘9:30〜14:00（土曜〜15:00）、16:30〜21:30 ㊡日曜 🚇MRT松山機場駅から徒歩15分

日本語× 日本語メニュー×

台北中心部 ▶MAP P.227 E-1

🖋 MENU

牛肉炒飯　140元（約420円）
什錦炒飯　100元（約300円）

話題のエリア・富錦街をCHECK！

ハイセンスなショップやカフェが並ぶなか、食堂や台湾風大判焼き屋など、ローカル店も点在。目的がなくても楽しめる。

GOURMET

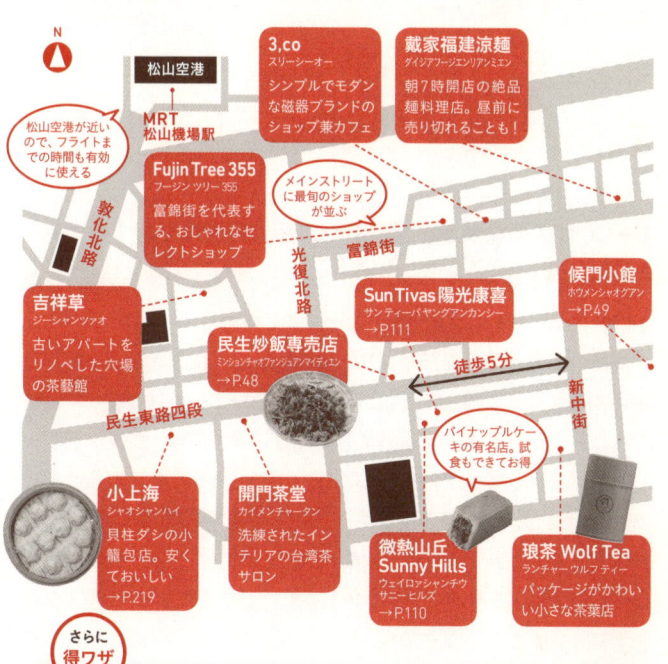

3,co
スリーシーオー
シンプルでモダンな磁器ブランドのショップ兼カフェ

戴家福建涼麺
ダイジアフージエンリャンミエン
朝7時開店の絶品麺料理店。昼前に売り切れることも！

松山空港

MRT
松山機場駅

松山空港が近いので、フライトまでの時間も有効に使える

Fujin Tree 355
フージンツリー355
富錦街を代表する、おしゃれなセレクトショップ

メインストリートに最旬のショップが並ぶ

敦化北路

光復北路

富錦街

吉祥草
ジーシャンツァオ
古いアパートをリノベした穴場の茶藝館

Sun Tivas 陽光康喜
サンティーバヤングアンカンシー
→P.111

侯門小館
ホウメンシャオグアン
→P.49

民生炒飯専売店
ミンションチャオファンジュアンマイディエン
→P.48

徒歩5分

新中街

民生東路四段

パイナップルケーキの有名店。試食もできてお得

小上海
シャオシャンハイ
貝柱ダシの小籠包店。安くておいしい
→P.219

開門茶堂
カイメンチャータン
洗練されたインテリアの台湾茶サロン

微熱山丘 Sunny Hills
ウェイロァシャンチウ
サニーヒルズ
→P.110

琅茶 Wolf Tea
ランチャー ウルフティー
パッケージがかわいい小さな茶葉店

さらに
得ワザ

037 /310　レトロな眷村料理も食べられる！
ジュエンツン

隠れた安旨店が多い富錦街。中国から来た軍人の家族が食べていた中国各地の家庭料理が味わえる店も。

📍 **富錦街**
侯門小館
ホウメンシャオグアン

🏠民生路五段180号　☎02-2760-0708
🕐11:30〜14:00（LO13:30）、17:30〜21:00（LO 20:30）　🈚無休　🚇MRT 南京三民駅から徒歩12分　日本語×｜日本語メニュー×
台北中心部　▶MAP P.227 F-1

🖊MENU
麻婆豆腐　170元（約510円）
豆干肉絲（干し豆腐と豚肉炒め）
190元（約570円）

038

海鮮居酒屋　お得度★★★

ご飯食べ放題！
海鮮居酒屋はがっつり楽しむ

リーズナブルな海鮮料理、白いご飯は好きなだけ！

　晩酌文化のなかった台湾では、近年になってようやくお酒と食事を同時に楽しめる海鮮居酒屋がオープンし始めた。

　海鮮と銘打っているだけあり、店先には仕入れたばかりの新鮮な魚介類がずらり。オーダーは、店頭の魚を指さしで選び、焼く、揚げる、蒸す等、好みの調理方法を伝える。調理法は、言葉が通じなくても、漢字を指さして伝えればOK。おいしそうなものを食べている人がいたら、テーブルを指さして同じ物を頼んでみるのもいい。日本だと高くつきそうだが、価格は食材の代金のみで、調理代はかからない。ハマグリのバジル炒め100元（約300円）など、かなりリーズナブル。しかも、飲むのがメインのせいか、白いご飯は無料で食べ放題！　食事処としても使えてしまう。

　なお、ビールなどのドリンクは、自分で冷蔵庫に取りに行くセルフサービス。空になったら足元へ。食後にまとめて会計してくれる。

📍 行天宮
紅翻天生猛海鮮
ホンファンティエンションモンハイシエン
オーナー自ら市場で仕入れる鮮度抜群の魚介類が人気。
遅い時間には売り切れてしまうこともあるので注意。

🏠 吉林路239号　☎ 02-2537-1629
🕐 17:00〜翌1:30　🈳 無休
🚇 MRT 行天宮駅から徒歩4分
日本語○　日本語メニュー×

中山駅周辺 ▶ MAP P.229 F-1

✎ MENU

炒蛤仔（ハマグリ炒め）　100元
（約300円）　炒空芯菜（空芯菜
炒め）　90元（約270円）

海鮮居酒屋のオーダー方法

1 店頭に並ぶ魚介類をチェック

まずは食材をチェック。スタッフに聞けばおすすめを教えてくれる

2 指さしで魚と調理法を伝える

価格表示のない魚は値段を聞こう

3 写真付きメニューを参考に注文票に記入

メニュー表から料理を選ぶ場合は、注文票に記入しスタッフへ渡す

4 ビールはセルフで取り出す

ドリンクは自分で冷蔵庫から取り出して飲む。好きなものを選ぼう

5 料理がテーブルに到着!

熱いうちにいただこう。小皿が足りなければスタッフにお願いを

6 飲み終わったビールは足元へ

空き瓶は足元に置いておこう。あとでスタッフが計算してくれる

さらに
得ワザ

039/310　子ども連れで行ける海鮮居酒屋

　魚介類だけでなく、ドラム缶でローストする鶏の丸焼きが有名な海鮮居酒屋。キッズスペースがあり、家族利用にもおすすめ。写真付きメニューもあり指さしもOK。

📍 松江南京

炫庄桶仔雞海産
シュアンジュアントンズージーハイチャン

🏠 長安東路二段31号　☎02-2568-2321
🕐 11:30〜14:00、17:00〜翌0:00
㉺ 無休　🚇 MRT松江南京駅から徒歩6分
日本語× | 日本語メニュー○

中山駅周辺 ▶ MAP P.229 F-3

得ワザ

040 / 310

香港式点心 お得度★★★

日本未上陸の絶品点心
ミシュラン1つ星を味わう

香港発の話題店へ行くなら台湾旅行がチャンス！

「添好運」は香港に本店を置く香港式点心の有名店。ミシュランガイドで1つ星を獲得し、「高級店が名を連ねるミシュランガイドのなかで、最もリーズナブルな店」といわれている。

台湾にはすでに2014年に進出を果たしている添好運だが、日本には未上陸。香港、台湾以外はシンガポールにしか店舗を持たないため、"最安ミシュラン"を堪能するなら、台湾旅行が絶好のチャンス！立地も台北駅からすぐと観光客にもアクセスしやすいので、ぜひ足を運んでみよう。

絶対はずせないのは、この店の"四天王"と称される酥皮焗叉燒包叉（スーピージューチャーシャオバオチャー）（チャーシュー入りメロンパン）118元（約354円）、香煎蘿蔔糕（焼き大根餅）（シャンジエンルオボガオ）98元（約294円）、香滑馬來糕（蒸しカステラ）（シャンホアマーライガオ）98元（約294円）、黃沙豬潤腸（豚肉入り腸粉）（ホアンシャージュールンチャン）128元（約384円）。写真付きのメニューもあるので注文しやすい。

📍 **台北駅周辺**

添好運
ティエンハオユン

作り置きは一切しない信念を守り続ける店。安価な点心メニューをそろえるのがウリだが味は一流。

🏠忠孝西路一段36号　☎02-2370-7078
🕐10:00〜22:00（LO21:30）　休無休　MRT台北
車站駅から徒歩1分

日本語△　日本語メニュー○

台北駅周辺 ▶MAP P.231 E-1

✐ **MENU**

酥皮焗叉燒包叉（チャーシュー入りメロンパン）118元（約354円）　香煎蘿蔔糕（大根餅）98元（約294円）　韮王鮮蝦腸（エビ腸粉）128元（約384円）

52

041

中国料理 お得度 ★★★

中国料理こそ台湾で！
本格的かつリーズナブル

歴史的背景が中国四大料理をハイクオリティに！

第二次世界大戦後、中国全土から移住してきた人々と共に、台湾には各地方の料理も伝わった。そのため、台湾では北京、上海、広東、四川の中国四大料理を気軽に楽しむことができる。しかも、日本で食べるよりずっとリーズナブルに。北京ダックのような高級料理も、店によっては1200元〜（約3600円〜）と日本の半額以下で味わえる。台湾へ旅する際は、中国料理の存在もお忘れなく！

北京料理　📍中山駅周辺

天廚菜館
ティエンチューツァイグアン

「皮の香ばしさと脂がたまらない」とローカルが大絶賛する北京ダックが味わえる。
🏠南京西路1号3〜4F　☎02-2563-2171
🕐11:00〜14:00（LO13:30）、17:00〜21:00（LO20:30）
🈂無休
🚇MRT中山駅から徒歩2分
日本語○ 日本語メニュー×
中山駅周辺 ▶MAP P.229 E-2

広東料理　📍東區

吉品海鮮餐廳
ジーピンハイシエンツァンティン

やわらかく煮たアワビとプリプリのフカヒレ＆濃厚ソースが台湾セレブたちを虜に。
🏠敦化南路一段25号2F　☎02-2752-7788
🕐11:30〜14:30、17:30〜21:30
🈂無休　🚇MRT忠孝敦化駅から徒歩10分
日本語○ 日本語メニュー○
東區 ▶MAP P.234 C-1

上海料理　📍台北駅周辺

極品軒
ジーピンシュエン

市場直送の食材を使った上海料理が自慢。舌の上でとろける烤方（角煮）が人気。
🏠衡陽路18号　☎02-2388-5880
🕐11:30〜14:00、17:30〜21:00
🈂無休　🚇MRT台大醫院駅から徒歩5分
日本語○ 日本語メニュー○
台北駅周辺 ▶MAP P.231 D-2

四川料理　📍東區

四川呉抄手
スーチュワンウーチャオショウ

唐辛子と山椒の風味たっぷり、パンチの効いた四川料理を味わえる。辛さの調節可能。
🏠忠孝東路四段250号-3　☎02-2772-1707
🕐11:30〜14:30、17:30〜22:00（LO21:30）
🈂無休　🚇MRT忠孝敦化駅から徒歩3分
日本語△ 日本語メニュー○
東區 ▶MAP P.235 E-2

滷味 お得度 ★★☆

台湾式ごった煮「滷味（ルーウェイ）」を おしゃれに食べる

グロい見た目を一新！　新概念で食べやすさアップ

　滷味は台湾屋台の定番料理。肉・野菜・麺・モツなど、さまざまな具材の中から食べたいものを数点選び、香辛料の効いた醤油ベースのスープでグツグツ煮込む。いわば、台湾式ごった煮だ。

　手軽でおいしく現地では大人気だが、その見た目から、これまで食べるのも敬遠していた人も多いはず。しかし、そんな滷味のイメージを一新してくれるのが「VEGE CREEK 蔬河」。まず、具材には定番の肉やモツ系を一切使用せず、ベジタリアン向けにアレンジ。毎朝スタッフ自ら市場で仕入れる新鮮な旬野菜や、キノコ類がメインだ。注文方法は、かわいくパックされた野菜を自分で選び、カウンターに持っていくだけ。麺と合わせて漢方入りのスープで煮込んでもらえば、235元（約705円）で野菜たっぷりのヘルシーな1食を楽しめる。店内はカフェのようなスタイリッシュさで、居心地も最高。旅先で不足しがちな野菜を補いたいときにも、ぜひ。

📍 東區

VEGE CREEK 蔬河
ベジ クリーク シューホー

店内装飾や皿はほとんどがスタッフの手作り。シンプルデザインのおしゃれな店内で屋台メニューを楽しもう。

🏠延吉街129巷2号　☎02-2778-1967
🕐12:00〜14:00、17:00〜21:00　㊡無休
🚇MRT國父紀念館駅から徒歩6分
日本語△ 日本語メニュー×
東區 ▶MAP P.235 E-2

✏ MENU

滷味　235元（約705円）

包子 お得度 ★★☆

インスタ映え120％！
かわいすぎる点心

見て、食べて、撮って楽しむ、最旬の包子！

　伝統的な台湾料理に、中国八大料理、日本料理、西洋料理の手法を融合させた、新しい台湾料理メニューを多数そろえる「参和院」。

　注目すべきは、インスタ映え間違いなしのキャラクター包子。包子といえば丸い形が定番だが、参和院では小動物やアニメのキャラを模した形で、食べるのがもったいないほどかわいい。さらに本場だけあって、味も実力派。アツアツでも冷めてもおいしい！

　店舗は広く2フロアからなる。各スペースごとに雰囲気が異なり、少人数でも大人数でも楽しめる。台湾茶をはじめとしたお茶メニューもあるので、食事だけでなく、昼下がりに包子と共にティータイムを楽しむのもいい。

　また、酒類は特に豊富で、店内にはバーコーナーもあるほど。イケメンバーテンダーがいることでも注目されているので、カクテルを目の前で作ってもらえば旅のいい思い出になること間違いナシ！

📍 **東區**
参和院 台湾風格飲食
ツァンホーユエン タイワンフォンゴーインシー

「食を通して、人と人をつなぐ」が店のコンセプト。料理もお酒もお茶もワイワイ楽しめるテーマパーク的空間。

🏠忠考東路四段101巷14号　☎02-2731-3833
🕐11:30〜翌1:00、金・土曜〜翌2:30　🈺無休
🚇MRT忠考敦化駅から徒歩6分
[日本語△] [日本語メニュー○]
[東區] ▶MAP P.234 C-2

🖊 MENU
包子　127元（3個／約381円）

得ワザ

044 / 310

フードコート お得度 ★★☆

メニュー豊富なフードコート デパート内は味もハイレベル

ひとりメシが苦手、台湾料理に飽きた人は要チェック

　台湾のデパートやショッピングモールのフードコートは、種類も味もハイレベル。魯肉飯や小籠包、点心、牛肉麺、担仔麺、台湾料理の定食など台湾グルメがよりどりみどりで、ひとりごはんが苦手な人にもおすすめ。利用方法は日本と同じ。お店を決めたらカウンターでオーダー。メニューは写真付きなので指さしもOK！　会計を済ませたら、店によってその場で受け取るか、またはブザーを渡され自分のテーブルでそれが鳴るのを待つ。例えば、観光客にも人気の「誠品 信義店」地下2階にあるフードコートには、動物性たんぱく質一切不使用の素食ビュッフェまで入っている。金額は量り売りで1人150〜200元（約450〜600円）程度。ゆったりした空間でデザートやコーヒーを楽しめるティーコーナーもある。

　どのフードコートにも、パスタやピザ、和食などもあるので、台湾料理に飽きてきたというロングステイの人も覚えておくと便利。

📍 台北駅周辺

微風台北車站 Breeze Taipei Station
ウェイフェンタイベイチャージャン ブリーズタイベイステーション

フードコートは台北駅2階。電車やバスの出発時間までの暇つぶしにも便利。

🏠北平西路3号（台北駅B1・1・2F）
☎02-6632-8999　⏰10:00〜22:00
🈺無休　🚇MRT台北車站直結
日本語△ 日本語メニュー△
台北駅周辺 ▶MAP P.231 D-1

📍 台北101周辺

誠品 信義店
チョンピン シンイーディエン

ほかのフードコートより落ち着いた雰囲気。素食ビュッフェ「明德素食園」が人気。

🏠松高路11号（フードコートB2F）
☎02-8789-3388　⏰11:00〜22:00、金・土曜〜23:00　🚇MRT市政府駅から徒歩5分　日本語△ 日本語メニュー△
台北101周辺 ▶MAP P.233 F-2

B級グルメ　お得度 ★★☆

大盛りB級グルメなら
台北一の学生街・師大へ
シーダー

ボリュームも価格も大満足。うれしいB級グルメ街

　台湾のごはんは基本的にどこで食べてもリーズナブルだが、ボリュームを求めるなら、師大へ！

　師大は国立師範大学の周辺エリアで、台北の大学生が集まる学生街。食事も安くておいしいB級グルメが集中している。現地の学生たちに人気なのは、「鼎記燒臘」の鴨肉丼。白いご飯に鴨肉、チャーシュー、ソーセージ、炒めた野菜がのった超ボリューミーなひと皿がたったの100元（約300円）。骨付きのローストダックがのった全隻鴨腿飯も同様だ。
チュエンジーヤートゥイファン

　また、このエリアでは夜になると師大夜市（P.94）が開かれ、行列必至のネギ餅や、香港から上陸したメロンパンのバターサンドなど、屋台グルメが充実。特に、このエリアの滷味（台湾式ごった煮）は量の
ルーウェイ
多さがハンパなく、いつも通りの感覚であれもこれもと具材をオーダーすると大変なことになるので要注意！　お腹をすかせて訪れよう。

📍 **師大・公館**

鼎記燒臘
ディンジーシャオラー

甘辛く焼いたローストダックを学生向けに手頃な価格で提供。テイクアウトも可。炒飯も人気。

⌂ 泰順街35号　☎ 02-2363-2155　㉒無休
🕐 11:00～14:00、17:00～19:50
🚇 MRT台電大樓駅から徒歩8分
日本語　日本語メニュー
康青龍　▶MAP P.232 B-3

✏ MENU

鼎記招牌飯（ローストダック、チャーシュー、ソーセージのせご飯）　100元（約300円）

うな重　お得度 ★★☆

日本の半額で
極上のうな重を食べる

本場超え!?　日本人をうならせるうなぎの行列店

　MRT中山駅周辺は、日本からの駐在員が多く暮らすエリア。日系ホテルも集中し、駅近くを走る林森北路には日本食レストランが軒を連ねる。そんな中山駅周辺でチェックしたいのが、うなぎ屋だ。

　「台湾でうなぎ!?」と驚くかもしれないが、実は日本で消費されるうなぎの約80%は海外から輸入したもの。そのうち台湾産が占める割合は2～3割ほどにもなる。台湾は世界有数のうなぎの産地なのだ。

　特に、中山駅周辺には"台北四大うなぎ店"のうち3店が集結。なかでも行列が絶えないのが「肥前屋」で、日本通の台湾人や日本人駐在員に大人気。長崎出身のオーナーが毎朝吟味したうなぎを、注文が入るごとに調理。活きたものをしめ、焼いてから蒸してふっくらとさせ、30年以上も継ぎ足してきた関東式のタレで味付け。価格はうな重（大）が480元（約1440円）。日本の半額程度の値段だが、肝心の味も全く遜色なし。うなぎ好きは覚えておいて損はない。

📍 **中山駅周辺**

肥前屋
フェイチエンウー

台湾の食通や駐在日本人が大絶賛するうなぎの名店。うな重だけでなく、焼き鳥やダシ巻き玉子など、酒の肴も。

🏠中山北路一段121巷13号　☎02-2561-7859
🕐11:00～14:30、17:00～21:00　🈳月曜
🚇MRT中山駅から徒歩7分
［日本語○］［日本語メニュー○］
中山駅周辺　▶MAP P.229 D-2

✏️ MENU

鰻魚飯（うな重）　250元（小／約750円）
鰻魚飯（うな重）　480元（大／約1440円）　焼き肉定食　140元（約420円）

🍴 レストラン
プチワザ10連発

レストランで迷わない、困らない！ 知っておきたいプチワザをチェック！

047/310 　　お得度 ★★☆

迷ったら「招牌」を
トライでハズレなし！

「招牌」は中国語で看板という意味。料理名に付いている場合は「おすすめ」や「看板メニュー」をさす。例えば「招牌鍋貼」は「おすすめ焼き餃子」。どんなお店でも、これを頼んでおけば失敗なし。

048/310 　　お得度 ★☆☆

メニューは書き込み式で
簡単注文！

台湾は注文票に書き込んでオーダーする店が多い。食べたい料理の横に「1」「2」と数を記すだけ。中国語が話せなくても簡単に注文でき、漢字表記なので料理の内容も推測しやすい。

049/310 　　お得度 ★★☆

小皿料理の「小菜」は
セルフでテーブルへ

ローカル食堂には、店内に小皿料理が並ぶ一角がある。これらは「小菜」と呼ばれるもので、漬物や和え物など、前菜にぴったり。メインを待つあいだにいただこう。

050/310 　　お得度 ★★★

小籠包だって
テイクアウトできる！

余った料理は「打包（ダーバオ）」をお願いすれば、たいてい何でも持ち帰れる。小籠包もテイクアウトOKな店が多いので、混雑時は持ち帰って宿で食べるという選択肢も視野に入れてみて。

051/310 　　お得度 ★★★

ドリンクの持ち込み
OKな店多し！

庶民的な食堂や屋台は、飲み物を持ち込める場合が多い。ドリンクスタンドの飲み物片手に食事する地元民の姿も。ただし、飲み物の提供がある店は持ち込みNGの場合もあるので注意。

052/310 　　お得度 ★☆☆

レストランでは
サービス料の存在を忘れずに！

レストランやホテルで食事をすると、消費税とは別に、10%の服務費（サービス料）を取られることがある。会計の際に、ぼったくりと勘違いしないように覚えておこう。

053/310 　　お得度 ★★☆

調味料をセルフで追加し
お好みの味にアレンジ

麺料理店、火鍋店、小籠包店などは、トッピングやタレの材料をセルフサービスで提供している場合が多い。好きな具材を好きなだけとって大丈夫なので、自分の好きな味にアレンジできる。

054/310 　　お得度 ★☆☆

小籠包はちょっとずつオーダーで
アツアツをいただき！

常にアツアツ点心を食べるには、1品食べ終わる頃に注文を入れるのがコツ。ただし、鼎泰豊のような人気店はまとめて注文するほうがいい場合もあるので、混雑状況に合わせて調節を。

055/310 　　お得度 ★★★

庶民派の「明月湯包」は
ひとりごはんにも最適

小籠包の明月湯包（P.23）は、レストランというより街の食堂に近い店。地元の人も平均1〜3人の少人数での来客が多く、1人でも入店しやすい。人目を気にせず小籠包を楽しもう！

056/310 　　お得度 ★★☆

念には念を！
会計伝票は必ずチェック！

庶民派も高級店も日本より注文を取り間違える確率が高め。決して店に悪意があるわけではないのだが、頼んだものが正しく記録されているか念のためチェック！

お得度 ★★★

超有名店「ICE MONSTER」は台北限定メニューを狙え

台北で食べれば、値段は半額、バリエは2倍！

東京・原宿にも支店を持つ「ICE MONSTER」。ふわふわの氷を使ったマンゴーかき氷を生み出した、言わずと知れた名店だ。

日本ではマンゴーかき氷が1500円だが、台北本店では夏季220元（約660円）、冬季250元（約750円）と、ほぼ半額！ また、日本の店舗は、1人1品注文が必須（ドリンクも可）だが、台北の本店は1品を数名でシェアしてもOK。ボリュームが多いので分けて食べるくらいがちょうどよく、座席数も多いのでゆっくりくつろげる。そのほか、フレッシュマンゴーとマンゴーアイスがのった、夏季限定の原創新鮮芒果氷190元（約570円）、龍井茶（緑茶の一種）のかき氷にオーギョーチを添えた翡翠青檸綿花甜200元（約600円）など、日本にはない限定メニューも！ どれを選んでもハズレなしなので、いろいろオーダーして味わってみよう。また行列したくない人はテイクアウトも可能なので専用の列へ。テイクアウトなら会計が1割引に！

📍 東區

ICE MONSTER
アイス モンスター

いまや台湾名物となったマンゴーかき氷を生み出したかき氷専門店。台北おしゃれの発信地・東區に位置。

🏠 忠孝東路四段297号 ☎ 02-8771-3263
🕐 10:30〜23:30 🈺 無休 🚇 MRT 國父紀念館駅から徒歩2分

日本語○ 日本語メニュー○
東區 ▶ MAP P.235 E-2

 MENU

新鮮鳳梨綿花甜（パイナップルかき氷）220元（約660円） 花生鮮奶綿花甜（ピーナッツかき氷）200元（約600円）

ICE MONSTERで
食べるべき限定メニューBEST3

①

ユエンチュアンシンシエンマングオビン
原創新鮮芒果冰
190元（約570円）

台北限定

4〜9月にのみ収穫できる愛文マンゴーをたっぷりのせた、元祖マンゴーかき氷。夏季限定

②

フェイツイチンニンミエンホアティエン
翡翠青檸綿花甜
200元（約600円）

本店限定

龍井茶のかき氷に情人果（若いマンゴーを凍らせたもの）とオーギョーチを添えた爽やか味

③

ヘイマイビージウティアオティアオタンシュエラオ
黒麥啤酒跳跳糖雪酪
180元（約540円）

微風松高店限定

黒ビールのゼリーを使った大人のシャーベット。微風松高店内の支店でのみ食べられる

定番メニューもチェック！

シンシエンマングオミエンホアティエン
新鮮芒果綿花甜
夏季220元
（約660円）

一年中味わえるのがうれしい一番人気。口のなかでほどけるマンゴー氷の食感がたまらない

ジェンジューナイチャーミエンホアティエン
珍珠奶茶綿花甜
180元
（約540円）

ミルクティー氷にタピオカ、パンナコッタをトッピング。まるで食べるタピオカミルクティー！

さらに
得ワザ

058 /310　　冬はイチゴ＆おしるこも！

　冬季にはイチゴたっぷりかき氷、新鮮草苺綿花甜240元（約720円）
（シンシエンツァオメイミエンホアティエン）
を。地瓜薑薑好（サツマイモと白玉のぜんざい）120元（約360円）や、
（ディーグアジアンジアンハオ）
芝麻糊了（黒ごましるこ）160元（約420円）など、冬限定メニューも。
（ジーマーフーリアオ）

マンゴーかき氷　お得度 ★★★

4〜10月のみオープン！
幻のマンゴーかき氷店へ

他店では決して味わえない、こだわりのマンゴーかき氷

　マンゴーは、3〜9月頃しか市場に出回らない夏季限定のフルーツ。「台湾といえばマンゴーかき氷！」というイメージがあるが、実は一年中食べられるわけではない。

　なかには輸入品や冷凍品を使って一年中提供する店もあるが、台湾産にこだわる店は別。冬季はイチゴや豆系など、別メニューを展開している。そんななか、マンゴーの旬に合わせて毎年4〜10月のみ営業するのが、名店「冰讚」。営業期間中も「いちばんおいしいマンゴーを」と、時季によって仕入れる産地も変えるという徹底ぶり。トッピングのカットマンゴーも作り置きせず、注文が入るたびにマンゴーの皮をむき、カットしている。しかも、これだけのこだわりを貫きながら、ひと皿たった150元（約450円）なのには驚き！　この店を知ってしまうと、冷凍品や外国産を使って200〜300元（約600〜900円）以上で提供する他店にはもう戻れない。

📍 中山駅周辺

冰讚
ビンザン

氷にかけるマンゴーシロップは自家製で飲み干したくなるおいしさ。営業開始日も収穫時季によって毎年違う。

🏠 雙連街2号　☎ 02-2550-6769
🕐 11:00〜22:00　🈺 11〜4月上旬
🚇 MRT 雙連駅から徒歩3分
日本語△　日本語メニュー○
中山駅周辺　▶ MAP P.229 D-2

✐ MENU
芒果雪花氷（マンゴーかき氷）150元（約450円）　芒果牛奶氷（マンゴーミルクかき氷）130元（約390円）

マンゴーの旬は5～8月！
知って得するフルーツのおいしい時季

もちろんシーズン外でも味わえるものもあるが、せっかくだから訪問に合わせて、最もおいしいフルーツを食べよう！

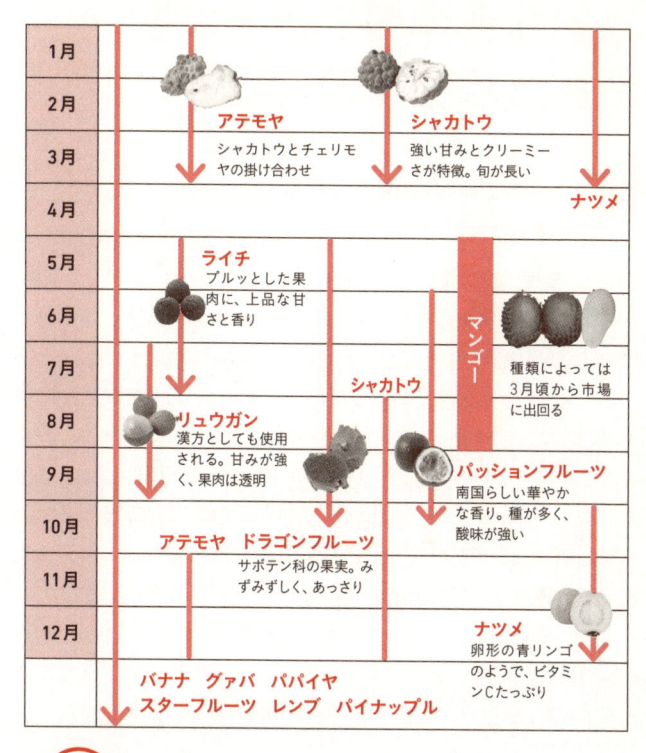

月					
1月					
2月	**アテモヤ**		**シャカトウ**		
3月	シャカトウとチェリモヤの掛け合わせ		強い甘みとクリーミーさが特徴。旬が長い		
4月					**ナツメ**
5月	**ライチ**				
6月	プルッとした果肉に、上品な甘さと香り			**マンゴー**	
7月			**シャカトウ**		種類によっては3月頃から市場に出回る
8月	**リュウガン**				
9月	漢方としても使用される。甘みが強く、果肉は透明			**パッションフルーツ**	
10月	**アテモヤ　ドラゴンフルーツ**			南国らしい華やかな香り。種が多く、酸味が強い	
11月	サボテン科の果実。みずみずしく、あっさり				
12月				**ナツメ**	
	バナナ　グァバ　パパイヤ			卵形の青リンゴのようで、ビタミンCたっぷり	
	スターフルーツ　レンブ　パイナップル				

さらに得ワザ

060/310　「冰讃」は迷ったら芒果雪花冰を！

「冰讃」のマンゴーかき氷には、ミルク氷を削ったフワフワタイプの芒果雪花冰と、普通の氷に練乳とシロップをかける芒果牛奶冰の2種ある。名物は前者なので、迷ったらそれを選べば間違いなし！

フルーツ　お得度 ★★☆

高級な台湾産フルーツを
庶民派価格で味わう!

絶品フルーツを一年中食べられる

　台湾産のフルーツといってもピンからキリまであるが、本当においしいものを食べたければ、「陳記百果園」へ。こちらは"台湾の千疋屋"とも称される名店中の名店。もともと贈答用の高級フルーツを扱う店で、5つ星ホテルや高級レストランとも取引がある。

　そんな一流から信頼される店だが、雰囲気はいたってカジュアル。併設のカフェではカットフルーツや手作りアイスが味わえる。日本の高級フルーツパーラーは、パフェが1800〜2500円、ジュースですら800〜1000円は下らないが、こちらはアイス2スクープ＋フルーツ山盛りのかき氷が250元（約750円）。フレッシュジュースも約20種から選べて80元（約240円）前後と、庶民派価格。「一番おいしく味わえる切り方で」がモットーのカットフルーツは、マンゴーのみのものや、各種盛り合わせなどが200元（約600円）程度。その甘さとみずみずしさはいつ訪れても感動モノだ。

📍**東区**

陳記百果園
チェンジーバイグオユエン

最高品質のフルーツだけを扱う高級青果店＆カフェ。旬の果物を使ったアイスやスイーツも多数取りそろえる。

🏠敦化南路一段100巷7弄2号　☎02-2772-2010
🕐7:00〜19:00（LO18:30）、土曜〜17:00（LO16:30）
🚫日曜　🚇MRT忠孝敦化駅から徒歩15分
日本語△　日本語メニュー○
東区　▶MAP P.234 C-1

✏️**MENU**

芒果抱抱（マンゴーかき氷）　190元（シングル／約570円）　水果優格沙拉（フルーツかき氷）　200元（約600円）

フルーツを上手に選んでおいしくカット！

専門店以外でも、街なかで気軽にフルーツを購入できる。ホテルやゲストハウスに持ち帰り、自分で切って食べてみよう！

選び方

旅行者は購入してすぐ食べるので、よく熟れたものを選ぶこと。レンブはぽってりふくらんだ底（お尻）がしっかり開いているもの、パッションフルーツは、硬い殻にややシワができているくらいがおすすめ。カビが生えていないか、痛んでいる部分はないか、日本より入念に確認しよう。スーパーは輸入品が多いので産地も要チェック。

切り方

マンゴー

種にぶつからないよう切り離す。さいの目に切り込みを入れ、皮を裏返すように押し出す

スターフルーツ

星の先端にあたる部分の、青くて硬いところを取り除き、輪切りにする。皮はむかなくてOK

ドラゴンフルーツ

皮がついたまま縦1/4のくし形切りにする。皮を手でむくか、スプーンですくって食べる

パパイヤ

上部を切り落とし、縦2つにカット。種を除き、スプーンで食べるか適当な大きさに切る

レンブ

縦2つに切り、お尻の部分を三角に切り落とす。さらに縦半分に切り、芯を取り除く

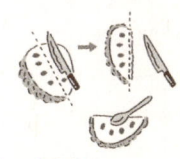

シャカトウ

1/4にカットし、芯を取り除いて食べる。手で割ってから皮をむいて食べてもOK

さらに得ワザ

062 /310　ジャムやドライフルーツも美味

　「陳記百果園」は、ジャムなどの加工品も絶品。おみやげにおすすめはドライフルーツ。マンゴー250元（約750円）は、乾物なのに超ジューシー！　スイカ250元（約750円）などの変わり種も。

063 /310

マンゴーかき氷　お得度 ★★☆

地元民絶賛のマンゴー氷は緑豆スイーツ専門店にあった！

リピーター率高し！ マンゴーかき氷の隠れた名店

「ICE MONSTER」や「Mango Cha Cha」といった有名店はガイドブックの常連。一度は食べたいが、東京にも支店があるので日本国内でも味わうことはできる。せっかく台湾を訪れたなら、台湾にしかないマンゴーかき氷を、という人におすすめなのが「緑豆蒜啥咪」だ。

ここは緑豆スイーツで知られる店だが、5〜8月にマンゴーかき氷の提供があり、隠れた人気メニュー。屏東（ピンドン）産の愛文マンゴー2個をその場でカットし、氷の上にオン。黄金のマンゴーがゴロゴロのった見た目だけでテンションが上がるが、口に含むとさらに感動！ マンゴーがとろけるように甘くて柔らかい。これでたったの180元（540円）なのだから、思わずリピートしたくなる。

台北ではめったに味わえない台南甘味「緑豆蒜」も、この店でぜひ試してみて。緑豆の皮をむき甘く煮たもので、豆の風味とやさしい甘さにファン続出。小サイズ50元（約150円）〜と価格も手頃。

📍 松江南京

緑豆蒜啥咪
リュードウスアンシャーミー

看板メニューの緑豆蒜のほか、こだわりのフルーツや豆を使ったかき氷がおいしい商店街の隠れた名店。

🏠 伊通街106巷6-1号　☎02-2502-6885
🕐12:00〜20:30、土曜13:00〜19:30
🈺日曜　🚇MRT松江南京駅から徒歩5分
日本語△ 日本語メニュー×
中山駅周辺 ▶MAP P.229 F-2

🖊 MENU

傳統緑豆蒜（緑豆しるこ）　50元（小／約150円）　枋山愛文芒果氷（マンゴーかき氷）　180元（約540円）

マンゴーかき氷　お得度 ★★☆

ハマる人続出の土マンゴーを丸ごと味わえる！

串刺しマンゴーがインパクト大

　台湾に数あるマンゴーかき氷のなかでも、ひときわ異彩を放つのが「西門町芒果冰」の意難忘。なんと土マンゴーが丸ごとのって200元（約600円）というリーズナブルさ。土マンゴーは台湾の在来種で、小ぶりながらも濃厚かつフルーティな風味が特徴。西門町芒果冰ではベーシックなかき氷も味わえるが、意難忘は3月15日〜6月15日の期間限定販売。その時期に台湾へ行く人こそ楽しみたい通の味だ。

📍 **西門町**
西門町芒果冰
シーメンディンマングオビン

🏠 漢中街17号　☎02-2388-8511
🕙10:00〜23:00　㊡無休　🚇MRT西門
駅から徒歩5分　日本語△　日本語メニュー○
西門町　▶MAP P.230 C-1

さらに
得ワザ

065 /310　**1人では完食不能！超巨大なフルーツ氷を食す！**

　学生の町・公館にある「東南亞冰店」は、巨大かき氷で有名な店。噂のメニュー、綜合全福家は値段こそ799元（約2400円）するものの、5人でも食べきれないほどの大ボリューム。サボテンアイスをはじめとした11種類のアイスと季節のフルーツ約3種類がてんこ盛り。夜11時まで営業しているので、夜便で到着したときや夜市訪問後にも駆け込める。

📍 **師大・公館**
東南亞冰店
ドンナンヤービンディエン

🏠 羅斯福路四段136巷12号
☎02-2367-3399　🕙11:00〜23:00
㊡無休　🚇MRT公館駅から徒歩3分
日本語×　日本語メニュー×
台北広域　▶MAP P.225 E-3

かき氷　お得度 ★★☆

ほっこりお豆系かき氷は
ボリューミーでたったの200円！

台湾伝統のかき氷を味わうなら2つの老舗で

　マンゴーなどのフルーツ系ばかりが注目を浴びがちな台湾のかき氷。しかし、豆やお餅がのったかき氷も台湾ならではの奥深い世界観を感じられる隠れた名スイーツだ。甘さ控えめにこだわった自家製トッピングを使用しながら、1杯200円以下で提供する老舗も多い。

　なかでもおすすめは、龍山寺から徒歩2分の「龍都冰菓専業家」。緑豆、アズキ、ピーナッツ、タロイモ、白玉などがのった、盛りだくさんなかき氷「八寶冰」が名物。具材はすべて自家製。2〜3人でシェアしたいサイズだが、値段はたったの65元（約195円）！　ネーミングも縁起がよく、参拝ついでに食べればよりハッピーな気分に。

　もう一店は「台一牛奶大王」。学生街ならではの料金設定とボリュームが魅力で、ふっくらアズキと2種の白玉がのった山盛りの紅豆湯圓牛奶冰が、なんと60元（180円）！　煮込み方にこだわった豆のおいしさにリピーター続出。夏場は行列が避けられない人気店だ。

📍 **龍山寺**

龍都冰菓専業家
ロンドウビンオジュアンイエジア

龍山寺近くにある老舗かき氷店。手作りの具と旬のフルーツを使ったかき氷が評判。

🏠 廣州街168号　☎02-2308-3223
🕐 11:30〜翌1:00　㊡不定休
🚇 MRT龍山寺駅から徒歩2分

日本語〇　日本語メニュー〇

龍山寺　▶MAP P.230 A-3

📍 **師大・公館**

台一牛奶大王
タイイーニウナイダーワン

豆と湯圓のおいしさに定評がある学生街の人気店。冬はあったかスイーツが登場する。

🏠 新生南路三段82号　☎02-2363-4341
🕐 11:00〜翌0:00（LO23:30）　㊡無休
🚇 MRT公館駅から徒歩10分

日本語×　日本語メニュー△

台北中心部　▶MAP P.226 C-3

かき氷　お得度 ★★☆

イタリアンレストランで
花火付きの巨大かき氷!?

見た目も味も、驚きいっぱいのエンタメかき氷

　近年注目の内湖エリアにある「Aqua Kiss 水吻 2-Surfer」は、イタリアン専門店。しかし、ここで注文したいのはパスタではなく、タワーのようにそびえ立つ巨大な豆系かき氷！ 高さ25cmもあり、てっぺんではじける花火は衝撃のインパクト。量は3〜4人分はあり、価格は350元（1050円）。味もエンタメ性も120点！

📍 **内湖**
Aqua Kiss 水吻 2-Surfer
アクア キス シュイウェン アル サーファー

🏠瑞光路591号　☎02-2627-0708
🕐11:00〜22:00　㊡無休
🚇MRT西湖駅から徒歩5分
[日本語×] [日本語メニュー○]
[台北広域] ▶ MAP P.225 F-2

さらに
得ワザ

068 /310　50元で味わえる黒糖シロップかき氷

　「建中黒砂糖刨冰」は地元の人でにぎわうかき氷の老舗。トッピングを4種類選んで1杯50元（約150円）という安さ。1人で1杯注文する場合は、氷と黒糖シロップの追加が無料でできる。

📍 **中正紀念堂**
建中黒砂糖刨冰
ジエンジョンヘイシャータンパオビン

🏠泉州街35号　☎02-2305-4750
🕐10:30〜19:00　㊡11〜3月の月曜
🚇MRT中正紀念堂駅から徒歩10分
[日本語×] [日本語メニュー×]
[台北中心部] ▶ MAP P.226 B-3

スイーツ　お得度 ★★☆

「ATT 4 FUN」の4階で、話題のスイーツをコンプ！

人気店が集結！ スイーツのテーマパークで時短

　おいしいスイーツをできるだけたくさん味わいたいけれど、あちこちエリアを移動している時間はない…。そんなときは、台北女子に人気のデパート「ATT 4 FUN」が便利！

　台北101周辺エリアにはさまざまな商業施設が密集しているが、ATT 4 FUNはこのエリアで最もグルメに力を入れているデパート。特に注目は、4階にあるアジア最大級のスイーツゾーン「甜蜜王國」。「不思議のアリス」をイメージしたラブリーな空間に、10を超える多種多様なデザートカフェ＆ショップが入店している。20〜30代の女子をターゲットにした施設だけあって、どのお店もSNSで話題の人気店ばかり！　なかでも日本人観光客におすすめなのが、台湾産フルーツを使ったかき氷やパンケーキが味わえる「冰果甜心」。フルーツかき氷を立方体状に固めた「10^3 冰磚」380元（約1140円）など、見た目も楽しいデザートが目白押し！

📍 台北101周辺

ATT 4 FUN
アット フォー ファン

台北101と通路で連結。5〜6階はレストラン街、7階から上はクラブやバーなど夜遊びスポットも充実。

🏠松壽路12号　☎0800-065-888
⏰11:00〜22:00、金・土曜〜23:00（店舗により異なる）　🈳無休（店舗により異なる）
🚇MRT台北101／世貿駅から徒歩3分

台北101周辺　▶MAP P.233 F-2

スイーツ お得度 ★★☆

日本未上陸のハイブリッドパンケーキを食べる

台湾限定の食べるタピオカミルクティー

　クロワッサン×ドーナツのクロナッツや、クロワッサン×たい焼きのクロワッサンたい焼きなど、日本で話題のハイブリッドスイーツ。台湾ではジャンルとして確立こそされていないものの、日本では味わえない、驚きのハイブリッドが味わえる。

　例えば、おしゃれタウン東區のカフェ「美好年代 Belle Époque」で食べられるのは、パンケーキにタピオカミルクティーをドッキングした、タピオカミルクティーパンケーキ！　ミルクティークリームがたっぷりかかった3段重ねの生地の上に、モチモチのタピオカをトッピング。各層の間にもタピオカが挟まれており、まさに"食べるタピオカミルクティー"！　日本には未上陸で、価格は230元（約690円）。タピオカミルクティー発祥の地・台湾でこそ味わえる驚きの組み合わせだ。ローカル女子にはダークココア生地のオレオパンケーキ250元（約750円）も人気。どちらもボリューム満点！

📍 **東區**
美好年代 Belle Époque
メイハオニエンダイ ベル エポック

古き良き時代のパリを思わせる、アンティーク家具を基調にしたカフェ。ユニークな創作スイーツが人気。

🏠大安路一段52巷23号　☎02-2775-3393
🕚11:00〜22:00　㉜無休
🚇MRT 忠孝復興駅から徒歩4分
`日本語△` `日本語メニュー△`
`東區` ▶ **MAP P.234 B-2**

✏**MENU**

珍珠奶茶鬆餅塔（タピオカミルクティーパンケーキ）230元（約690円）
経典OREO鬆餅塔（オレオパンケーキ）250元（約750円）

スイーツ お得度 ★★☆

超レアな黒豆花が味わえて
トッピングし放題の店

白＆黒、2種類が味わえる超レアな豆花専門店

豆花は豆乳を固めて作るプリンのようなデザートで、フルフルの食感と素朴な味で愛される、台湾の"国民的スイーツ"。

通常の豆花は大豆から作られるため色は生成りで、まさに豆腐のような見た目だが、「庄頭豆花担」は黒豆を使用した黒豆花を提供している。黒豆は大豆より仕入れ値が高く、調理に手間がかかるため、扱う店がほとんど存在しないレアな豆花。しかし、この店は2色の豆花を同価格で販売。どちらも味わってみたい人は、同じ価格でハーフ＆ハーフの「一半一半」を選ぶこともできる。

さらに驚くのは、トッピングのシステム。豆花店はトッピングの数が増えるごとに料金が加算されるのが一般的だが、こちらはトッピングし放題！ タピオカ、ピーナッツ、紫米など、約10種の手作りトッピングから好きな物を選び、一番高いものの価格が適用される。最大でも1杯55元（約165円）と格安だ。

📍 **東區**

庄頭豆花担
ジュアントウドウホアダン

手作りトッピングは常時10〜14種ほど。シロップも豆乳と黒糖シロップの2種から選べる。

🏠市民大道四段73号 ☎02-8771-6301
🕐12:00〜22:00、土・日曜〜23:00 ㊡無休
🚇MRT忠孝復興駅から徒歩8分
日本語△ 日本語メニュー×
東區 ▶MAP P.234 B-1

✏️ MENU

豆漿豆花＋自選配料　55元（約165円）
黒豆花・白豆花＋自選配料　50元（約150円）〜

072 / 310

`スイーツ` お得度 ★★☆

プリンのような
珍しい豆花を食べる

台湾発の新種プリン!?

　「丁香豆花」は晴光市場（P.38）内に位置するテイクアウトメインの甘味処。日本でしか豆花を食べたことがなく、「豆臭さが苦手…」という人は、ぜひ一度この店を訪れてみてほしい。というのも、店と同名の看板メニュー「丁香豆花」は、伝統的な豆花のレシピに卵と牛乳を加えた卵豆花。キメが細かくプルプルの食感はまるでプリン！あっさり＆クセがなく、日本では決して出合えない味。

📍 中山國小

丁香豆花
ディンシャンドウホア

手作りタピオカをトッピングした粉圓丁香豆花45元（約135円）など。指さし注文もできる。

🏠雙城街12巷28号　☎02-2593-1293
🕙10:30〜22:00　㊡無休
🚇MRT中山國小駅から徒歩5分
`日本語△` `日本語メニュー○`
`中山駅周辺` ▶MAP P.229 D-1

---

073 / 310

`スイーツ` お得度 ★★☆

トッピングを予習して
120%カスタマイズ！

アレンジすればおいしさ2倍！

　台湾でかき氷や豆花をオーダーする際に欠かせないのが、トッピング。タピオカ、白玉、イモ団子などのモチモチ系、アズキなどの豆を炊いたほっこり系、寒天やこんにゃくなどのプルプル系というように、多様な味・食感のものが用意されている。日本ではなかなか見られない、ピーナッツやハトムギ、緑豆を炊いたものもポピュラー。甘さ控えめでヘルシーなので、見つけたらぜひチャレンジしてみて。

＜トッピング用語＞

アズキ	ホンドウ 紅豆
緑豆	リュードウ 緑豆
ピーナッツ	ホアション 花生
タピオカ	フェンユエン 粉圓
白玉団子	タンユエン 湯圓
タロイモ団子	ユイユエン 芋圓
サツマイモ	ディーグア 地瓜
ハトムギ	イーレン 薏仁

スイーツ お得度 ★★☆

1個たったの25元（約75円）！
激安・激ウマドーナツを食す

サクサク、フワフワの台湾式クリスピードーナツ

　台湾では、実はドーナツもポピュラーなおやつのひとつ。特に、ミスタードーナツはコンビニなどでも取り扱いがあるほど。おなじみの商品が、日本とほぼ同価格で味わえる。

　一方、台湾発の人気ドーナツ店は、「脆皮鮮奶甜甜圈」。店舗は晴光市場にある本店と、台北站店（華陰街183号）の2店のみとチェーン展開はないものの、老若男女を問わず大人気。20個、30個と大量買いする常連客も多い。「脆皮」とは中国語でクリスピーという意味で、人気の秘密は名前通りのサクサクの食感。油で揚げているのにしつこさがなく、口に入れると、ふわっと雲のように溶けてなくなる！　カレー味やチョコレート味など、店頭には常時10〜12種並ぶが、必食は粉砂糖をまぶしたオリジナルの脆皮鮮奶。ミルクの香りが引き立つやさしい甘さで、いくらでも食べられる。価格は全種25元（約75元）で、どれも100円以下！

📍 **中山國小**

脆皮鮮奶甜甜圈
ツイピーシエンナイティエンティエンチュエン

テイクアウト専門のドーナツ店。片栗粉をまぶした生地を使用することで、独特の食感を実現。

🏠 雙城街17巷24号　☎ 0958-900-138
🕚 11:30〜19:00　㊡無休
🚇 MRT中山國小駅から徒歩3分
日本語×　日本語メニュー×
中山駅周辺　▶ MAP P.229 E-1

🖊 **MENU**

原味（プレーン）25元（約75円）
巧克力（チョコレート味）　25元（約75円）
起士（チーズ味）　25元（約75円）

GOURMET

スイーツ　お得度 ★★☆

チュンシュイタン
春水堂プロデュースカフェで
進化系タピオカティーを飲む!

ミルクティー発祥の店が新たなドリンクを発案

　台中生まれの「春水堂」は、1987年にタピオカミルクティーを発明。その後、世界中に広まったタピオカドリンク発祥の店だ。

　現在は日本にも支店を持つ春水堂だが、ドリンクスタンドの「茶湯會」、台湾茶カフェの「Mocktail 瑪可緹」など、別形態のブランドもプロデュースしている。なかでも、「Mocktail 瑪可緹」は、他店にはないスタイルで台湾茶を楽しめるティーサロンとして人気がある。

　例えば、タピオカミルクティーは、お茶ゼリーとお茶ソフトクリームを加えて、まるでパフェのようなスペシャルドリンクにグレードアップ! 上質の茶葉を使用しているので、一見甘そうだがさっぱりしておいしい。そのほかにも、お茶をベースにしたノンアルコールカクテル（モクテル）など、ユニークなドリンクを多数提供する。ちなみに、席に着くとお水代わりに運ばれてくるお茶も商品レベルのクオリティ! これが無料というのも驚きだ。

📍 **松江南京**

Mocktail 瑪可緹
モクテル マーコーティー

進化系タピオカドリンク珍珠奶茶霜淇淋は160元（約480元）。アイスは鉄観音のほか抹茶味もある。
🏠長安東路二段99号 ☎02-2517-0703
🕘9:00〜22:00　㊡無休
🚃MRT 松江南京駅から徒歩8分
日本語× 日本語メニュー○
中山駅周辺 ▶ MAP P.229 F-3

🖊 MENU

珍珠奶茶霜淇淋　160元（約480円）
奇幻沙洲　140元（約420円）
緑野仙蹤　140元（約420円）

076 /310

ドリンクスタンドでは タピオカのサイズまで選ぶ！

「50嵐」ならタピオカの大きさまで無料で変更できる！

　街のどこを歩いても目にするドリンクスタンド。ブランドは数え切れないほど存在するが、台湾最大の店舗数を誇るのが50嵐だ。

　台湾のドリンクスタンドが楽しいのは、ドリンクの甘さ、氷の量などを無料でカスタマイズできること。「50嵐」なら、甘さは0〜100%まで6段階、氷の量も、なし・少量・標準の3段階から選択可能。メニューによってはタピオカ入りでもホットにできるので、冬場の町歩きにもピッタリ。

　ここまではどのドリンクスタンドでも用意されている標準サービスだが、「50嵐」はタピオカのサイズまで選ぶことができる。大きさは、小粒の珍珠（ジェンジュー）と、大粒の波覇（ボーバー）。小粒のほうは直径3ミリ程度。ツブツブの舌触りを楽しみつつ、サラッとドリンクを飲みたい人はこちらを選ぼう。波覇は標準的なタピオカのサイズ。モチモチ、ツルツルの食感を堪能したい人や小腹を満たしたい人におすすめ！

📍 **康青龍**

50嵐 永康店
ウーシーラン ヨンカンディエン

台南発祥で、屋台からスタートした人気ドリンクスタンド。台北だけでも80軒以上の店舗数を誇る。

🏠永康街14巷2号　☎02-2395-2000
🕐10:00〜22:30、土・日曜・祝日〜23:00　㊡無休
🚇MRT東門駅から徒歩5分
日本語△　日本語メニュー○
康青龍　MAP P.232 A-1

📝 **MENU**

葡萄柚多多　55元（M／約165円）、70元（L／約210円）
仙草鮮奶　50元（M／約150円）、60元（L／約180円）

これでマスター！ドリンクオーダー方法

① サイズを選ぶ

M（中杯）は約450mlで20〜50元（約60〜150円）。L（大杯）は約700mlで50〜70元（約150〜210円）前後

② タピオカを選ぶ

小粒の珍珠（ジェンジュー）と、大粒の波覇（ボーバー）の2種がある。波覇は標準的なタピオカのサイズと考えてOK

③ 甘さを選ぶ

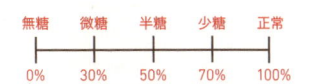

無糖	微糖	半糖	少糖	正常
0%	30%	50%	70%	100%

0%（無糖）から100%（正常）まで6段階。50%（半糖）でも甘みは十分。甘さ控えめがお好みなら30%（微糖）を選ぼう

④ 氷の量を選ぶ

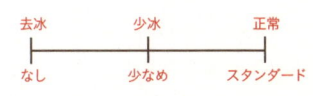

去冰		少冰		正常
なし		少なめ		スタンダード

台湾の室内は冷えるのでお腹を冷やしたくない人は少冰か去冰を。ドリンクによってはホット（熱的）も選択できる

さらに得ワザ

077 /310　世界初のできたてカラフルタピオカ

　日本でタピオカドリンクを飲むと1杯350〜500円が相場だが、台湾では50〜80元（約150〜240円）程度。近年はサボテンや抹茶で赤や緑に色付けしたカラフルなタピオカも登場。「丸作食茶」は世界で初めて、店舗で作った出来たてを提供！

📍 内湖
丸作食茶 内湖店
ワンズオシーチャー ネイフーディエン

🏠 内湖路一段737巷59号　☎02-2659-1699
🕙 10:00〜22:00　㊡無休
🚇 MRT港墘駅から徒歩7分
日本語× ｜ 日本語メニュー○
台北広域 ▶ MAP P.225 F-2

🖉 MENU

高繊水果茶（フルーツティー）　70元（約210円）
黒芝麻珍珠鮮奶緑（黒ゴマタピオカミルクティー）　75元（約225円）

ドリンク　お得度 ★★☆

ハローキティとコラボした
カワイすぎるドリンクスタンドへ

キャラクターをイメージした限定ドリンクも

　日本生まれのサンリオキャラクターは台湾でも大人気！　なかには日本にすら存在しないショップもあるほど。

　そのひとつが、サンリオと公式にコラボしている「Hello Kitty Bubble」というドリンクスタンド。キティを中心に、店内やカップにサンリオのキャラクターが使われていて、デザインがとにかくかわいい！　ドリンクは紅茶の香りが芳醇で、ドリンクスタンドとしても純粋におすすめできるクオリティ。Hello Kitty 蘋果紅茶（ハローキティアップルティー）や、My Melody 杏仁奶茶（マイメロディアーモンドミルクティー）など、キャラクターをイメージしたドリンクもあるのでぜひ試してみて。ちなみに、定番のタピオカミルクティーはタピオカが小さめになっているが、その理由はキティの小さな口でも食べやすい大きさにしたから。"キティちゃん用のタピオカミルクティー"が飲めるのは、台湾でもこの店だけ！

📍 **大安**

Hello Kitty Bubble
ハロー キティ バブル

ドリンクスタンドなので座席はないが、立ち飲み用のテーブルがある。近くにある公園で飲むのもいい。

🏠 大安路一段172号　☎02-2325-5155
🕚 11:00〜19:00　🈶 日・月曜
🚇 MRT大安駅から徒歩8分
日本語× 日本語メニュー×

東區　▶MAP P.234 B-3

✏️ MENU
珍珠奶茶（タピオカミルクティー）　45元
（約135円）
香蕉牛奶冰沙（バナナミルクスムージー）
60元（約180円）

079 / 310

`ドリンク`　お得度 ★★☆

ミルクの濃さが選べる
ドリンクスタンド!?

農場直送の牛乳を手頃な価格で

　高雄にある高大牧場の新鮮な牛乳を使った香ばしいミルクティーが人気のスタンド。砂糖や氷の量を調節できるのはもちろん、ミルクの濃さを選べるユニークな店。紅茶の味が強い「小濃」60元（約180円）、紅茶とミルクの濃さが同等の「正濃」70元（約210円）、一番味の濃いミルクを使用した「特濃」80元（約240円）の3種類がある。トーストやサンドイッチなどの軽食メニューもおいしい。

正濃紅茶牛奶
ジョンノンホンチャーニウナイ
70元（約210円）
紅茶とミルクをバランスよく配合。どちらの風味もしっかり味わえる。

📍 中山駅周辺

小確幸紅茶牛奶合作社
シャオチュエシンホンチャーニウナイホーズオショー

「華山1914文化創意産業園區」内に位置。瓶の牛乳50元（約150円）も人気。テーブルやベンチがありイートイン可。

🏠八德路一段1号　☎02-3322-1612
🕚11:30〜19:30、金〜日曜11:00〜20:00
㊡無休　🚇MRT善導寺駅から徒歩7分
`日本語△` `日本語メニュー○`
`中山駅周辺` ▶ MAP P.229 E-3

080 / 310

`ドリンク`　お得度 ★★☆

青果店の生ジュースを
お見逃しなく!

買い物せずとも要チェック!

　台湾では青果店の一角がよくジューススタンドになっている。「果物を買う用はないから」と見過ごさないように。店頭の果実をその場でミキサーにかけるので超フレッシュ。1杯150〜200円程度で飲むことができる。

キウイと
ブドウのジュース
70元（約210円）
2種類の果物を合わせたジュースも人気。キウイの酸味が夏にぴったり

📍 東區

忠孝水果店
ジョンシャオシュイグオディエン

マンゴージュース65元（約195円）。「自由配」ならパイナップル、スイカなどの中から好きなフルーツを3種類選べる。

🏠延吉街137巷6-3号　☎02-2721-0328
🕕6:00〜21:00、日曜9:00〜21:00
㊡無休　🚇MRT國父記念館駅から徒歩2分
`日本語×` `日本語メニュー×`
`東區` ▶ MAP P.235 E-2

081 /310

茶藝館 お得度 ★★☆

茶藝館はお茶飲み放題!?
茶葉の持ち込みもできる

店が集まるのは康青龍。ゆっくりお茶を楽しめる

　茶藝館とは、中国茶が味わえるティーハウスのこと。専用の茶器を使って丁寧にお茶を淹れる、中国式茶道の体験ができる。

　茶藝館は各地に点在するが、最もアクセスがよく店舗数が多いのは、古くから文化人が多いエリアである青田街や龍泉街。「鼎泰豐」の本店が位置する「康青龍」エリアの「青」と「龍」にあたり、食事のあとに立ち寄ったり、休憩時のカフェ代わりにも利用できて便利。

　茶藝館は最低消費料金や席代、お湯代など、複雑なシステムを導入する店も多いなか、「紫藤廬」は凍頂烏龍茶320元（約960円）などと、メニューごとに1人当たりの金額が設定されているので分かりやすい。お茶が1000円というと高く感じるかもしれないが、1回につき5～6杯以上淹れられるほか、余った茶葉は持ち帰りも可能。お湯代220元（約660円）を払えば、好きな茶葉を持ち込むこともできるので、他店で余った茶葉を使ってもOK！

📍 **康青龍**
紫藤廬
ズータンルー

1920年代に建てられた、日本統治時代の高官官舎を利用。台北市の古跡にも指定されている美しい茶藝館。

🏠新生南路三段16巷1号　☎02-2363-9459
🕙10:00～22:00（食事11:30～14:00、17:30～20:00）
🈺無休　🚇MRT公館駅から徒歩15分
日本語△　日本語メニュー○　※食事は要予約
康青龍 ▶MAP P.232 C-3

🖊 **MENU**

紫藤（凍頂烏龍茶）　320元（約960円）
梨山初曉（高山烏龍茶）350元（約1050円）
パイナップルケーキ　80元（約240円）

HOW TO お茶の楽しみ方

茶藝館では「工夫茶」という作法で淹れたお茶をいただく。
一煎目は淹れてもらえるので、二煎目に挑戦してみよう。

1 茶壺を温めて茶葉を入れる

お茶で茶器を十分に温める。湯を捨て、茶杓を使って茶葉を入れる

2 湯を注いで蒸らし、茶海へ

茶壺に湯を注ぎ蒸らす。高山茶なら1分弱。その後、茶海に移す

3 温めた聞香杯にお茶を注ぐ

茶杯等もお湯で温めておく。背の高い聞香杯に茶海からお茶を注ぐ

4 聞香杯に茶杯をかぶせて返す

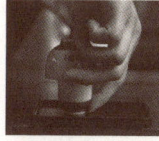

聞香杯に茶杯をかぶせて、お茶をこぼさないようにひっくり返す

5 空になった聞香杯をかぐ

空になった聞香杯の香りをかぎ、器に残ったお茶の香りを楽しむ

6 茶杯のお茶をいただく

茶杯のお茶をいただき、味と香りを楽しむ。お茶うけはお茶のあとに

さらに
得ワザ

082/310　超穴場の美しすぎる茶藝館

龍山寺からMRTで4駅の郊外にある、美しい池と庭園付きの風雅な茶藝館。観光客が少ない穴場スポット！

📍 **府中**

逸馨園書香茶坊
イーシンユエンシューシャンチャーファン

🏠新北市板橋区南雅東路45号　☎02-2965-8080
🕐11:00〜23:00　㊡無休
🚇MRT府中駅から徒歩12分

日本語×　日本語メニュー○

台北広域　▶ MAP P.225 D-3

✏️ MENU

梨山高山茶　650元（約1950円）
明月冰心捲　60元（約180円）
菜補餅　50元（約150円）
パイナップルケーキ　70元（約210円）

カフェ お得度 ★★☆

アーリーシャン
阿里山はお茶だけじゃない！
世界十大コーヒーの味を堪能する

年々注目度が高まるアジアNo.1の味

　台湾といえばお茶が有名だが、実はコーヒー豆のレベルも高い。導入の経緯には諸説あるが、日本統治時代に嘉義、南投（ナントウ）、台南など、中南部を中心に栽培が広まったといわれる。

　戦後は海外から安価な豆を輸入するようになり栽培面積が激減したが、2000年以降のカフェブームにより、再び台湾産が見直されるように。特に、高級高山茶の産地として知られる阿里山は、コーヒーの栽培も盛ん。阿里山コーヒーは、米国スペシャルティコーヒー協会（SCAA）の評価でアジア第1位に輝き、「USAトゥデイ」が選ぶ世界10大コーヒーにはアジアから唯一ランクインしている。

　日本ではなかなか味わうことができないこの阿里山コーヒー、現地のカフェや喫茶店では積極的に取り入れており、気軽に楽しめるのでぜひお試しを。誠品などのショップやカフェでコーヒー豆の販売も行っているので、自宅用はもちろん、特別な人へのおみやげにも最適。

📍 迪化街

爐鍋咖啡
ルーグオカーフェイ

阿里山コーヒーを台湾茶の作法で楽しめる。豆本来の味を伝えるため砂糖とミルクは出さないのがポリシー。

🏠 迪化街一段32巷1号 2F ☎02-2555-8225
🕐 11:00〜19:00 ㊡無休
🚇 MRT北門駅から徒歩8分

日本語○ 日本語メニュー×

迪化街 ▶ MAP P.228 A-2

✐ MENU

阿里山コーヒー　260元（約780円）

084 / 310

カフェ お得度 ★★☆

親子で行くならココ！
VVGのおしゃれすぎるキッズカフェ

VVGのカフェだから大人も十分楽しめる

「VVG POMME」は、一見大人向けのカフェのようだが、地下に続く滑り台が用意され、キッズも一緒に楽しめる造りになっている。まるで童話の世界から飛び出したようなかわいいお店で、逆に「子ども連れじゃないから…」と訪れないのはもったいないほど！ ワインやシャンパンなどアルコール類も豊富で、価格は280元（約840円）〜。

📍 **南京復興**
好樣蘋果兒 VVG POMME
ハオヤンピングオアル ヴイヴイジー ポム

🏠遼寧街199巷5号 ☎02-2717-2918
🕐12:00〜21:00 ㊡無休 🚇南京復興駅から
徒歩4分 [日本語×] [日本語メニュー×]
[台北中心部]▶MAP P.227 D-2

🖊 MENU

猟人特別餐（キッズメニュー）　468元（約1404円）
キャラメルチーズケーキ　180元（約540円）
アメリカンコーヒー（ホット）　180元（約540円）

さらに
得ワザ

085 / 310　　大ブームの猫カフェ発祥の地へ！

日本でブームが続く猫カフェ。その発祥は台北の「子猫花園」といわれている。時間制ではない台北の猫カフェは長居も可能！ 人懐こい猫たちがそろっている。

📍 **士林**
小猫花園
シャオマオホアユエン

🏠福華路129号 ☎02-2835-3335 🕐
12:00〜22:00 ㊡不定休 🚇MRT芝山駅
から徒歩1分 [日本語×] [日本語メニュー○]
[台北広域]▶MAP P.225 E-2

カフェ　お得度 ★★☆

90年前の邸宅をリノベ！
台湾限定のスペシャルなスタバ

チェーン店を感じさせない優雅な造り

台湾人はスターバックス（以下スタバ）が大好き。1998年の上陸から毎年店舗数を増やし、2015年には356店舗を突破。旅行中はどのエリアに出かけても、おなじみの緑のロゴを目にするはず。

店内ではフリーWi-Fiが使えたり、トイレもキレイだったりと休憩スポットしても便利なスタバ。各都市に特徴的なデザインの店舗を構えるが、なかでもスペシャルなのが、伝統の街・迪化街の保安門市。この店は、1920年代に建てられた邸宅をリノベーションしたもので、「これがスタバ!?」と驚かずにはいられないほどの美しさ。店内はバロック調の柱と大きな窓、高い天井がポイントで、チェーン店だということを忘れるほどの特別感があふれている。

コーヒーを購入する1階と、カフェスペースの2・3階はエントランスの扉が異なるので、見取り図が描かれた看板を確認しよう。マグやトートなど、この店だけの限定グッズもチェック！

📍 迪化街

Starbucks 保安門市
スターバックス バオアンメンシー

古建築が集まる迪化街の中でも歴史が古い建物を改築。大通りに面した赤レンガの壁面が目を引く。

🏠保安街11号　☎02-2557-8493
🕐7:00 〜 22:30　㊡無休
🚇MRT大橋頭駅から徒歩8分
日本語△　日本語メニュー×

迪化街　▶MAP P.228 B-1

087 / 310

カフェ　お得度 ★★☆

青木定治とコラボのスイーツ‼ 日本でも味わえない商品をゲット

アジア初のスタバ概念店は台湾にあった！

　高級豆ライン『スターバックス リザーブ®』の焙煎工場を持つシアトルの店舗「リザーブ ロースタリー＆テイスティングルーム」。台北の龍門概念店はそのコンセプトを取り入れたアジア初の店。28種の限定ドリンクや、世界で唯一、青木定治氏プロデュースのスイーツ150元（約560円）〜が食べられる店舗でもある。

📍 **東區**

Starbucks 龍門門市
スターバックス ロンメンメンシー

🏠忠孝東路四段134号　☎02-2740-6782
🕐7:00〜23:00、金・土曜〜翌0:00
㊡無休　🚇MRT忠孝復興駅から徒歩2分
日本語×　日本語メニュー×　忠孝敦化　▶ MAP P.234 C-2

さらに
得ワザ

088 / 310　台湾限定のお茶で茶藝館気分♪

　スターバックスのドリンクで注目したいのが、ご当地メニューの台湾茶セレクション。東方美人茶、阿里山烏龍茶、紅玉紅茶など、常時3〜4種の台湾産のお茶が用意され、価格はそれぞれポットで160元（約480円）〜。わざわざ茶藝館に行かなくても、気軽に本格台湾茶が味わえるのがありがたい。もちろん、アイスでの提供やテイクアウトもOK！　それぞれオリジナルデザインの缶に入ったティーバッグも販売している。コーヒー豆と共に店内の棚に並んでいるので、チェックしてみて。

スイーツ お得度 ★★☆

台湾ならではの漢方甘味なら
カロリーも罪悪感もオフ！

台湾なら甘いものを食べながら健康になれる⁉

　甘いものは食べたいけど、旅行中に太りたくない！　そんなワガママな悩みを解決してくれるのが、漢方デザート。材料に中医学に用いられる薬草や食材を使っており、台湾では昔からよく食べられている。例えば、薬草の一種である仙草を固めた仙草ゼリー。イモ団子やオーギョーチと合わせたり、ドリンクスタンドのトッピングにも人気。そのほか、カロリーゼロのキクラゲや、ハトムギ、緑豆などの雑穀系を使ったものも充実。スイーツを食べるだけで食物繊維やビタミンが補給できるなんて、夢のよう！

📍 **台北駅周辺**
苦茶之家
クーチャージージア

🏠 長安西路244号
☎ 02-2558-0019
🕙 10:00〜23:00　🅷 無休
🚇 MRT中山駅から徒歩10分
日本語○　日本語メニュー×

迪化街　▶ MAP P.228 B-3

📍 **東區**
鮮芋仙 台北微風店
シエンユィシエン タイペイウェイフォンディエン

🏠 復興南路一段36号
☎ 02-2775-3395
🕙 10:00〜00:00　🅷 無休
🚇 MRT忠孝復興駅から徒歩6分
日本語×　日本語メニュー○

東區　▶ MAP P.234 A-1

📍 **信義安和**
愛玉之夢遊仙草
アイユィジーモンヨウシエンツァオ

🏠 通化街56号　☎ 02-2706-1257
🕙 12:00〜翌3:00　🅷 無休
🚇 MRT信義安和駅から徒歩3分
日本語△　日本語メニュー×

台北101周辺　▶ MAP P.233 D-3

📍 **雙連**
双連○仔湯
シュアンリエンユエンズータン

🏠 民生西路136号　☎ 02-2559-7595
🕙 10:30〜22:00　🅷 無休
🚇 MRT雙連駅から徒歩2分
日本語△　日本語メニュー×

中山駅周辺　▶ MAP P.229 D-2

得ワザ

NIGHT MARKET

日暮れとともに屋台が立ち、
地元民や観光客で大にぎわいの夜市。
各夜市で食べるべき料理や
特徴を押さえて
無駄なく、お得に、楽しみつくそう！

全11ワザ

夜市　お得度 ★☆☆

これでスイスイ、ハズレなし！
台湾夜市の鉄則

ビギナーなら士林＆饒河街、攻略ポイントは4つ

　たくさんの夜市がある台北。どこへ行けばいいか迷ってしまうが、夜市初体験なら、観光客が多く利用する士林夜市や饒河街夜市がおすすめ。前者は美食街のほか、ファッション雑貨の店が多く並んでいるため見物するだけで楽しく、後者は一本道にあるためビギナーでも分かりやすい。

　夜市を最大限に楽しむポイントは4つ。まずは、食べたいものは指をさしてオーダーすること。近くの人が食べている料理を指さしてもOK。客引きがしつこくすすめてくる場合もあるが、いらないときは「不要」と断ろう。2つ目は、混み合う時間帯はなるべく外すこと。台湾の人は飲食店と同じ感覚で夜市を利用するので、19〜20時の夕食時は夜市の混雑もピーク。行列覚悟のお店は早めに訪問するなど、時間をずらすとスムーズに入店できる。3つ目は、スリに注意すること。場所によっては人とすれ違えないほど混む場合もある。バッグはファスナーなどで口が閉まるものを使い、体の前側にくるよう持つのが安心。4つ目は、簡単なフレーズを覚えること。特に、台湾には中国本土で使われている中国語（北京語）とは異なる独自の台湾語があり、「おいしい！」は「好吃」でなく「好呷！」、ありがとうは「謝謝」でなく「多謝」となる。北京語でも通じるが、台湾語をひとつでも覚えて使うと、台湾人とより仲良くなれ、夜市でも楽しい思い出ができるはずだ。

路線図で把握！　台北のメイン夜市

駅近や市場隣接など、夜市の立地もいろいろ。早い時間から
動いて夜市をハシゴして、違いを楽しもう。

NIGHT MARKET

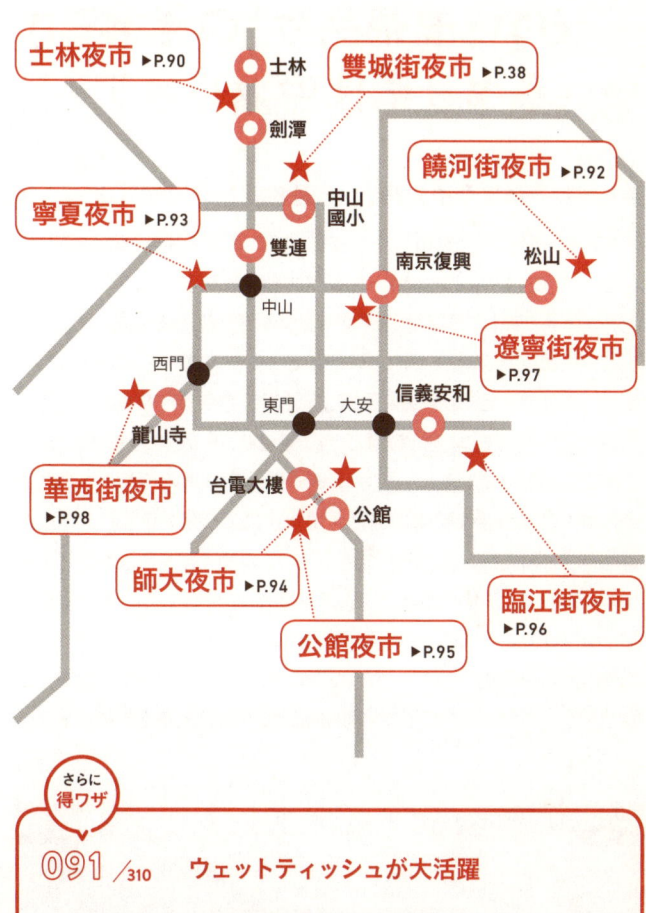

士林夜市 ▶P.90

雙城街夜市 ▶P.38

饒河街夜市 ▶P.92

寧夏夜市 ▶P.93

遼寧街夜市 ▶P.97

華西街夜市 ▶P.98

臨江街夜市 ▶P.96

師大夜市 ▶P.94

公館夜市 ▶P.95

士林　剣潭　中山國小　雙連　中山　南京復興　松山　西門　東門　大安　信義安和　龍山寺　台電大樓　公館

さらに
得ワザ

091 / 310　ウェットティッシュが大活躍

ウェットティッシュは夜市に必ず持って行きたいアイテム。屋台の
テーブルや手を拭くのに利用価値大。そのほか、ペットボトルの水は
飲むだけでなく、手も洗えるのでバッグに常備しよう。

`夜市` お得度 ★★☆

士林夜市名物のフライドチキンは場内地下にも店舗あり！

シーリンイエシー

食べるべきはフライドチキンと焼きたてケーキ

台北で一番有名な夜市は士林夜市。地下にある場内（美食區）、基河路、映画館のある文林路、大南路で囲まれた辺りに、500以上のお店や屋台がひしめき合い、台北最大級の夜市を形成している。

臭豆腐や魯肉飯など、ありとあらゆる台湾グルメが集結しているが、なかでも名物は「豪大大鶏排」の巨大フライドチキン。たった65元（約195円）だが大人の顔ほどのサイズがあり、しかもサクサク、ジューシーでヤミツキに。士林市場付近に店を構えるが、場内にもお店があるほか、映画館の前にも屋台が出ており、そちらのほうが比較的短時間で購入できる。また、もう1つ押さえておきたいグルメは大南路沿いにある「源味本舗」の焼きたてケーキ。プレーン80元（約240円）で、ふるふるの食感がたまらない！

ハオダーダージーパイ
コエンウェイベンプー

場内は金〜日曜は11時、そのほかは15時頃からオープンしているので、場外の屋台が始まる前に訪れれば、効率よく楽しめる。

📍 士林

士林夜市
シーリンイエシー

MRTの駅近くで台北ビギナーでも利用しやすい巨大夜市。ふわふわのかき氷、雪片冰発祥の店などがある。

🏠大東路、基河路周辺
🕐16:00〜翌0:00頃（店舗により異なる）
🈺無休（店舗により異なる）
🚇MRT剣潭駅から徒歩2分
`台北広域` ▶MAP P.225 E-2

士林夜市攻略のTIPS

士林市場 を回る

MRT劍潭駅に着いたらまずは場内の美食區へ。慈誠宮方面、大東路、安平街と進むと巨大夜市の全貌がつかめるはず！

場外 を歩く

文林路に続く安平街は、プチプラ＆ファッション雑貨のショップも多い楽しいストリート。雪片冰発祥の「辛發亭」もこの道沿い。

慈誠宮
大南路
安平街
大東路
文林路
基河路
N

NIGHT MARKET

CHECK

人気の食べ物屋台はこのあたりに！

文林路から大東路へ続く道にはグルメ屋台がひしめく。「豪大大雞排」「蜜酥雞排」もここ。

CHECK

場内の人気メニュー「忠誠號」のカキオムレツ

プリプリなカキがたっぷり入った名物。蚵仔煎60元（約180円）。

M
R
T
劍
潭
駅

さらに
得ワザ

093 /310　これは並ぶべし！　場外チキン

　場外の「豪大大雞排」の隣には、ライバル店「蜜酥雞排」が。こちらも絶品なので食べ比べてみよう。

📍 士林

蜜酥雞排
ミースージーパイ

🏠文林路115号あたりの屋台
🚇MRT劍潭駅から徒歩5分

日本語× 日本語メニュー×

台北広域 ▶MAP P.225 E-2

蜜酥雞排60元（約180円）。ほどよい甘みのサクサク衣があと引く旨さ

夜市　お得度 ★★☆

饒河街夜市に着いたら
ラオホージエイエシー
まずは胡椒餅でタイムロスなし
フージアオビン

台北最大級の長い夜市、行列グルメは即決で！

　饒河街夜市といえば中華風の門。夜空に輝くきらびやかな姿は、セルフィーポイントとしてもイチオシ。さらにMRT松山駅側の門のすぐ近くには「松山慈祐宮」という寺院がある。ライトアップが華やかで、異国気分に浸れること間違いなし！
ソンシャンツーヨウゴン

　門の先には一本道の中央と左右にお店や屋台がずらりと並ぶ夜市が現れる。その長さなんと約400m。一本道だけに迷うことなく目的地に行けるのもうれしい。

　必食はMRT松山駅側の門の近くにある「福州世祖」の胡椒餅50元（約150円）。毎夜長蛇の列という人気ぶり。甘辛く煮つけた挽き肉とたっぷりの刻みネギを生地で包み焼き上げた胡椒餅は、肉汁じゅわり、黒胡椒の風味が鼻腔をくすぐる。饒河街夜市は一方通行なうえいつも混み合っているので、通りがかったらその場で購入するのがポイント。そうでないと夜市をぐるりと一周するハメになる。
フージョウシーズー

📍 松山

饒河街夜市
ラオホージエイエシー

派手なイルミネーションが輝く門がシンボルの夜市。薬膳スープや臭豆腐など、台北っこに人気の味も多い。
🏠饒河街一帯
⏰17:00〜翌1:00頃（店舗により異なる）
🈺悪天候時（店舗により異なる）　🚇MRT松山駅から徒歩2分　日本語×　日本語メニュー×
台北中心部　▶MAP P.227 F-2

夜市 お得度 ★★☆

激混みの寧夏夜市は雞肉飯&
スイーツをピンポイントで攻める

ビールが飲みたければ入口のコンビニで調達

　夕方になると、徒歩で往復20分ほどの寧夏路を通行止めにして立つのが寧夏夜市。小規模だが、味にうるさい台北っこが黙って行列する屋台が集まるグルメ夜市として有名だ。

　この夜市は、19〜21時の食事時にはどこも長蛇の列が現れるので、決め打ちで出かけるのがポイント。必食は中央にある「方家雞肉」の雞肉飯。蒸した鶏肉をご飯にのせダシの効いた甘めのタレをかけた嘉義名物の丼で、価格はなんと30元（約90円）！　遅い時間には売り切れることもあるので要注意だ。スイーツも「橋頭客家純糖麻糬」のお餅40元（約120円）や、夜市の入口向かいにある「豆花荘」の豆花40元（約120円）など、並ぶ価値ある逸品ぞろい。

　そしてビールによく合うグルメも多いが、残念ながら夜市では販売していない店がほとんど。飲みたければ、南側の入口にあるセブンイレブンなどのコンビニで調達して行こう。

📍 **雙連**
寧夏夜市
ニンシャーイエシー

小規模ながら絶品グルメが多い夜市。鶏肉を鶏皮で包んで焼いた脆皮雞腿捲はここからブレイクした。

🚶 寧夏路一帯　🕐 18:00〜翌3:00頃（店舗により異なる）　💰 店舗により異なる
Ⓜ MRT雙連駅から徒歩10分
日本語× 日本語メニュー×
迪化街 ▶ MAP P.228 C-2

得ワザ
096 / 310

夜市 お得度 ★★☆

ファッションアイテムは
女子大生御用達の師大夜市へ

台湾のトレンドが格安で手に入る！

国立師範大学の近くにある師大夜市。ほかの夜市に比べファッションアイテムが充実しているのが特徴だ。ファストファッションだけでなく、洗練されたデザインがリーズナブルに手に入るので女子大生に人気となっている。

狙い目は龍泉街。例えば、「QUEEN FASHION SHOP」は、トレンドをいち早く取り入れたカジュアルファッションが人気。どのアイテムも1000元（約3000円）を超えない程度で、靴までトータルコーディネートしても4000元（約1万2000円）程度。台湾では使用不可な店も多いクレジットカードが使えるのもうれしい。

そのほか、激安アクセで有名な「Irisgarden」ではピアスが4セットで400元（約1200円）。有名ネイルブランドO.P.Iのポリッシュをなんと199元（約597円）で販売する店もあり、日本1/3以下の価格で手に入れることができる。

📍 **師大・公館**
師大夜市
シーダーイエシー

ファッションだけでなく、行列必至のクレープや生煎包、滷味の老舗などもある。
🏠龍泉街一帯
🕐16:00～翌1:00頃（店舗により異なる）
🗓無休（店舗により異なる）
🚇MRT台電大樓駅から徒歩5分
`康青龍` ▶MAP P.232 B-3

📍 **師大・公館**
QUEEN FASHION SHOP 師大門市 I
クイーン ファッション ショップ シーダーメンシー イー

台湾の安カワ系代表。シンプル過ぎないデザインは日本人にもファンが多い。
🏠泰順街16巷37号 ☎02-2368-9772
🕐15:00～23:00、金・土曜～23:30 🗓無休
🚇MRT台電大樓駅から徒歩9分
`日本語×` `カード○`
`康青龍` ▶MAP P.232 B-3

夜市　お得度 ★★☆

公館夜市はまず出口４側へ
日が暮れたら水源市場周辺へ！

ゴングアンイエシー

シュイユエンシーチャン

100円台でお腹いっぱいになれる

　國立台湾大学の近くに立つ公館夜市は、MRT公館駅周辺の大通りや入り組んだ路地に広がる夜市。学生街ではあるがファッションが充実の師大夜市と違い、グルメで人気を集める。

　駅の出口４付近には、タピオカミルク35元（約105円）の名店「陳三鼎」、プルプルの角煮をサンドした割包が50元（約150円）の「藍家割包」など、人気の飲食店が並び、昼から楽しめるのも特徴だ。昼間は人気店を堪能し、日が暮れたら、屋台が出現する水源市場の近くへ移動するのが効率よい回り方。

　必食は「姜 蔬菜大蛋餅」の蛋餅。キャベツたっぷりの台湾風お好み焼きは、35元（約105円）という安さなのにボリュームたっぷり。毎夜若者が長蛇の列を成す人気グルメだ。サクふわ生地がたまらない「雄記蔥抓餅」の蔥抓餅35元（約105円）など、学生街だけに片手で食べられるファストフードが充実している。

📍 **師大・公館**

公館夜市
ゴングアンイエシー

グルメ以外にプチプラ雑貨も充実。汀州路三段へ抜ける道にはファッションアイテムを扱うお店が多く並ぶ。
🏠 羅斯福路四段ほか
🕐 17:00〜翌0:00頃（店舗により異なる）
☂ 悪天候時（店舗により異なる）
🚇 MRT公館駅から徒歩1分

台北広域　▶MAP P.225 E-3

夜市　お得度★★☆

OL人気の臨江街夜市は
ペット用のおみやげも充実！

リンジアンジエイエシー

本格グルメと買い物を楽しめる都会の夜市

台北101から徒歩約15分の距離に立つ臨江街夜市。観光客にはあまり知られていないが、実は臨江街夜市とぶつかる基隆路二段は、台北屈指のペットショップ街でもある。

台北101がそびえる街だけに、ペットのウエアやグッズのデザインもハイセンス。ウエアは290元（約870円）とリーズナブルなものが多く、おもちゃやペットフードなども充実している。多くの店が深夜まで営業しているので、夜市のグルメ屋台を楽しんだあとも利用できるのがうれしい。

臨江街夜市はビジネスマンやOLの利用が多いためか、ステーキ店や小籠包など本格的なグルメのほか、夜市では珍しいタイ料理、ベトナム料理のフォーの屋台などもある。ほかにもバッグやランジェリーショップなどがあり、コンパクトだが見どころが多い。ペットを飼っている人は訪れてみよう。

📍 信義安和
臨江街夜市
リンジアンジエイエシー

通化街夜市とも呼ばれている。仕事帰りの人々の利用も多く、スーツで屋台グルメを楽しむ姿が見られる。
🏠臨江街、通化街一帯
🕐17:00〜翌1:00頃（店舗により異なる）
🈳無休（店舗により異なる）
🚇MRT信義安和駅から徒歩5分
`台北101周辺` ▶MAP P.233 D-3

099 /310

`夜市` お得度 ★★☆

ディープな遼寧街夜市なら
海鮮居酒屋とダブルで楽しめる！

<small>リアオニンジエイエシー</small>

NIGHT MARKET

激ウマ海鮮グルメのあとは優勝魯肉飯で〆

　遼寧街夜市の特徴は、道の左右に並ぶ海鮮居酒屋の存在。店先にずらりと並んだ新鮮な魚介類を指さしでオーダーするお店が多く、鮮度抜群の魚介類をリーズナブルな価格で楽しめる。例えば台湾でよく食べられるアサリとバジルの炒め物や、エビと卵の炒め物は、どちらも100元（約300円）前後が平均的な価格。店によっては魚を丸々1匹刺身にすると、残った頭や骨はスープにしてくれるサービスも。ビールを飲んでも、1人500元（約1500円）ほどで十分に満足できる。店先に値段が分かるメニューを出すなど、明朗会計のお店が多いのでぜひ挑戦してみよう。

　海鮮居酒屋のほかにも遼寧街夜市で必ず押さえておきたいのは、台北市主催の魯肉飯コンテストで優勝した「冇有冇麺擔」の魯肉飯40元（大／約120円）。見た目は味が濃そうだが、意外とあっさりとしている。1位に輝くのも納得の味わいだ。

<small>パーティンヨウミエンタン</small>

📍 **南京復興**

遼寧街夜市
リアオニンジエイエシー

広々とした道の左右に飲食店や屋台が立ち並ぶ。ローカル客率が高い。
🏠遼寧街一帯（朱崙街と長安東路二段の間）　🕐17:00〜翌0:00頃（店舗により異なる）　休悪天候時（店舗により異なる）
🚇MRT南京復興駅から駅から徒歩5分
`台北中心部` ▶MAP P.227 D-2

📍 **南京復興**

鵝肉城活海鮮
オロウチョンフオハイシエン

夜市中央にあるガチョウ肉と海鮮のお店。日本語は通じないので筆談で。
🏠遼寧街77号　☎02-2752-2142、2751-6922　🕐16:00〜2:00　休無休
🚇MRT南京復興駅から徒歩6分
`日本語○` `カード×`
`台北中心部` ▶MAP P.227 D-2

夜市 　お得度 ★★☆

日本では食べられない！
華西街夜市でヘビ肉に挑戦
ホアシージエイエシー

ゲテモノ夜市は実は魯肉飯も旨い！

　台北最古の寺院・龍山寺の近くに位置する華西街夜市。1951年に台湾で初めての観光夜市として誕生したという古い歴史を持つ。

　ここがほかの夜市と違うのは、ヘビやスッポン、鶏の睾丸料理など、精の付く食材を扱う専門店が多い点。ヘビ料理専門店「亞洲蛇肉店」では、日本ではなかなか食べられない蛇肉湯（ヘビのスープ）が150元（約450円）と安価で、精力アップに効果が絶大だとか。さらに元気になりたいなら、ヘビ毒、肝臓、血のお酒とスープのセット350元（約1050円）をオーダーしよう。

　この夜市で扱っているのはゲテモノだけではない。はずせないのが「小王清湯瓜仔肉」の魯肉飯25元（約75円）。濃いめの醤油味で煮込んだ豚肉は、口の中で溶けていくほどトロトロで、台北っこが日々行列を作るのもうなずける。店名となった瓜の漬物が入ったスープとの相性も抜群だ。

📍 龍山寺
華西街夜市
ホアシージエイエシー

アーケードを持つ夜市。ヘビ肉のお店はカメラを向けると怒られるので注意しよう。
🏠華西街、廣州街一帯
🕐16:00〜翌1:00頃（店舗により異なる）
㊡無休（店舗により異なる）
🚇MRT龍山寺駅から徒歩2分
龍山寺 ▶MAP P.230 A-3

📍 龍山寺
小王清湯瓜仔肉
シャオワンチンタングアズーロウ

1975年創業。魯肉飯やスープのほか、豆腐の煮込みなど、ほっとする味が楽しめる。
🏠華西街17-4号　☎02-2370-7118
🕐10:00〜20:00
㊡火曜
🚇MRT龍山寺駅から徒歩7分
日本語× カード×
龍山寺 ▶MAP P.230-A-3

得ワザ

SHOPPING

パイナップルケーキやカラスミ、
台湾茶など、食みやげのお得な買い方から、
自然派＆クオリティの高さで注目される
台湾コスメの選び方まで。
ワザを使って賢く上手にショッピング！

全56ワザ

クーポン お得度 ★★☆

現地紹介サイトのクーポンや
カード優待で5〜20%オフ！

日本に比べて割安感のある台湾がいっそうお得に！

　台湾旅行の前に必ずチェックしておきたいのが、現地の情報を配信するウェブサイト。「台北ナビ」や「旅々台北.com」がその代表的なもので、ショップやレストラン、見どころについての膨大かつ詳細な情報が得られる。しかも、街じゅうで使えるお得なクーポンまでゲットできて利用価値大！

　クーポンはプリントアウトして店などに持参すると、最大20%の割引やプレゼント特典を受けられる。グルメやショッピング、マッサージから占いまで、ホテル以外の全ての場面で使えそうな充実ぶりだ。台北ナビのクーポンは台湾シャンプーの店が多く、旅々台北.comは変身写真館に強いのが特徴。各クーポンには地図と住所が付いているので、タクシーの運転手に見せればスムーズに到着できる。使用の際は有効期限に注意し、プリントアウトが必要なものはあらかじめ印刷しておくこと。

　また、クレジットカード特典の充実ぶりも要チェック。過去の特典を見ると、Visaなら新光三越や誠品（P.120）、阿原（P.141）などで優待が受けられ、JCBなら陳記百果園（P.64）や台北戯棚TaipeiEYE（P.205）での割引がある。各カードのゴールド会員やプラチナ会員は、国内28ヵ所の空港ラウンジが無料で利用できる点も見逃せない。このほか海外旅行傷害保険もカバーできるなど、旅のさまざまな場面で活躍するので積極的に利用しよう。

情報サイトをチェックしよう

台湾について検索するとほぼ必ずヒットする「台北ナビ」と「旅々台北.com」。日々チェックして最新の情報をゲットしよう。

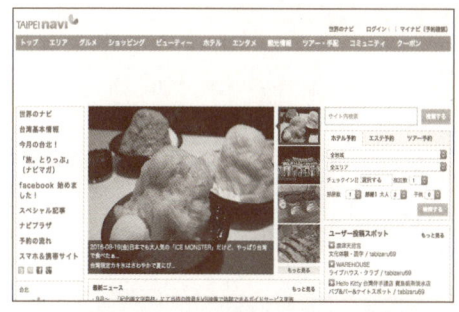

台北ナビ

URL www.taipeinavi.com

アジアをはじめ世界各地の現地旅行情報を発信するサイトの台北版。膨大かつ細部にいたる情報を、親しみやすい文章と写真で紹介する

旅々台北.com

URL www.tabitabi-taipei.com

台北を中心とした台湾の旅行情報をまとめたウェブサイト。サイトからホテルや変身写真館、スパの予約などができるのも特徴

さらに
得ワザ

102 /310

マイイーソンイー
買一送一を狙おう！

「買一送一」は、「1つ買うともう1つプレゼント」という意味。コンビニやスーパー、ドラッグストアなど、至るところに表示がある。「買二送一」や「買一送三」などのバリエーションも。

レシート お得度 ★★☆

お買い物は一攫千金!?
宝くじレシートを保存せよ!

買い物するだけで最高賞金3000万円のチャンス!?

　レストランでの飲食やコンビニでの買い物など、台湾旅行ではあちこちでお金を払い、レシートを受け取る機会がたくさんある。そういったレシートは、ホテルへ帰ったらゴミ箱へ…なんていうことは絶対にNG!　実はこれ、最高賞金が1000万元（約3000万円）に達することもある宝くじ券になっているのだ。

　台湾のレシートは「統一発票（トンイーファーピアオ）」といって、上部にある8ケタの数字が宝くじのナンバーとなっている。2カ月に一度、奇数月の25日に発表される抽選番号と照らし合わせ、結果が分かる仕組みだ。

　もともと、税務署による脱税対策として行われているもので、うれしいことに外国人旅行者でも換金可能。気になる当選番号は、右ページ記載の財政部ウェブサイトで発表される。特別獎（1000万元／約3000万円）、特獎（200万元／約600万円）、頭獎（20万元／約60万円）は8ケタの数字すべてが合っていること、二獎（4万元／約12万円）〜六獎（200元／約600円）は下3〜7ケタが頭獎の番号と合っていることが条件。ほかにも増開六獎（ゾンカイリウジアン）（200元／約600円）という3ケタの番号もあり、下3ケタが一致すれば当選となる。

　引き換えは結果発表翌月の6日から3カ月間、台湾の郵便局にて行う。外国人はパスポートを持参し、個人情報をレシートに記載する。すでに帰国している場合でも、当選額によっては、宝くじ引き換えのための再度の台湾旅行を計画してみてもいいかもしれない。

ナンバーをチェックして
ネットで確認

8ケタの番号が宝くじのナンバー。翌奇数月の25日になったら、財政部のウェブサイトで当選番号をチェックしよう

財政部

URL http://invoice.etax.nat.gov.tw

いらないレシートは
寄付しよう

レシートが不要な場合は、店に設置されている専用ボックスへ。当選額は寄付金としてさまざまな支援活動に使われる

さらに
得ワザ

104 /310　　**アプリでも当選確認できる！**

　近年増えている電子レシートなら、アプリで当選のチェックが可能。代表的なアプリは「發票＋」。ダウンロードしてレシートのQRコードを読み取り、結果発表後に検索すると、当選結果を教えてくれる。

7-ELEVEN.
電子發票證明聯
❶ 105年03-04月
❷ GA-35717541
2016-03-20 22:47:37
隨機碼：4745　總計：329
賣方84710589

ここを
読み取る →

❸

園武　　936428　序869190　機2
退貨憑電子發票證明聯正本辦理

❶ 発行月
❷ 宝くじ番号
❸ QRコード

SHOPPING

花布 お得度 ★★☆

花布のオーダーメイドは永楽市場<ruby>ヨンラシーチャン</ruby>
布屋は「仲嶢布行<ruby>ジョンヤオブーハン</ruby>」がイチオシ

種類豊富なチャイナ柄＆花布が格安で手に入る！

チャイナ柄の布が欲しくなったら、「永楽市場」の2階が断然おすすめ。何より価格が90×90cmで75元（約225円）からと、ギフトショップ等で購入するより確実に安く手に入る。店によっては、同じような布が半値以下になることも。必要な長さもこちらで指定でき、何といっても選ぶのに困ってしまうほど種類が豊富！

永楽市場のなかでもおすすめの布店は「仲嶢布行」。こちらは客家柄といわれるかわいい花柄の布（花布）の種類が他店より多く、伝統柄から最近の柄までそろっている。オーナーも日本人の対応に慣れているので安心だ。また、この永楽市場は3階に仕立て屋が入っていて、2階で布を購入して3階で縫製をお願いすることもできる。仲嶢布行で布を購入する際に「これぐらいの大きさで、こんなバッグ」と作りたいものを具体的に伝えれば、それに必要な布の長さを教えてくれるので、気軽に尋ねてみよう。

📍 **迪化街**

永楽市場
ヨンラシーチャン

2階は100年以上の歴史を持つ布市場。種類が豊富でチャイナ柄や花布だけでなく、和風の柄まで手に入る。

🏠迪化街一段21号 ☎02-2556-8483（代表）
🕘9:00～18:00 ㊡店舗により異なる
🚇MRT北門駅から徒歩7分
日本語△

迪化街 ▶MAP P.228 A-2

布屋さんでの購入TIPS

購入は90cmが基本

布は90cmを最短とし、以降30cm単位で購入できる店舗が多い。なかには10cm単位もOKの店舗もあるので、必要な場合は聞いてみよう

見本を見せるのも可

作りたいアイテムに必要な布の長さが分からないときは、具体的な見本や写真、絵を見せてみよう。たいていの店舗で適切な長さを教えてくれる

中国語での単位をチェック

日本人の対応に慣れている店舗はたいていcmで表記をしているが、そうでないお店も多い。中国語の単位に注意して購入を。筆談で「cm」と確認してもいい

| mm（ミリメートル）|
| 毫米　（ハオミー）|
| cm（センチメートル）|
| 公寸　（ゴンツン）|
| m（メートル）|
| 公尺　（ゴンチー）|

📍 **迪化街**

仲曉布行
ジョンヤオブーハン

永楽市場2階の店で、伝統的な花布を多く扱う。派手なものから落ち着いたトーンまでそろう。90×90cmで75元（約225円）〜。

🏠迪化街一段21号2F 2059室
☎02-2555-9398、2550-0985
🕙10:00〜18:00　㉡日曜・祝日
🚇MRT北門駅から徒歩7分　日本語△

迪化街　▶MAP P.228 A-2

さらに得ワザ

106 /310　市場1階はローカルグルメの宝庫！

　永楽市場の1階には問屋街の迪化街に朝早くから仕入れに来る人々のために、安くておいしいグルメ店が集まる。なかでも必食は「林合發油飯店」のおこわ。鶏もも肉、煮卵とセットで125元（約375円）。もう1つは建物の外側にある「茂豊杏仁露」の杏仁スイーツ40元（約120円）。どちらも売り切れ次第終了なので、午前中に訪れよう。

花布 お得度 ★★☆

仕立ては階段に穴場の店が！既製品もキュート！

センス、クオリティの高さピカイチの店はココ

　布を買ったはいいけれど、作るのはハードルが高い。そんな人は「永楽市場」の3階へ。ここにはバッグなどの小物からドレスまで扱う仕立て屋が100店舗ほど入っている。仕立て料はリーズナブルで、簡単なバッグなら300元（約900円）程度で作ってくれるところも！

　イチオシは2階と3階の間の階段踊り場にある「Pins & Needles Store 針線勤」。その理由はロンドンで修業したオーナーの群を抜いたセンスのよさ。遊び心たっぷりのがま口やリボン、チェーンなど、ちょっとしたパーツのラインナップはうっとりもの。バッグなどの小物には、きちんと裏地をつけてくれるという心憎いサービスも。店頭に並ぶオリジナルバッグもかわいいのでチェックしよう。

　仕立てには最低1日はかかるので、初日に注文を済ませるといい。言葉で説明するよりはイメージを見せてオーダーを。例えば雑誌の切り抜きや写真などを持っていけば、伝達ミスを防げる。

📍 **迪化街**

Pins & Needles Store 針線勤
ピンズ アンド ニードルズ ストア ジェンシエンチン

縫製のセンスだけでなく、ヨーロッパで買い付けるバッグや財布などのパーツも充実。クラフト女子必訪の店。

🏠迪化街一段21号 2F 2110室
☎02-2555-1508　🕐9:00～18:00
㊡日曜　🚇MRT北門駅から徒歩7分
日本語△

迪化街 ▶MAP P.228 A-2

HOW TO オーダーメイド

どれだけ完成品のイメージを正確に伝えられるかが、オーダーのカギ。なるべく具体的に分かるよう工夫をしよう。

❶ お店を選ぶ

店舗にはその店が作った見本が飾られている。センスやクオリティをチェックして決めよう

❷ デザインを相談

ミスのないよう、具体的なサイズを書いて説明。完成品に似た写真等を用意すると伝えやすい

❸ パーツを選ぶ

ボタンやリボンなどのパーツを選ぶ。他店で購入したものでもOK。パーツ代は別途かかる

❹ 完成品をピックアップ

たいていは受け取る際に支払い。このバッグは1180元（約3540円）、がま口は520元（約1560円）

SHOPPING

> さらに
> **得ワザ**

108/310　チャイナドレスも作れる！

永楽市場3階の縫製店ではドレスも仕立ててくれる。2階で布を購入し、ドレスをオーダーしよう。チャイナ柄布のおすすめ店はココ。

📍 **迪化街**

慶發布行
チンファブーハン

🏠 迪化街一段21号 2F 2074室
☎ 02-2556-6463　🕙 10:00〜18:00
㊡ 日曜・祝日　🚇 MRT北門駅から徒歩7分
`日本語×`
`迪化街`　▶ **MAP P.228 A-2**

食みやげ　お得度 ★★☆

お茶専門店「天仁茗茶」はお茶うけも優秀！

ティエンレンミンチャー

茶葉専門店ならではの工夫を凝らした茶菓子がそろう

「天仁茗茶」は1953年に台湾南部・高雄の岡山で生まれた、台湾茶を中心に扱う中国茶専門店。台湾茶業界で唯一の上場企業で、台湾を含む全世界に136店舗を持つ。現地で最も認知度の高い中国茶ブランドといっても過言ではない有名店。

　お茶の種類は、スーパーにも卸している20袋入り80元（約240円）前後の手頃なものから、高級茶葉までさまざま。贈る相手に合わせて選べるので、ワンストップでおみやげショッピングをすませることができて便利。また、観光客にはあまり知られていないが、お茶だけでなく、オリジナルの茶菓子も展開している。特にピーナッツをピリ辛く味付けした麻辣ピーナッツや、豆腐を乾燥させた豆干は必食！　お茶の専門店らしく、それぞれ香り付けに日月潭紅茶や緑茶を使用しているのもユニーク。1袋100〜200元（約300〜600円）とは思えない上品な味わい。お酒にもよく合う！

📍 康青龍

天仁茗茶 信義店
ティエンレンミンチャー シンイーディエン

バラマキ用には東方美人茶のティーバッグ18袋入り100元（約300円）が人気。専門店限定の茶葉もある。

🏠 信義路二段162号　☎02-2341-3075
🕐 9:30〜22:00　㊡無休
🚇 MRT東門駅から徒歩1分

日本語△

康青龍　▶MAP P.232 A-1

天仁茗茶の茶食セレクション
ティエンレンミンチャー

本誌編集部でリピート率100%のお茶うけを独断と偏見でランキング！　ヘルシーなのも好ポイント！

編集部
1位

辛さが
ヤミツキ！

マーラーホアション
麻辣花生
（麻辣ピーナッツ）

`100元`

山椒や唐辛子で味付けした麻辣味のピーナッツ。日月潭名物の紅玉紅茶を加え、ほんのり甘みがある

茶食って？
お茶と一緒に楽しむお茶うけ全般のこと。クッキーや豆菓子など種類はさまざま。茶藝館ではケーキ類を提供することも

編集部
2位

ダイエッター
に！

リウチャードウガン
緑茶豆干
（緑茶風味のドライ豆腐）

`150元`

豆干は豆腐を脱水して味付けしたもの。香り高い緑茶を加えた醤油ソースで煮込んである

編集部
3位

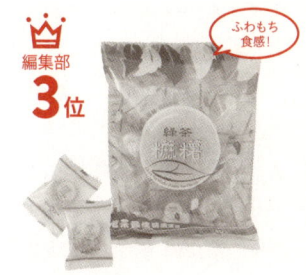

ふわもち
食感！

リウチャーマーシュー
緑茶麻糬（緑茶もち）

`100元`

求肥のような皮で緑茶餡を包んだ餅菓子。餡には緑豆を使用している

さらに
得ワザ

110／310　　**ドリンクスタンドもある！**

「天仁茗茶 信義店」（P.108）はドリンクスタンドも併設している。おすすめは、自慢の茶葉を使った緑茶にフレッシュレモン果汁を加えた檸檬緑茶。Mサイズでも450mℓとたっぷりで、60元（約180円）！

111 /310

食みやげ お得度 ★★☆

「微熱山丘 Sunny Hills」は
カフェ代わりに利用できる!?

パイナップルケーキ1個とお茶が無料!

　シンガポールや上海、東京にも店舗を構えるパイナップルケーキの専門店、「微熱山丘 Sunny Hills」。この店のすごいところは、パイナップルケーキを丸々1個、お茶付きで試食できること。席に着くとスタッフがサーブしてくれ、試食なのにゆっくり休めてしまう。

　さらにお得なのは、東京の店舗の価格と比べると、台湾では半額以下の420元（10個／約1260円）でパイナップルケーキが買えてしまうこと。隠れた人気商品のパイナップルジュースも半額以下の300元（6本／約900円）で手に入る。ほかにも、台湾の店舗では東京にはないハチミツカステラ300元（約900円）を販売。蜂の巣の形にカットされていて見た目もとってもキュート!

　市内の店舗に立ち寄る時間がなければ、桃園国際空港第2ターミナルの2階にある店舗へ。パイナップルケーキ10個入りとハチミツカステラの販売のみだが、おみやげを買うには十分だ。

📍 **富錦街**

微熱山丘 Sunny Hills
ウェイロァシャンチウ サニーヒルズ

広々とした試食スペースが特徴。パイナップルケーキは5個入りからで、バラ売りはしていないので注意。

🏠民生東路五段36巷4弄1号 ☎02-2760-0508
🕙10:00～20:00 ㊡無休 🚇MRT松山機場駅から徒歩15分

日本語○ 日本語メニュー×

台北中心部 ▶MAP P.227 E-1

微熱山丘のＰケーキはココがすごい！
ウェイロァシャンチウ　パイナップル

鳳梨酥
フォンリースー

420元（10個／約1260円）

冬瓜ジャムで代用されることの多いパイナップルケーキの餡だが、こちらは100％パイナップルを使用。台湾中部の山で育てた原種に近い品種を使用

生地
ニュージーランド産の風味豊かなバターと味の濃い卵を使用し、サクサク

餡
パイナップルのみを使用しているので、フルーツそのものの爽やかな酸味

＼ **オリジナルドリンクも！** ／

100% 鳳梨汁
フォンリージー

300元（6本／約900円）

完熟果実を搾って煮詰めたパイナップルジュース。添加物不使用で自然のおいしさ

SHOPPING

さらに
得ワザ

112 /310　お隣には酵素コスメの店が！

「微熱山丘 Sunny Hills」の隣には、パイナップルの酵素を販売するショップがある。おすすめは納豆キナーゼを配合したパイナップル酵素。消化を助け便秘解消、代謝促進に役立つ。

📍 **富錦街**

SunTivas 陽光康喜
サンティーバ ヤングアンカンシー

🏠民生東路五段36巷4弄3号
☎02-2742-1066
🕙10:00～18:30　㊡無休
Ⓜ️MRT松山機場駅から徒歩15分

[日本語○] [日本語メニュー×]
[台北中心部] ▶MAP P.227 E-1

鳳梨酵素＋納豆菌60粒 1250元（約3750円）、顆粒60包 950元（約2850円）

食みやげ お得度 ★★☆

贅沢みやげの決定版！
Pケーキはホテルベーカリーで

パイナップル

高級パイナップルケーキなら中山駅周辺へ

　台湾みやげといえばパイナップルケーキが定番。それだけにコンビニやスーパーでも販売しているが、人と差をつけるならホテルベーカリーがいい。さすがはホテルメイドの出来栄えで、小麦、バター、パイナップル餡など、随所にこだわりが見える。パッケージにも特徴があるので、渡す相手に合わせてチョイスできる。数あるホテルのなかでも特におすすめは、次の3つ。

　ホテルオークラプレステージ台北内の「The Nine 烘焙坊」は、モダンなパッケージが特徴。国内セレブはもちろん、海外からも評価が高い。生地には隠し味にチーズを加え、コクがありほろほろサクサクな食感に。バラ売りしているのもポイントが高い。販売は当日製造分のみなので、午前中に足を運ぶか予約をするのがワザだ。

　ホテル・ロイヤル・ニッコー・タイペイ内の「Royal Bakery」は、北海道産小麦粉を使用したコクのある生地が自慢。プレーンのほかに黒糖味もあるので、違った味わいを楽しんでみよう。

　ザ・アンバサダー台北内の「le bouquet 国賓飯店繽粉蛋糕房」はゴールドに輝くパッケージで、ゴージャス感No.1！　特にお世話になっている人へのおみやげに最適。箱入りのものは6個、10個、20個とサイズがさまざまなので、渡す相手に合わせて選びやすい。

　これらは3店とも中山駅の周辺にある。このエリアに来たときに立ち寄るよう、予定に組み込んでおこう。

ホテルオークラ プレステージ台北

📍 中山駅周辺

The Nine 烘焙坊
ザ ナイン ホンペイファン

480元（12個）

🏠南京東路一段9号 大倉久和大飯店1F
☎02-2181-5138　🕐8:30〜20:30　㊡無
休　🚇MRT中山駅から徒歩5分　日本語○
中山駅周辺 ▶MAP P.229 D-2

ホテル・ロイヤル・ニッコー・タイペイ

📍 中山駅周辺

Royal Bakery
ロイヤル ベーカリー

560元（16個）

🏠中山北路二段37-1号　☎02-2542-3299
（内線330）　🕐8:30〜21:30　㊡無休
🚇MRT中山駅から徒歩3分　日本語○
中山駅周辺 ▶MAP P.229 D-2

ザ・アンバサダー台北

📍 中山駅周辺

le bouquet 國賓飯店繽紛蛋糕房
ル ブーケ グオビンファンディエンビンフェンダンガオファン

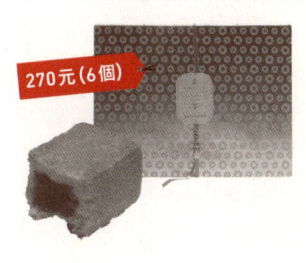
270元（6個）

🏠中山北路二段63号　☎02-2100-2100
（内線2856）　🕐10:00〜21:00　㊡無休
🚇MRT雙連駅から徒歩5分　日本語△
中山駅周辺 ▶MAP P.229 D-2

さらに
得ワザ

114/310　ホテル系はヌガーもマスト！

　ホテルメイドのヌガーも隠れた人気。「The Nine 烘焙坊」はパッケージが個性的。「Royal Bakery」はフランスのエシレバターとイギリスの天然海塩を使い、口当たりさっぱり。マカダミアナッツ入り。

「Royal Bakery」のヌガー420元（30個／約1260円）。ミルク味と抹茶味がある

食みやげ　お得度 ★★☆

女子受け120%!!
ハローキティとコラボの中華菓子店

日本では手に入らない台湾限定キティがずらり

　女性の同僚や友達へのおみやげに困ったら、ハローキティの公式ショップ＆カフェ「Hello Kitty 台湾伴手禮 紅櫻花」へ。かわいいキティのパッケージに包まれた、パイナップルケーキや太陽餅、月餅など、台湾らしい手頃なスイーツが手に入る。お菓子の形もキティや台湾島になっていたりと、日本では手に入らないものばかり。スイーツで有名な台中のメーカーが製造しているので、味のほうも間違いなし。

　さらに、店頭ではキティの人形焼100元（8個／約300円）を焼いているので、その場で焼き立てを味わえる。スイーツだけでなくグッズもあり、キティのマグカップやタオル、ステーショナリーなどがいっぱい。こちらも台湾限定グッズが豊富で、台湾でよく見かけるサンダルのキティ版まである。

　ここでのフォトスポットは奥にあるキティの大きなオブジェ。コーヒーを飲んでいる姿はレアなので見逃さないようにしよう。

📍 東區

Hello Kitty 台湾伴手禮 紅櫻花
ハロー キティ タイワンバンショウリー ホンインホア

サンリオ公認のショップ＆カフェ。キティグッズだけでなく、ぐでたまのパイナップルケーキもある。

🏠 忠孝東路四段313号 1F　☎02-8773-2248
🕐 10:30～21:00、土・日曜～22:00　㊡無休
🚇MRT 國父紀念館駅から徒歩1分
日本語△　日本語メニュー○
東區　▶MAP P.235 F-2

かわいすぎる！　キティコラボみやげ

どれもかわいいうえに、台湾でしか買えない限定のアイテムばかり。女の子に喜ばれること間違いなし！

パイナップルケーキ！

ハローキティ ザオシンフォンリースー
Hello Kitty 造型鳳梨酥
120元（3個／約360円）

キティの顔を模したパイナップルケーキ。かわいい見た目どおり、酸味控えめの甘～い味！

タロイモケーキ！

ハローキティ パオダオカイダイ
Hello Kitty 寶島凱帯
120元（3個／約360円）

台湾島をかたどったタロイモケーキ。こちらにもキティの焼印が。甘さ控えめ、あっさり味

人形焼！

ハローキティ レンシンシャオ
Hello Kitty 人形焼
100元（8個／約300円）

焼き立てアツアツのキティ人形焼が食べられるのは、オフィシャルショップならでは

SHOPPING

さらに
得ワザ

116 /310　併設カフェにはキティかき氷も！

　「Hello Kitty 台湾伴手禮 紅櫻花」のショップの奥には、器やカトラリー、ペーパーナプキンまでキティで統一されたカフェがある。かき氷にも人形焼きをトッピングしたキティ仕様。台湾スイーツの麻糬（マーシュー）もキティだ。インテリアはウッド調で、甘すぎない大人かわいい空間になっている。

✐ MENU

凱帯紅豆牛奶冰（アズキミルクかき氷）
120元（約360円）

食みやげ　お得度 ★★☆

フランスの有名店と限定コラボ！
台湾茶×フルーツのジャム

審美眼が光るこだわりのセレクトショップ

「PEKOE」は、台湾だけでなく世界各地の"いいもの"を集めたセレクトショップとして、オープン当初から人気を集めている雑貨店。台湾各地の調味料や、小規模で作られている有機食材など厳選された商品がそろっているので、地方まで行かなくても台湾中の美食が手に入るのが嬉しい。オリジナル商品は品質はもちろん、パッケージも素敵なので、おみやげにぴったりだ。

特におすすめなのが、フランスのクリスティーヌ・フェルベールとコラボした「台湾茶シリーズジャム クリスティーヌ・フェルベール×PEKOE」。マンゴー×文山包種茶（ウェンシャンバオジョンチャー）など、台湾が誇る名産品がタッグを組んだジャムのおいしさは格別だ。これらは台湾限定の商品で、日本で個人輸入すると4000円程のものが、現地だと520元（約1560円）で手に入る。おしゃれでおいしいこのジャムを知っていれば、ワンランク上の台湾通として、尊敬されちゃうかも！

📍 東區

PEKOE
ピコー

店舗内にはイートインスペースもあり、軽食もとれる。一部オリジナル商品は誠品書店でも取り扱っている。

🏠 敦化南路一段295巷7号　☎ 02-2700-2602
🕚 11:00～20:00　㊡ 無休
🚇 MRT信義安和駅から徒歩7分
日本語△
台北中心部　▶ MAP P.227 E-2

「PEKOE」のウケよしギフト3

 お茶と台湾フルーツのジャム

左から、

- マンゴー台湾文山包種茶ジャム
- リンゴ凍頂烏龍茶ジャム　各520元（約1560円）
- アプリコット蜜香東方美人茶ジャム

台湾茶と台湾フルーツ、フランスが誇るパティシエの技が結集！台湾だけの限定コラボ！

**オリジナルティー
台湾本産玫瑰花茶**
320元（約960円）

南投の農園で栽培されたバラを使用した香り高いお茶。飲むだけでなく、料理にも使える

**ライチケーキ
台湾本産荔枝酥禮盒**
490元（10個／約1470円）

台湾産のライチで作った餡が絶品のケーキ。出荷までに5日かかるので、事前予約が必要

さらに得ワザ

118 /310　バラマキにプチ瓶が使える！

　ジャムのおみやげは瓶の重量が気になるところだが、なかにはプチ瓶を扱うブランドも。「誠品」や「VVG」などで購入できるミャオさんの手作りジャム「MIAO MARMALADE」は、デザインもかわいく、持ち帰りやすいサイズでおすすめ。

ブルーベリーバナナ110元（50g／約330円）ほか。季節のフルーツを使い、商品はすべて手作り

119

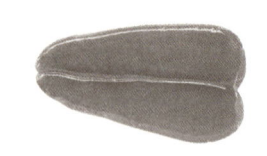

食みやげ お得度 ★★☆

台湾で買えば日本の3分の1⁉ おいしいカラスミをゲットせよ！

黒い筋がある硬いものをチョイス、まとめて買えば割引も

　日本では高級食材として知られているカラスミだが、台湾では日本の3分の1以下の価格で購入できる。台北でカラスミを手に入れるなら迪化街がベスト。問屋街なので競争が激しく、価格もリーズナブル。まとめて買えば割引してくれる店もある。

　また、台湾でカラスミを買う利点は価格が安いことだけでなく、味が濃いことも挙げられる。その秘密は海水温。カラスミはボラの卵を塩漬けしたあとに塩を抜き、乾燥させたものだが、冬の台湾の海水温はボラの好みにどんぴしゃり。そのため、冬になると脂ののったボラが産卵のために台湾近郊の海岸にやってくる。当然、卵も栄養たっぷりで、カラスミの味も濃くなるのだ。

　おいしいカラスミの見分け方は、黒い筋（血管）が入っているもの、しっかりと乾燥させた硬いものがよいとされている。「永久號」のように試食をさせてくれる店もあるのでお願いしてみよう。

📍 **迪化街**
聯成食品行
リエンチョンシーピンハン

天然のボラの卵を自社工場で加工。価格の幅が広く、超お買い得品が店頭に並ぶことも。
🏠迪化街一段106号　☎02-2556-2726
🕘9:30～20:00　㊡無休
🚇MRT北門駅から徒歩8分
日本語△
迪化街　▶MAP P.228 A-2

📍 **迪化街**
永久號
ヨンジウハオ

天然モノのカラスミを扱う、コスパのよいお店。カタコトながら日本語も通じる。
🏠延平北路二段36巷10号　☎02-2555-7581、2555-5481　🕗8:00～18:00　㊡無休
🚇MRT北門駅から徒歩9分
日本語○
迪化街　▶MAP P.228 B-2

食みやげ　お得度 ★★☆

ドライフルーツまとめ買いは
迪化街の問屋へ！
ディーホアジエ

自分用には量り売り、おみやげにはパック詰めを

　乾物の問屋街である迪化街は、ドライフルーツ天国。量り売りタイプから観光客向けのパック詰めのお店まで、さまざまな店舗がある。なかにはフルーツだけでなくドライベジタブルも！

　すぐに消費するなら量り売りが価格も安く、好みの量を購入できるのでおすすめ。大量購入すれば割引してくれることもある。おみやげなど、消費するまでに時間がかかりそうなら、パックされた小売りのものを選ぼう。乾燥材も入っていて、衛生面も安心。

　どちらも重要なのは味見をすること。特にドライフルーツは糖度が店によって違うので、試食で好みのものを探そう。おみやげに最適なのは、センスのいいパッケージの「點子食品」。ほかに「懐結堂」はサキイカのような味わいのドライチーズがおいしい。

　迪化街は午後2時頃から混雑するので、お気に入りをじっくり探すなら午前中が狙い目。

📍 迪化街
點子食品
ディエンズーシーピン

黄色いパッケージの、ドライフルーツ&ベジタブルとお茶の店。ジャムもおいしい。
🏠迪化街一段73号　☎02-2559-2000
🕐9:00〜18:00　㊡無休
🚇MRT北門駅から徒歩8分
日本語△

迪化街　▶MAP P.228 A-2

📍 迪化街
懐結堂
ホアイジエタン

量り売りとパック詰めの両方を扱う。おすすめはドライフルーツをブレンドしたお茶。
🏠迪化街一段107号　☎02-2556-5566
🕐9:00〜21:30　㊡無休
🚇MRT北門駅から徒歩8分
日本語△

迪化街　▶MAP P.228 A-2

121 /310

MIT　お得度 ★☆☆

ワンランク上のおしゃれ"MIT"は「誠品expo」で一気買い！

エムアイティー

日本では手に入らない貴重なブランドも入店

MITとは、Made In Taiwanの略で、台湾で作られた製品のこと。デザイン性の高さと、質のよさで国内外から注目を集める。

MITとひと口にいっても、ステーショナリーから化粧品までジャンルはさまざま。市内にある各ブランドのショップやセレクトショップでも入手できるが、時間がないときは「誠品生活 松菸店」へ。2階には「expo」と呼ばれるMIT専門フロアがあり、人気のアパレルブランドやボディケア用品、お茶や雑貨に、文房具まで、台湾じゅうから選りすぐられたアイテムが集結している。なかにはexpo以外は実店舗を持たない貴重なブランドも！　例えば、オーガニックソープ専門店「茶籽堂」もそのひとつ。お茶の実（茶籽）からとれる茶油を使った天然素材のシャンプーやボディソープが人気で、価格帯は平均500元（約1500円）前後。日本では手に入らないレアアイテムなので、美容マニアならずとも要チェック！

📍 **台北101周辺**

誠品生活 松菸店
チョンピンションフオ ソンイェンディエン

全面ガラス張りの巨大建築に書店、雑貨店、アパレルなどが集合。台湾の最旬カルチャーを発信する。

🏠 菸廠路88号　☎ 02-6636-5888
🕐 11:00～22:00　㊡無休
🚇 MRT市政府駅から徒歩10分
日本語△

台北101周辺　▶ MAP P.233 E-1

台湾イチのおしゃれデパート
「誠品生活 松菸店」攻略ポイント
チョンピンションフオ ソンイエンディエン

☑ expoでMITゲット

2階のMIT専門コーナー。写真は台湾の懐かしい生活用品のイラストをシールにしたもの。5枚入り50元（約150円）

☑ おしゃれスタンドでテイクアウト

ジンシュンユイ
京盛宇

3階の書店脇に店を構える。通常のドリンクスタンドとは異なり、一杯一杯、急須で丁寧に淹れる。アイス阿里山烏龍110元（約330円）

☑ フードコートや食事を楽しむ

地下2階にはレストランやフードコートがあり、上海料理の人気店「高記」（P.219）も入店。永康街や中山の店舗より空いていて、入りやすい！

さらに
得ワザ

122 /310　　シーメンホンロウ
西門紅樓もMITが充実！

西門のランドマーク・西門紅楼の1階ショップは、ポスカードや文具などのMITが充実。おみやげに困ったら立ち寄ってみて。

📍 **西門町**
西門紅樓
シーメンホンロウ

🏠成都路10号 ☎02-2311-9380
🕙11:00～21:30、金・土曜～22:00
🈺月曜 🚇MRT西門駅から徒歩1分
日本語△

西門町 ▶ MAP P.230 B-2

レトロな柄のトランプ 240元（約720円）、「大同」の電気釜のキーホルダー各120元（約360円）

エステ　お得度 ★★☆

台湾の「ドン・キホーテ」!?
文具・雑貨は「勝立生活百貨」へ

バラマキみやげはこの1軒ですべて解決！

「勝立生活百貨」は台北市内に数店舗展開するローカルな生活雑貨店。生鮮食品以外の食品、日用品、雑貨、電化製品等を取り扱っており、まるで日本のドン・キホーテのよう！

　例えばキッチン雑貨売り場には、中華柄があしらわれた食器など、レストランや街なかの店で見かけるおなじみのアイテムがずらり。2色のスープで楽しめる火鍋用の鍋400元（約1200円）、茶藝館で使用する急須や茶器のセット600元（約1800円）など、台湾好きにはたまらない品ぞろえになっている。

　そのほか、台湾の旗をあしらったステッカー15元（約45円）など、かわいい文房具も充実。食品売り場もパイナップルケーキなどのお菓子に台湾茶、カップラーメンなど、スーパー並みのラインナップ！　安くて、ユニークで、台湾らしいアイテムが一カ所に集まっているので、バラマキみやげはこの店で全てカバーできる。

📍 中山國小

勝立生活百貨 雙城店
ションリーションホオバイホオ シュアンチョンディエン

1階に食品、2〜3階に日用雑貨や電化製品がひしめく大型店。深夜1時まで営業している。

🏠 雙城街21号　☎02-2591-7452
🕘 9:00〜翌1:00　🈚無休
🚇MRT中山國小駅から徒歩7分
日本語△
中山駅周辺 ▶MAP P.229 E-1

レトロかわいい台湾文具

「勝立生活百貨」での買い物の醍醐味は、まるで宝探しをしているようなワクワク感。店で見つけたかわいい文具をご紹介！

ノート　各8元（約24円）
台湾の小学校でも使われているレトロなノート。カラフルな色合いがかわいい

ふせん　各48元（約144円）
漢字の見出しがポイントの、遊び心あふれるふせん。オフィスでも使えそう

SHOPPING

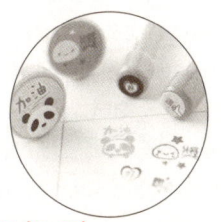

スタンプ　各5〜10元（約15〜30円）
「加油（ガンバレ）」「讚（いいね）」など、中国語のメッセージ付き

ココでも買える！！

📍 **中山駅周辺**

金興發生活百貨 南西門市
ジンシンファションホオバイホオ ナンシーメンシー

「勝立生活百貨」同様、生活雑貨や文具が充実したローカル店。中山駅が目の前というロケーションも魅力。

🏠南京西路5-1号　☎02-2100-2966
🕘9:30〜23:30　㊩無休
Ⓜ️MRT中山駅から徒歩1分　日本語×
中山駅周辺　▶MAP P.229 D-2

さらに得ワザ

124/310　台湾柄マステがかわいい！

　手帳や雑貨のデコレーションなどDIYに大活躍で、女子に人気のマスキングテープ。小籠包や花布柄をあしらった台湾らしいデザインのテープがたくさんあるので要チェック！

花布、かき氷、牛肉麺、臭豆腐、小籠包柄など各36元（約108円）金興發生活百貨などで購入できる

雑貨　お得度 ★★☆

花布＆中華雑貨を買うなら
とにかく永康街（ヨンカンジエ）へ！

良店をハシゴして一気に買い物をすませよう

　鮮やかな花布雑貨や、レトロな中華柄をあしらったチャイナ雑貨は、台湾に来たらゲットしたいアイテムのひとつ。おみやげに、自分用に、キュートな雑貨を購入するなら、永康街に足を運ぼう。

　永康街は「鼎泰豐」の信義店など台湾観光の主要スポットが点在し、毎日たくさんの観光客が集まる。そのため、花布雑貨やチャイナ雑貨を扱うお店も多く、雑貨ハントには欠かせないエリア！

　マストで訪れたいのは、東門駅から徒歩2分という立地が魅力の「成家家居」。いわゆる観光客向けの"ザ・おみやげショップ"は価格のわりにデザインがイマイチ…なんてことがあるけれど、こちらは化粧ポーチ200元（約600円）、ソーイングボックス500元（約1500円）など、実用的でセンスのよいアイテムばかり！　中国大陸から輸入するチャイナ雑貨も、台湾ならではの花布雑貨も、どちらもいっぺんに手に入るのがうれしい。

📍**康青龍**
成家家居
チョンジアジアジュー

バッグから石けん、文具まで、幅広いラインナップが魅力。カラフルな店内は眺めているだけでも楽しい！

🏠麗水街8号　☎02-2397-5689
🕙10:00〜21:30　㊡無休
🚇MRT東門駅から徒歩2分
日本語△

康青龍　▶MAP P.232 A-1

永康街 雑貨ハントMAP

A 一針一線
イージェンイーシェン

中国大陸のチャン族による手作りの刺繍雑貨など、独自のアイテムを扱う。地下には台湾名産品のセレクトショップも。

⌂ 永康街6巷11号1F ☎02-3322-6136 ㊇10:00〜21:30 ㊡無休 ㊈MRT東門駅から徒歩2分 [日本語○]
[康青龍] ▶ MAP P.232 A-1

刺繍をあしらったポーチやiPadケースが500〜1500元（約1500〜4500円）で手に入る

B 彰藝坊
ジャンイーファン

台湾花布を使ったコースターやショッピングバッグなど、カラフルなオリジナルデザインの雑貨を販売。

⌂ 永康街47巷27号 ☎02-3393-7330 ㊇11:00〜19:00 ㊡月曜 ㊈MRT東門駅から徒歩7分 [日本語△]
[康青龍] ▶ MAP P.232 B-2

ブックカバーなどの小物は69元（約207円）〜、バッグは490元（約1470円）〜

C 雲彩軒
ユンツァイシュアン

茶器や置物、ポーチなど、多種多様な商品をそろえる。成家居（P.124）の姉妹店で、MRT中山駅近くにも支店がある。

⌂ 永康街4巷22号 ☎02-2397-1789 ㊇10:00〜21:30 ㊡無休 ㊈MRT東門駅から徒歩2分 [日本語○]
[康青龍] ▶ MAP P.232 A-1

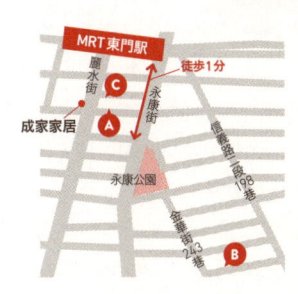

さらに得ワザ

126 /310 花布柄パッケージのお茶がある！

　無農薬台湾茶の専門店「小茶栽堂」ではパッケージに花布をあしらった台湾茶を販売。烏龍茶や紅茶など、色ごとにお茶の種類が異なる。

📍 康青龍
小茶栽堂 永康店
シャオチャーザイタン ヨンカンディエン

⌂ 永康街4巷8号 ☎02-2395-1558 ㊇11:00〜22:00、金・土曜〜22:30 ㊡無休 ㊈MRT東門駅から徒歩2分 [日本語○]
[康青龍] ▶ MAP P.232 B-1

凍頂烏龍茶、黒茶、古早味紅茶など。ティーバッグ6袋入り各145元（約435円）

その他　お得度 ★★☆

世界一の職人が作るパンを台湾で食べる！

リュウガンやライチを使った独創的な味

　大陸の影響で小麦食の文化がある台湾はパンの質が高い。なかでも世界中から注目されているのが、パン職人の呉寶春。4年に1度開催されるベーカリーのワールドカップ「マスター・ド・ラ・ブーランジュリー」で優勝した"世界一のパン"の生みの親だ。

　呉氏の代名詞ともいえるパンは2種類。ひとつは2008年のアジアチャンピオンに輝いたリュウガンのパン「酒醸桂圓麵包」。生地の発酵に酒種を使い、噛むほどにリュウガンの甘みと隠し味のワインの香りが鼻腔をくすぐる。もうひとつは、2010年に世界チャンピオンとなった、ライチとバラの「荔枝玫瑰麵包」。前者よりも弾力のある食感で、ライチとバラの香りが清々しい。どちらもアジアらしい食材を活かした味わいだ。呉さんの店「呉寶春麥方店」は高雄が本店だが、台北の誠品生活 松菸店の地下2階に入店している。イートインスペースはないので、購入して公園やホテルで味わおう。

📍 台北101周辺

呉寶春麥方店
ウーバオチュンマイファンディエン

ハード系パンをメインに扱うベーカリー。帰国日に購入して自宅で楽しむのもアリ！

🏠菸廠路88号 誠品生活松菸店 B2F
☎02-6636-5888　🕙10:00～22:00
🚇交 MRT市政府駅から徒歩10分
日本語△

台北101周辺 ▶MAP P.233 E-1

世界一に輝いたパンはコレ！

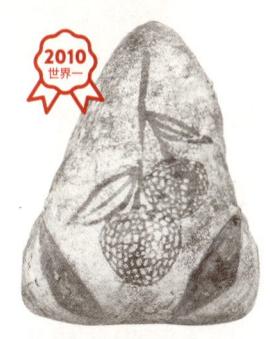

2010 世界一

2008 世界一

リージーメイグイミエンバオ
荔枝玫瑰麺包
350元（約1050円）

口に含むとライチ独特のみずみずしい香りが広がる、日本ではお目にかかれない風味。まずは何もつけずにそのままで味わおう

ジウニアングイユエンミエンバオ
酒釀桂圓麺包
350元（約1050円）

酒粕のような香りを楽しめるリュウガンパン。チーズや生ハムとも相性バッチリ。ワインと共に味わいたい

売り切れに注意！

店舗は22時までだが、18時頃には棚がからっぽに。午前中に訪問するのが確実。ライチパン、リュウガンパン共に人の顔ほどの大きさだが、お願いすれば食べやすくカットしてくれる。

さらに 得ワザ

128 /310　　パイナップルケーキもある！

　さすがはベーカリー。生地はほどよくしっとり、酸味控えめな餡とのバランスがよく食べ応えがある。"世界一のパン屋が作るパイナップルケーキ"という謳い文句も、おみやげにピッタリ！

ウーシエンフォンリースー
無嫌鳳梨酥 420元（12個／約1260円）

129 /310

コンビニ お得度 ★☆☆

コンビニ限定ホットフードは夜食に利用すべし！

包子に煮卵、麺類も！　24時間台湾美食が勢ぞろい

　「100mに1軒はコンビニがある」といわれるほど、街じゅう至る所にコンビニがある台湾。各店イートインコーナー付きで、商品を買えば長居もOK。観光中の休憩スポットとしても気軽に使える。

　現地シェアトップは1位がセブン - イレブン、2位がファミリーマートと、日本でもおなじみのブランド。しかし、商品ラインナップは台湾でしか出合えないものばかり！　例えば、ゆで卵を紅茶や烏龍茶と香辛料で煮付けた「茶葉蛋」。1個8元（約24円）と駄菓子のような値段だが、滋味深く、酒のお供にもピッタリ！　中華まんは生地がさすがのクオリティで、タロイモ餡まんやタケノコ入りの肉まんが20〜25元（約60〜75円）。夜市屋台の定番・台湾式のおでん（関東煮）も365日スタンバイしている。牛肉麺や涼麺、オリジナルのソフトクリームなど、フード＆ドリンクが大充実なので、宿に戻る前に1日1度は立ち寄って、コンビニ発のご当地フードを楽しもう。

さらに
得ワザ

130 /310　セブン - イレブンのコーヒーがウマい！

　台湾セブン - イレブンのオリジナルコーヒーブランド「CITY CAFE」はスターバックス社の豆を使用。しかもLサイズ50元（約150円）と本家の半額！　カフェラテやミルクティーもミルクが濃厚で美味。

スタバ　お得度 ★★☆

スタバの限定タンブラーは
桃園空港に全シリーズが集結！

帰国前にご当地タンブラーをまとめてゲット！

　日本と同様に、台湾のスターバックスでも各都市限定のマグカップやタンブラーが販売されている。その土地を訪れた記念に買って帰るのがベストだけれど、「地方まで行く時間がない！」という人は空港の店舗を覗いてみて。

　特に品ぞろえが充実しているのが桃園国際空港。第1ターミナルの3階、第2ターミナルの地下2階・4階と計3つの店舗があり、台湾各地のご当地マグやタンブラーがズラリと並んでいる。旧正月（1～2月頃）にはその年の干支をモチーフにした絵柄、中秋節（9月頃）にはウサギや月を描いた期間限定商品も登場。これらも台湾限定なので、渡航時期が重なったらチェックしてみよう。

　搭乗まで時間があるなら、ぜひその場で購入したタンブラーを使ってみて。台湾内のスターバックスなら、タンブラー利用でドリンクが1回につき10元（約30円）引きになる。

さらに
得ワザ

132 /310　台湾限定の月餅をチェック！

　毎年、中秋節（9月頃）が近づくとスタバオリジナルの月餅が販売される。ロゴをかたどった月餅は見た目もかわいく、抹茶やクランベリーなど味もモダン。売り切れ必至なので見かけたら即ゲット！

133

スーパー お得度 ★★☆

カルフール　　　　　　チョンチンディエン

「Carrefour」の重慶店は
おみやげセレクションが充実

台湾食材を大量・安価に購入可能！　免税手続きもOK

　ばらまきみやげ購入のスポットとして欠かせないのが、大型のスーパーマーケット。なかでもその規模と品ぞろえで他の追随を許さないのが、「Carrefour 家楽福 重慶店」だ。

　Carrefourのなかでも大容量&低価格で台湾食材が購入できることで定評がある重慶店。特にチェックすべきは、生鮮食料品や食材を扱う地下1階の一角に設置された特産品コーナー。台湾各地の商品が1カ所に集まっているので、時間を無駄にせず台湾名物が手に入る。台湾の人が日常的に利用しているインスタント麺やお茶、調味料、缶詰などが安く手に入るのもうれしい。

　地下2階は電化製品や生活雑貨のフロア。1階にはレストランが入っているので、ショッピングに疲れたらひと休みもOK。翌2時まで営業しているので、日中ショッピングをする時間がない弾丸トラベラーにもありがたいスポットだ。

📍 **迪化街**

Carrefour 家楽福 重慶店

カルフール ジアラフー チョンチンディエン

台湾に89の店舗を構えるスーパーで、本社はフランスにある。地下1階ではお惣菜も販売。

🏠 重慶北路二段171号　☎ 02-2553-7389
🕐 9:00〜翌2:00　㊡無休
🚇 MRT大橋頭駅から徒歩8分

日本語×

迪化街 ▶ MAP P.228 B-1

おみやげ用茶葉徹底比較

スーパーで見付けた台湾茶セレクション！ オフィスや自宅で気軽に飲むならチャック付きのお徳用ティーバッグが便利。

レトロ感 No.1

日月潭紅茶 120元（約360円）

話題の日月潭紅茶が手軽に淹れられるティーバッグ。レトロなパッケージ

自宅用 No.1

立頓茗間情 高山烏龍 129元（約387円）

立頓（リプトン）の三角バッグに入った烏龍茶。容量が多く、自宅で重宝

おみやげ人気 No.1

東方美人茶 90元（約270円）

台湾茶を代表する東方美人。甘い香りとまろやかな口当たりが特徴

パケのかわいさ No.1

天仁茗茶 913茶王（左） 日月潭紅玉紅茶（右）

各125元（約375円）

天仁茗茶オリジナルの西洋ニンジン配合茶と、日月潭産の紅茶

さらに得ワザ

134 /310　店内で免税手続きを！

　「Carrefour 家楽福 重慶店」では同日に計2000元（約6000円）以上の買い物をすると、地下1階の服務中心で税金還付のための書類を作成してもらえる。パスポートとレシートを提示すると税金還付明細申請書が発行されるので、空港で提出して5%の還付金を受け取ろう。これはTRS加盟店での買い物のみ対象。ほかの加盟店舗には「誠品」などがあり、TRSのマークが目印。空港でも書類の発行はできるが、店で発行してもらえるのは便利だ。

スーパー お得度 ★☆☆

缶詰め＆調味料ゲットで 家でも台湾料理が味わえる！

ごはんに、麺に、のせるだけ！　自宅が台湾屋台に

　台湾で感動したあの味を日本でも味わいたい！　そんなときは、台湾料理の調味料や加工品をうまく活用しよう。

　例えば、B級グルメの代表格ともいえる魯肉飯。あの香辛料の独特な香りを再現するには何を入れればいいか悩んでしまうが、現地のスーパーやコンビニには魯肉飯の缶詰めが売られている。アツアツごはんに温めたそれをのせるだけで、台湾の屋台にいる気分に。また、火鍋店などで見かける「沙茶醬」も瓶詰めが簡単に手に入る。鍋のゴマダレと合わせれば絶品つけダレに。野菜や肉を炒める際に加えれば、料理がたちまち台湾風の味付けに変身する。

　日本でも、個人輸入や台湾物産展などで入手できないこともないが、当然価格は定価の3〜4倍になってしまう。現地ではスーパーによってはセール価格になっていることもあるので、チェックしよう。料理好きな友達へのおみやげにも喜ばれること、間違いなし！

チンイエ ルーロウファンリアオ
青葉 噌肉飯料
35元（約105円）
台湾料理の名店、青葉の
魯肉飯が缶詰めに

シャーチャージャン
沙茶醬
47元（約141円）
台湾の調味料。炒め物や
鍋がひと味変わる！

ヨウツォンスー
油葱酥
34元（約102円）
麺や汁物にトッピングす
ればアジアな味に

スーパー お得度 ★★☆

ディンハオチャオシー ウェルカム
「頂好超市Wellcome」で24時間ショッピング！

台湾での生活を覗ける、全土に展開する大型スーパー

　明日にはもう帰国なのに、おみやげを買い忘れた！　そんなときは「頂好超市 Wellcome」の通化陽店へ。台湾全土にフランチャイズを持つ大手スーパーで、なんと24時間営業！

　地元民御用達のスーパーだけに、火鍋の素やXO醤といった調味料も品ぞろえが大充実。カップ麺やインスタント麺なども種類豊富で、セール中ならコンビニの2〜5割引きで手に入る。また、40袋入り129元（約387円）のリーズナブルな台湾茶など、おみやげに使える商品も盛りだくさん。パイナップルケーキ、ヌガー、ドライフルーツ、カラスミなど、迪化街の乾物屋で売っているような定番みやげもカバーしているので、時間がないときは「頂好」で調達するという裏ワザも。「第2件5折（2つ買えば2つ目の商品が半額）」など、毎週割引イベントやセールが開催されているので、店頭チラシやウェブサイト（www.wellcome.com.tw）、Facebookページでチェック。

📍 信義安和
頂好超市 Wellcome 通化陽店
ディンハオチャオシー ウェルカム トンホアヤンディエン

毎月のセールや割引が充実。棚を丁寧に見ていると2〜3時間はゆうに過ごせてしまう。時間配分にご注意！

🏠 信義路4段296号B1F　☎02-2754-5386
🕐 24時間　🈳 無休
🚇 MRT信義安和駅から徒歩2分
日本語×

台北101周辺　▶MAP P.233 D-3

スーパー お得度 ★★☆

健康志向でおしゃれ！
"いやげ"にならない袋麺

添加物フリーのヘルシーな絶品インスタント麺

　袋麺というとかなりジャンクなイメージだが、台湾のインスタント食品を侮るなかれ！　雑貨で注目を集めるMIT（Made In Taiwan）の波はインスタント食品業界にまで派生し、近年は原材料に添加物を一切使用しないヘルシー志向の"MIT麺"が次々に登場している。

　なかでも、食の都・台南で生まれた「阿舎食堂」の商品は、発売当初あまりの人気に購入半年待ちにもなった"幻のインスタント麺"。防腐剤や添加物フリーで、原料は台湾産のみ。熱湯4分、添付のタレをあえるだけで、モチモチ＆ツルツルの本格汁なし麺が味わえる。台南乾麺、外省乾麺、麻油麺線などフレーバーは約8種。麺はノンフライで、太麺、平麺、細麺、トマトやニンジンを練り込んだ野菜麺など、さまざまな種類がある。価格は5袋入りで120元（約360円）〜。スーパーでは90元（約270円）前後に割引されていることもあるので、インスタント麺コーナーをチェックしてみよう。

ラオマーバンミエン
老媽拌麺
ツォンヨウカイヤンバンミエン
蔥油開洋拌麺
168元（4個／約504円）
化学調味料不使用の汁なし麺。写真はネギ油まぜそば。平ちぢれ麺の麻辣麺など数種展開

アーショーシータン
阿舎食堂
ワイションチエンミエン
外省乾麺
120元（5個／約360円）
外省乾麺は平麺タイプ。ピリ辛の麻辣、ゴマダレの麻油、ネギ油など10種以上フレーバーがある

スーパー お得度 ★☆☆

ピーナッツの水煮缶購入で
なんちゃって豆花が作れる

お気に入りの甘味は缶詰めゲットで悔いなし！

　水に漬けて柔らかくしたピーナッツを砂糖水で煮込んだものは「花生湯（ホアションタン）」と呼ばれ、台湾の定番ホットスイーツ。日本でいうおしるこのような存在で、老若男女に愛されている。

　そんな国民的スイーツだけあって、台湾ではいつでもどこでも味わえるが、日本でとなるとそう簡単にはいかない。そこでおみやげに購入したいのが、ピーナッツスープの缶詰め。原材料は落花生、砂糖、水のみで添加物不使用。日本では個人輸入で1缶200〜400円（送料別途）になるが、現地スーパーでは35元（約105円）前後で手に入る。食べ方は、缶から取り出して温めるだけ！　スーパーなどで柔らかめの絹ごし豆腐を購入して、トッピングとして使用すれば、簡単即席豆花の出来上がりだ。ほかにも、緑豆、タピオカ、ハトムギ、仙草ゼリーなど、台湾の定番甘味は缶詰め化されているものが多いので、お気に入りがあれば購入して持ち帰ろう。

花生仁湯（ホアションレンタン）
35元（約105円）
ピーナッツスープ。フタの裏にスプーン付き。牛乳と砂糖で煮込んだミルクスープもある

妞妞珍珠圓（ニウニウジェンジューユエン）
28元（約84円）
赤、白、黄色のカラフルな小粒タピオカ。すっきりした甘さ。白玉やフルーツポンチにも合う

139 /310

美容グッズ　お得度 ★★☆

シートマスクは箱買いで
買一送一の確率高し！

マイイーソンイー

セールをうまく利用すれば1枚約30円に！

　シートの質もよく、美容液の量もたっぷり！　コスパ最強な台湾のシートマスクは、現地で絶対手に入れたい美容アイテム。

　スーパーの日用品コーナーでも取り扱いがあるが、品ぞろえが一番充実しているのはドラッグストアの大きめ店舗。台湾はバラ売りではなく箱売りが一般的で、価格は1箱（5〜10枚）199元〜299元（約597〜897円）前後。ただし、ドラッグストアは各店「買一送一（1箱買うともう1箱が無料）」のセールが頻繁にあり、半額で購入できることが多い。その場合、1枚の値段は最安で約9元（約27円）に！

　また、日本でも大人気の「我的美麗日記」も「買一送一」をうまく利用すれば日本の5〜7割引きの値段で購入できることも！　同ブランドは日本未上陸の新商品も多いので、チェックしてみて。

　また、使用感を試してからまとめ買いしたいという人や、1枚ずつ購入したい人はコンビニや「ワトソンズ」へ。特に、ワトソンズはプライベートブランド「Beauty Buffet」シリーズに力を入れており、マンゴーや台湾茶の香りなど、台湾らしい商品を展開。売り場の一角でバラ売りしていることが多いのでお見逃しなく！

　ちなみに、現地では「MEDI HEAL」や「LEADER'S CLINIC」など韓国系マスクが大人気。種類豊富でパッケージもかわいいが、輸入品なのでやや割高な場合も。"台湾みやげ"ということで台湾製にこだわるなら、商品表示の「産地」部分をよく確認して購入しよう。

1枚買いはコンビニで
「ワトソンズ」のPBラインも便利

**Beauty Buffet
東方美人茶**

39元（約117円）

東方美人茶をイメージ。ホワイトニング系で、さっぱりした使用感。爽やかな香りに癒される

**Beauty Buffet
フルーツライン**

各39元（約117円）

「台湾といえば！」なマンゴーはハリ＆保湿、パイナップル酵素入りのシートは美白効果あり

**Beauty Buffet
パワーストーンライン**

各39元（約117円）

トルマリン（手前）はトーンアップや美白、カンラン石（奥）はドライスキンの水分補給に

さらに
得ワザ

140 /310　　緑豆粉は万能洗顔料!?

　「緑豆洗容素」は緑豆とハトムギのみで作られたパウダー洗顔料。水を加えてペースト状にしたもので顔や体をマッサージしたり、ヨーグルトに加えてパックとして使ったりする。天然成分100％で1瓶たった109元（約327円）！　豆独特の青臭さがあるが、毛穴の皮脂や汚れ除去、肌のトーンアップに効果ありと、台湾女子に大人気だ。防腐剤も不使用なので、開封後は冷蔵庫などに入れて保存しよう。

リュードウシーロンスー
**緑豆洗容素
（緑豆洗顔
パウダー）**
109元
（180g／約327円）

使い方の例

・**洗顔料**
・**スクラブ**
・**ヨーグルトパック**

ドラッグストア　お得度 ★☆☆

頭痛、虫除け、車酔いにも！便利すぎる万能オイルを格安で

約200円のハッカオイルはタクシーでも大活躍！

　ドラッグストアやコンビニで必ず見かける、目薬ほどの小さなボトル。これは香港のメーカーが製造している精油で、台湾では"一家に1個"の普及率を誇る必携アイテム。

　フタを開けるとスーッとメンソールが香るハッカ入りのオイルで、メジャーなのは白いボトルの「萬應白花油(ワンインバイホアヨウ)」と、緑のボトルの「緑油精(リューヨウジン)」。香りは若干異なるが、効果・効能はどちらも同じ。肩こり、鼻づまり、虫刺され、かゆみ止め、頭痛、吐き気など、ありとあらゆる症状に用いられ、"万能オイル"とも呼ばれている。

　車酔いにも効果ありで、意外と活躍するのが現地のタクシーの車内。台湾のタクシーは運転が荒いドライバーが多く、短時間の移動でも車酔いしてしまうことが。また、年季の入った車両に当たると車内に独特のニオイが染みついている場合がある。そんなときは気分が悪くなる前に、鼻の下にオイルをさっと塗布しよう。レトロなパッケージもかわいく、1本200円足らずとお値打ち！

緑油精(リューヨウジン)
59元(約177円)
チャイの香り付けなどにも使われるクローブオイルが含まれ、やや渋めの香り

萬應白花油(ワンインバイホアヨウ)
58元(約174円)
ハッカ、ユーカリオイルに加え、ラベンダーオイルが含まれる。爽やかな香り

白花甦醒凝露(バイホア スーシンニンルー)
180元(約540円)
萬應白花油にローズオイルをプラス。ロールオンスティックで塗布しやすい

ドラッグストア お得度 ★☆☆

常備薬を忘れたときの強い味方
日本製の薬はDS（ドラッグストア）でゲット

台湾にいるのに日本のドラッグストアにいる気分⁉

　台湾の人が日本旅行に出かけると、おみやげに市販薬を買って家族や友達に配る習慣があるほど、日本の薬は大人気。

　老若男女を問わず日本製品に対する信頼が厚く、台北には"商品の80％以上が日本製品"ということをウリにした「日薬本舗」というドラッグストアチェーンが存在するほど。また、コスメドやワトソンズといった大手ドラッグストアでも日本製品は大充実！　マスカラやファンデーションなどの化粧品はもちろん、頭痛薬ならイブ（エスエス製薬）、整腸剤はビオフェルミン（ビオフェルミン製薬）、胃薬はキャベジン（興和）、風邪薬ならパブロン（大正製薬）といった具合に、どの店舗も日本の薬局さながらの品ぞろえを誇る。

　価格は日本より割高だが、異国にいながら簡単に購入できるのはありがたい。旅先でお世話になった人へのお礼にあげる物がないとき、ここで薬を買ってプレゼントすれば、喜ばれること間違いなし！　ちょっとしたコミュニケーションツールとしても使える。

康是美 COSMED
カンシーメイ コスメド
台湾資本のドラッグストアチェーン。台湾全土に店舗を構える。オレンジの看板が目印

屈臣氏 Watsons
チューチェンシー ワトソンズ
香港系のドラッグストアチェーン。日本のコスメや市販薬を多く扱う。オリジナル商品も充実

美容グッズ　お得度 ★★☆

台湾コスメはナチュラル派の
ベスト MIT を選ぶ
エムアイティー

台湾でしか出合えないオーガニックコスメがある！

　台湾のコスメブランドは自然派が主流。漢方や植物を原料に、アジア人の肌質を考慮した独自のオーガニックコスメが発達している。

　この天然コスメブームの火付け役となったブランドは、日本にもファンが多い「阿原」。商品には陽明山で育った自然栽培のハーブを使用し、"100% 台湾産"がウリ。四神、緑豆、ハトムギ、苦茶など、日本のコスメにはない台湾独自の成分が用いられている。また、製造工程には一切機械を使わず、オールハンドメイドというこだわりも。日本でもオンラインや全国の百貨店などで販売されているが、台湾で購入すれば 30〜45% オフ！　誠品などの各デパートや主要観光エリア、桃園国際空港の第 1 ターミナルにも店舗があり便利だ。

　また、ハチミツ専門メーカーが手がける「泉發蜂蜜」も注目のブランド。生産、製造、販売までをすべて自社で行うことで、高品質コスメを良心的な価格で提供している。おすすめは、メイク落としも可能な 2 in 1 のハニーソープ 250 元（約 750 円）〜。ローヤルゼリー配合のオイルは 200㎖のたっぷりサイズで 980 元（約 2940 円）。香りはローズのほか、日本では滅多に出合えないジャスミンも！　人工香料ではなく、オイルにジャスミンの花が漬けてあり、見た目もかわいく、爽やかな香りに癒やされる。店舗にはハチミツと果物を使ったジューススタンドも併設されているので、コスメのお買い物ついでに注文すれば、内側からもキレイに！　一石二鳥の美容スポットだ。

自然由来の人気コスメはこれ！

リピーター続出の人気ブランドはこの3店！ それぞれ使用している成分が異なるので、好みに合わせてチョイスしよう。

ハーブ

阿原
アーユエン

100%台湾産のハーブを使用したコスメを扱う、オーガニックブームの火付け役。主力商品はナチュラルソープ。赤ちゃん用やマタニティケア用品も充実している。

📍 台北駅周辺

🏠 忠孝西路一段47号 站前誠品B1F（K區） ☎02-2383-2810 🕙10:00～22:30 🈳無休 🚇MRT台北車站から徒歩2分 日本語△

台北駅周辺 ▶ MAP P.231 E-1

歯磨き粉280元（約840円）。デザインもかわいい

ショウガ

薑心比心 永康店
ジャンシンビーシン ヨンカンディエン

元シェフのオーナーが立ち上げたブランド。無農薬、自然農法で育てたショウガを用いる。台北市内のデザインホテルのアメニティにも使用されている。

📍 康青龍

🏠 永康街28号 ☎02-2351-4778 🕙10:00～22:00 🈳無休 🚇MRT東門駅から徒歩6分 日本語×

康青龍 ▶ MAP P.232 B-2

ハンドクリーム各430元（約1290円）。全7種

ハチミツ

泉發蜂蜜
チュエンファフォンミー

創業90年を超える老舗のハチミツメーカーがプロデュース。台湾産の天然ハチミツのみを使用し、100種を超える商品をそろえる。生ローヤルゼリーなども販売。

📍 中山駅周辺

🏠 民生東路一段26号 ☎02-2563-3623 🕙10:00～22:00 🈳無休 🚇MRT雙連駅から徒歩5分 日本語△

中山駅周辺 ▶ MAP P.229 D-2

石けん250元（約750円）〜。オイルも人気

さらに得ワザ

144/310　アズキパウダーでダイエット!?

ダイエットに効果ありと話題なのがアズキやハトムギの粉末。利尿作用があり、水やヨーグルトに混ぜて食べるだけでデトックスにつながると現地で大ヒット。ドラッグストアやコンビニで入手できる。

紅豆水15包入り199元（約597円）

ファッション お得度 ★★☆

人気オンラインショップの服は
東區の実店舗でゲット！

ドンチュー

狙い目は忠孝敦化駅の裏のファッションストリート

台湾といえば食の国だけれど、ファッションも急成長中。日本の読者モデルやファッショニスタも、台湾ファッションに注目している人が多い。一番の魅力は何といっても価格。流行をうまく取り入れたデザインのアイテムが、1着200元（約600円）〜手に入る、驚きのプチプラぶり。細身な台湾女子に合わせているのか、価格は安くても、シルエットがキレイな服が多いのも特徴だ。

最近はおしゃれなオンラインショップも続々誕生し、シンプル系からカラフルなポップ系まで、スタイルもさまざま。決済や発送は台湾内のみというお店が多く、日本からの購入はハードルが高いが、台北に行けば気軽に入手できる。というのも、台北のファッション発信地・東區には人気オンラインショップの実店舗が集まる「ファッションストリート」があるのだ。この通りに唯一の実店舗を構えるブランドも多く、価格はそのままで、実際に商品を手にとって購入できる。試着できるお店も多いので、試してみたいときは「可以 試穿嗎？」と聞いてみよう。

コーイー シーチュワン

マ

付近にはネット発のショップ以外にもおしゃれなお店がたくさん並んでいるので、そちらもチェック。特にプチプラショップが集中しているのが、MRT忠孝敦化駅の「ZARA」の裏通り。忠孝復興駅の「SOGO忠孝館」の裏もアパレルが集まっているが、こちらは少々値段が高め。安くてかわいい服を狙うなら忠孝敦化駅がベストだ。

ファッションストリートの3大人気店

A wooplanet
ウープラネット

カラフルな原色やデニムをメインにした、ポップなデザインのブランド。ジャケットも500元（約1500円）台！

🏠敦化南路一段161巷28号
☎02-2741-7029 ◷14:00～22:00
㉾無休 ㉿MRT忠孝敦化駅から歩5分 日本語△
東區 ▶MAP P.235 D-2

帽子、バッグ付きで合計7000円以下！

ワンピース780元（約2340円）

敦化南路一段161巷

 C A B

B LOVEBABYTWINS
ラブベイビーツインズ

デザインはトレンドとオリジナリティのバランスが絶妙だ。台中にも店舗がある。

🏠敦化南路一段161巷38号2F ☎02-2627-0660 ◷14:00～22:00 ㉾無休 ㉿MRT忠孝敦化駅から徒歩5分 日本語×
東區 ▶MAP P.235 D-2

C starMIMI
スターミミ

シンプルなキレイめスタイルを提案するブランド。30代以上の大人にも人気。

🏠敦化南路一段161巷14号 ☎02-8773-0075 ◷14:00～22:00 ㉾無休 ㉿MRT忠孝敦化駅から徒歩3分 日本語×
東區 ▶MAP P.234 C-2

小鳥柄がかわいい靴下39元（約117円）

花柄のワンピース780元（約2340円）

> さらに
> 得ワザ

146 /310　東區地下街はプチプラ天国！

　MRT忠孝敦化駅と忠孝復興駅を結ぶ東區地下街にも洋服屋や靴屋が軒を連ねる。100元（約300円）のTシャツや200元（約600円）のサンダルなど使えるアイテムがいっぱい。掘り出し物を探そう！

プチワザ10連発

出費を防ぐマメ知識や割引のコツまで、買い物の小技を伝授！

---

147 /310　　お得度 ★★☆

レジ袋は有料 エコバッグ持参でお得！

台湾はスーパーもコンビニもレジ袋が有料。1枚2元（約6円）かかるので、旅行中は折りたためるエコバッグを携帯し余計な出費を抑えよう。

---

148 /310　　お得度 ★☆☆

台湾独自の単位を 予習して混乱回避

お茶やおこわなど、食料品の量り売りには伝統の単位が使われることが。両（リアン）＝37.5g、斤（ジン）＝600g、半斤（バンジン）＝300g。会計時に混乱しないよう覚えておこう。

---

149 /310　　お得度 ★★☆

乾物問屋に美容グッズ＆ 優秀コスメ!?

迪化街の乾物問屋ではカラスミだけでなく美容に効く漢方薬も豊富。注目はパックなどに使える真珠パウダー1000元（約3000円）や、婦人科系に効く四物湯150元（約450円）など。

---

150 /310　　お得度 ★☆☆

迪化街のカゴ雑貨は 購入前に値段比較を！

カゴバッグや蒸籠など、掘り出し物ザクザクの迪化街。カゴ屋さんはどれも品ぞろえが似ているが店ごとに価格が微妙に異なる。購入前に必ず比較しよう。

---

151 /310　　お得度 ★★☆

洋服問屋街で激安ショッピング

格安で洋服を買うなら洋服問屋街「五分埔服飾商圏」へ。1着100～1000元（約300～3000円）。MRT松山駅から徒歩8分。饒河街夜市（P.92）に行く前に立ち寄るのがおすすめ。

`台北広域` ▶ MAP P.225 F-2

---

152 /310　　お得度 ★★☆

24時間営業の ドラッグストアがある

ワトソンズは22～23時まで営業している店が多いが、24時間営業の「頂好 wellcome 通化陽店」併設の通化陽店（信義路四段296号）はスーパーに合わせて24時間営業！

---

153 /310　　お得度 ★★☆

ショッピングが目当てなら 秋に飛ぶべし！

台湾では毎年9～12月頃に「週年慶」と呼ばれるデパートの大セールが行われる。店により割引率は異なるが平均20～50％オフ。ブランド化粧品の特別企画セットが販売されることも！

---

154 /310　　お得度 ★★★

割引を示す「折」表示を 見落とすな！

店で見かける「5折」などの表示はセールを示す表示。ただし、○折＝○割引ではないのでご注意を。それぞれ、9折＝1割引、8折＝2割引、7折＝3割引、6折＝4割引…となる。

---

155 /310　　お得度 ★★☆

まとめ買い割引が 値切り交渉のコツ！

市場や問屋街などで買い物をする際は、1点だけ買うのではなく2点、3点まとめ買いし「これだけ買うから安くして！」と頼むのが値段交渉成立のカギ。挑戦してみよう。

---

156 /310　　お得度 ★★★

台湾だけで手に入る 資生堂コスメがある

ドラッグストアには台湾のみで販売されている資生堂の色付きリップがある。3cm程度のミニサイズで全4色、各120元（約360円）とプチプラ！

得ワザ

TOURISM

國立故宮博物院、台北101、
リーズナブルに楽しめて
深夜もOKなマッサージ店、
金運＆恋愛運アップのお寺など
お得なスポットをチェック！

全35ワザ

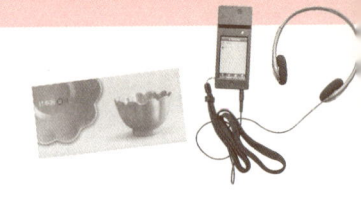

得ワザ

157 /310

國立故宮博物院　お得度 ★★☆

國立故宮博物院の狙い目は開館直後か夕方！

混雑を避けたいなら団体客が少ない時間に

台北屈指の観光スポットだけに、混雑ぶりはかなりのもの。入館するためだけに行列で待たされることもしばしばある。そんなときは、人気の秘宝を見るのも大変で、土日ともなれば、30分以上並ばなければ見られない、なんてことも。

ただし、開館直後の8時台は中国からの団体客が少なく、入館、鑑賞もスムーズ。台湾では食事処以外の施設は朝の開始時間が遅め。それゆえ開館時間が早い故宮を先に回り、その後市内観光に出かけるのがおすすめだ。また、団体客が昼食をとる12時頃も比較的空いている時間。ランチの時間をずらして見学しよう。

さらなるポイントは夕方割引だ（2016年12月31日まで実施）。入館料は通常250元（約750円）だが、夕方16時半以降の入館なら150元（約450円）に！　毎週金曜、土曜は閉館時間も21時となり（通常18時半）、40％オフでゆっくり鑑賞できる。

📍 士林

國立故宮博物院

グオリーグーゴンボーウーユエン

中国歴代皇帝の秘宝を収蔵し、展示品の数は約2万点。世界四大博物館のひとつに名を連ねる。

🏠至善路二段221号　☎02-2881-2021　🕘8:30～18:30（金・土曜～21:00）、至善園8:30～18:30（11～3月は～17:30）　🚫無休（至善園は月曜）　🎫250元（至善園20元）　🚇MRT士林駅からバスで12分　日本語

台北広域　▶MAP P.225 F-2

館内はこう巡るのがお得！

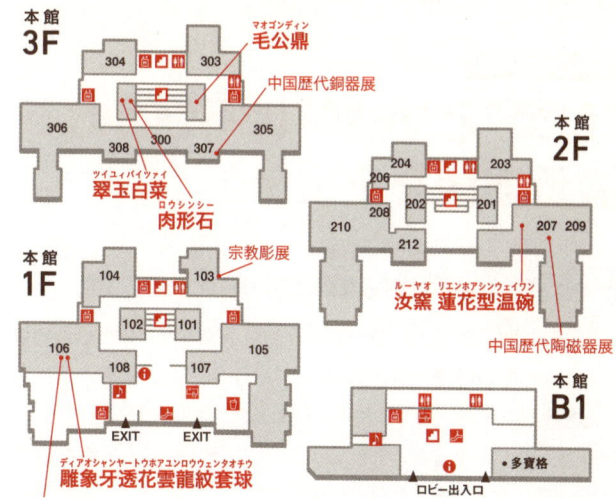

本館 3F
- 304
- 303
- マオゴンディン **毛公鼎**
- 中国歴代銅器展
- 306
- 308
- 300
- 307
- 305
- ツイユィバイツァイ **翠玉白菜**
- ロウシンシー **肉形石**

本館 2F
- 204
- 203
- 206
- 202
- 201
- 208
- 210
- 212
- 207
- 209
- ルーヤオ **汝窯** リエンホアシンウェイワン **蓮花型温碗**
- 中国歴代陶磁器展

本館 1F
- 104
- 103
- 宗教彫展
- 102
- 101
- 106
- 108
- 107
- 105
- EXIT
- EXIT
- ディアオシャンヤートウホアユンロウウェンタオチウ **雕象牙透花雲龍紋套球**
- 清代皇室の文物

本館 B1
- 多寶格
- ロビー出入口

凡例
- **①** インフォメーション
- チケット売り場
- 音声ガイド
- エレベーター
- エスカレーター
- 階段
- トイレ
- カフェ

見学は3階からがベター

鑑賞の順序は上階から下階へがコツ。目玉のお宝「翠玉白菜」「肉形石」「毛公鼎」などは、いずれも最上階の3階で展示。混雑でお宝までたどり着けない、なんてことになる前に見てしまおう。

TOURISM

さらに得ワザ

158 /310　國立故宮博物院には入場無料の日がある！

　故宮博物院の入館料は通常、一般チケット250元（約750円）、団体チケット230元（約690円）、割引チケット（国際学生証の提示が必要）150元（約450円）。この入館料が無料になる日が年間5日間ある。①毎年1月1日の元旦。②元宵節（旧暦の1月15日）。旧暦は毎年日付が変わるので要注意。2017年は2月11日、2018年は3月2日、2019年は2月19日。③5月18日の国際博物館デー。④9月27日の世界観光デー。⑤10月10日の国慶節。そのほか、学生なら国際学生証を提示すれば入館料が100元（約300円）引きの、150元（約450円）に！こちらは年間いつでも適用される。

國立故宮博物院　お得度 ★☆☆

"白菜"と"角煮"は不在多し!?
展示期間をチェック

行けば見られるとは限らないお宝のトラップに注意

　「翠玉白菜（白菜）」と「肉形石（角煮）」は人気なだけに、台湾内はもとより世界中の博物館へ出張展示にひっぱりだこ。そのため、実は台北を不在にすることも多々ある。せっかく混雑を避けて行っても、お目当ての二大秘宝がないということになっては本末転倒。故宮訪問時は宝の所在を確認することが必須だ。

　参考までに、二大秘宝の過去の不在期間は以下の通り。「白菜」は、2015年12月28日から2016年10月2日まで嘉義県の故宮南部分院に出張展示。「角煮」は、2016年6月17日から9月18日までサンフランシスコのアジア芸術博物館に展示後、10月4日から南部分院で展示されていた。いずれも意外と長い不在期間に驚かされる。

　不在情報は、故宮博物院の公式ホームページ（中国語）で確認可能。トップページの「最新消息」→「最新展覧異動」を見れば、お宝名と不在期間が告知されている。

さらに
得ワザ

160 /310　公式サイトで予習しよう！

　館内は広大なので宝の場所は訪問前にチェック。狙いを定めれば時間を短縮できる。展示位置、特設展の情報は公式ウェブサイトにある。しかも詳細が日本語で載っているので、積極的に活用しよう！

國立故宮博物院　お得度 ★★☆

ミュージアムショップは
かわいいおみやげの宝庫

秘宝グッズを買って帰れるショップは必見！

　故宮博物院のミュージアムショップは、ここで台北みやげが全部そろってしまうほどの充実の品ぞろえ。商品は文房具、スマホケース、キーチャームなど多種多様。"白菜"や"角煮"はもちろん、そのほかの秘宝をモチーフにしたイミテーションアイテムもゆるカワ！どれもユニークでデザイン性が高く、台湾らしさ満点。おみやげにも自分用にもぴったりなので、必ずチェックしよう。

TOURISM

こんなグッズが買える！

マスキングテープ

**3本セット
200元（約600円）**

陶器の模様をあしらった色鮮やかなマスキングテープ。3本1セット

翠玉白菜のストラップ

**各120元
（約360円）**

故宮博物院きってのお宝をミニチュアストラップで再現。しかも光る！

📍 士林

多寶格
ドゥォバオゴー

館内の宝物をユニークにかわいく商品化。観賞後に買って帰れるグッズが大人気。

🏠 至善路二段221号　☎02-2881-2021（内線2254）　🕘9:00～19:00、金・土曜～21:30　🈚無休　🚇MRT士林駅からバスで12分

日本語 ○

台北広域　▶MAP P.225 F-2

國立故宮博物院　お得度 ★★☆

お宝ソックリグルメで 観光気分をさらにアップ

お宝を食べちゃう!?　観光と食の最高コラボ!

博物館のレストランというと、クオリティは期待できないイメージがあるかもしれないが、故宮博物院は別。併設の「故宮晶華」は博物館のお宝そっくりの料理を提供する、世界でも珍しいレストランだ。

しかも料理のプロデュースは、台北きっての高級ホテル、リージェント台北を傘下にするリージェントグループによるもの。そのため、味もお墨付き。メニューの翠玉白菜220元（約660円）は、台湾中部で収穫された白菜の中心部のみを使用。長さは8〜10㎝で、葉の緑と白い部分の対比が美しいものを厳選している。さらにイナゴの代わりには桜エビを使用。味はまろやかなホタテ風味だ。また、肉形石（角煮）380元（約1140円）は高級な豚のモモ肉を使用。お宝に限りなく似せた肉のカットは、思わず写真に撮りたくなる見事さ。古代中国を思わせる店内で至宝を味わえるのは、故宮に併設されたレストランだからこそできる体験!

📍 士林
故宮晶華
グーゴンジンホア

広東料理など中国八大料理を提供。アラカルト260元（約780円）〜、コース1380元（約4140円／人）。
🏠至善路二段221号 2F　☎02-2882-9393
🕐11:30〜16:30、17:30〜21:30、土・日曜11:00〜
㊡無休　🚉MRT士林駅からバスで12分
日本語○　日本語メニュー○
台北広域　▶MAP P.225 F-2

✏ MENU

肉形石　380元（約1140円）
翠玉白菜　220元（約660円）

163 /310

國立故宮博物院　お得度 ★★☆

半券で入場無料になる
庭園見学も忘れずに！

本格的な中国庭園を無料で楽しむ

　故宮博物院の敷地内にある「至善園」は、敷地面積5687坪の中国式庭園。伝統の造園技術を用いて宋代の庭園が再現されており、故宮博物院の入場券の半券があれば入場無料。人も少なく穴場で、博物館内で歩き疲れたあとは、ここでのんびりと休憩可能。

　庭園内は見どころ満載。例えば龍と鳳凰の彫刻が見事な2階建ての楼閣「松風閣」。園内を一望したいなら、ここに上れば見事な景色が眼下に広がる。龍池には龍の神通力と恵みの雨をもたらす力を象徴する龍の彫刻も。春に訪れればお花見も楽しめる。

さらに得ワザ

164 /310　カジュアルに食べるならここへ！

　「故宮晶華」は地下に台南料理店「府城晶華」も併設。低予算で楽しむならこちらへ。魯肉飯55元（約165円）。

📍 士林
府城晶華
フーチョンジンホア

🏠 至善路二段221号　☎02-2882-9393（内線612）　🕚11:30〜18:00、土曜11:00〜20:00、日曜11:00〜18:00　🈳無休　🚇MRT士林駅からバスで12分　日本語○　日本語メニュー○

台北広域　▶MAP P.225 F-2

✏️ MENU

魯肉飯　55元（約165円）
擔仔麺　77元（約231円）

165

台北101 お得度 ★★☆

台北101はファストパスで並ばずに展望台へ

ファストパスでエレベーターにスルッと乗れる！

市内を一望できる台北のランドマーク、台北101。一度は行きたい人気の観光スポットだけに、土日はもちろん、平日でも混雑必至。中国からの団体の観光客も多く、いつ訪れても行列は避けられない。

まずは、5階のチケットカウンターで展望台へのチケットを購入するのに20〜30分。さらに、展望台がある89階行きのエレベーターに乗るために20分〜1時間以上待つことも。エレベーターは最高分速1010m、89階まで39秒で到着する"超高速"をウリにしているが、時間のない旅行者にとって待ち時間1時間以上はかなりキツい。

そこで、利用したいのがファストパス。通常、大人600元（約1800円）だが、倍の1200元（約3600円）を払うと優先的にエレベーターに乗ることができる。エレベーターは帰りも混雑するのだが、実は、下りも優先乗車可能！　無駄なタイムロスを防ぎたい人は、現地の混雑度を見て購入を検討しよう。

📍 **台北101周辺**
台北101
タイペイイーリンイー

高さ509.2m、地上101階、地下5階の台湾のシンボル的な存在の超高層ビル。ショッピングモールやレストランなども入っている。

🏠信義路五段7号　☎02-8101-8800　🕘9:00〜22:00（チケット販売。最終入場〜21:15、連休中は変更になる場合あり）
🈺無休　💴600元（子ども・学生540元、ファストパス1200元）
🚇MRT台北101／世貿駅から徒歩1分　 日本語○

台北101周辺 ▶ MAP P.233 F-2

166 /310

台北101 お得度 ★★☆

オンライン限定の
ペアチケットで10%オフ！

ペアや偶数グループ必見のお得なチケット

台北101展望台のチケットカウンターでの混雑回避には、オンラインでの事前予約がおすすめ。

台北101の公式サイト（www.taipei-101.com.tw/jp/index.aspx）は日本語にも対応。メニューのタブから「展望台」を選び、「チケット購入」をクリック。「インターネット予約」の項目を選択すれば、予約サイトにアクセスできる。予約サイトも日本語OKで、訪問したい日時を選択し、チケットの枚数を指定、クレジットカードで決済すれば予約完了。当日は、予約完了時に表示される注文番号、パスポート、決済に使用したクレジットカードの3点を持って、5階の「webチケット予約カウンター」へ。

また、ネット予約限定のペアチケットもあるので2人、4人など偶数で訪問する人は要チェック。定価が1枚600元（約1800円）のところ、2枚で1050元（約3150円）と約10%割引になる！

さらに
得ワザ

167 /310　台北101をキレイに撮れる場所は？

ビルを見上げるキレイなショットは台北101から徒歩5分のリノベスポット「四四南村」へ。都会にそびえ立つ圧巻の1枚を撮影したければ、標高183mの山・象山の野外展望台（無料）がベスト。

台北101 ／ お得度 ★★★

展望台に上らずに
スタバから絶景を眺める

かかるのは飲食代のみ。空中のスタバで景色を堪能！

　台北101の展望台のチケットは、割引なしだと大人600元（約1800円）と、価格がやや気になるところ。上った気分を味わいたいけれど、出費はできるだけ抑えたいという人は、展望台に上らず眺望を楽しめるとっておきのスポットへ。

　それは、台北101の35階にあるスターバックス。入場は無料で、最低消費額の200元（約600円）以上注文すれば、90分まで滞在が可能。林立する高層ビルを真下に眺めながらのコーヒータイムは格別だ。ただし、利用には前日までの電話予約が必要で、サンダルや短パンなどラフな格好はNGなどという条件があるので注意しよう。予約時間の5分前までに台北101のビル1階にあるインフォメーションセンターに集合すれば、スタッフが迎えに来てくれる。展望台よりもかなり安上がりでドリンクも楽しめるとあって、地元民にも人気の店舗。1週間以上前には予約を入れておこう。

📍 **台北101周辺**

Starbucks 35F門市
スターバックス サンシーウーエフメンシー

アメリカ発のカフェチェーン。豆乳やシロップ追加など、自分好みにカスタマイズしたコーヒーが飲める。

🏠信義路5段7号　☎02-8101-0701
⏰7:30～20:00、土・日曜9:00～19:30　㉔無休
🚇MRT台北101／世貿駅から徒歩1分
日本語× 日本語メニュー×
台北101周辺 ▶MAP P.233 F-2

169 /310

中正紀念堂 お得度 ★★☆

中正紀念堂は階段を上らずエレベーターで楽チン移動！

体力＆時間の節約が見学のカギ

　八角形の青屋根と大理石の白壁を持つ中正紀念堂は、台北のシンボル的存在。堂内のホールでは9:00〜17:00（水曜は〜18:00）の毎正時、見学無料の衛兵交替式が行われる。

　しかしこの紀念堂、とにかく広い！　敷地面積は25万㎡もあり、東京ドーム約5個分以上。何もかもがビッグスケールで、見学すると想像以上に体力を消耗する。そもそも正門から紀念堂まで徒歩7〜8分。さらにそこから交替式が行われるホールまでは、名物「89段の正面階段」を上らなければならない。そこで利用したいのが堂内のエレベーター。実は、階段を登らずに建物左右の入口から屋内へ回り込むと、展示資料館の奥にエレベーターが設置されている。乗り込んで4階を押せばそこはもうメインホールの中！　見学後は再びエレベーターで1階へ。正面階段からの景色も美しいので、上りはエレベーターで楽チン、下りは階段を使うのもおすすめ。

📍 中正紀念堂
中正紀念堂
ジョンジョンジーニエンタン

中華民国の初代総統、蒋介石の功績を称えるために造られた建物。紀念堂で行われる衛兵交替式は必見。
🏠中山南路21号　☎02-2343-1100〜3
🕐9:00〜18:00（交替式 9:00〜17:00の毎正時）
無休　無料　MRT中正紀念堂駅から徒歩10分　日本語△
台北駅周辺　▶MAP P.231 F-3

寺＆占い　お得度 ★★☆

あれもこれもの神頼み
龍山寺だけの訪問でOK！

100以上の神様がいるお寺で恋も仕事も全部お願い！

　台湾の人たちは信仰心が厚く、街の至る所に寺がある。壮麗かつ荘厳な龍山寺は、1738年に創建され、約280年の歴史がある台北最古のお寺。本尊の観世音菩薩は霊験あらたかと評判で、風水的にも台湾屈指のパワースポットとして人気。地元の人から観光客まで、大勢の人がひっきりなしに訪れている。

　「神々の集会所」とも呼ばれるこのお寺のスゴイところは、廟の中に100以上も神様が祀られていること。恋愛の神様も、勉強の神様も、商売繁盛の神様もずらりと並んでいるので、ここに行けばワンストップでお参りが済ませられる。時間はないけど、たくさんのお願いごとがあるという欲張りさんは、龍山寺だけ訪問しておけばOK！

　また、恋の神様・月老神君にお参りをしておみくじを引くと「赤い糸」が無料でもらえるので、持ち帰るのを忘れずに。財布に入れて持ち歩けば恋愛運がアップするのだとか！

📍 龍山寺

龍山寺
ロンシャンスー

旅のおみやげにぴったりな各種お守りは20元（約60円）〜。香炉で煙にくぐらせてから持ち帰ろう。

🏠 廣州街211号　☎02-2302-5162
🕕 6:00〜22:00　㈭無休
🚇 MRT龍山寺駅から徒歩2分
日本語×

龍山寺 ▶ MAP P.230 A-3

こんなにいる！龍山寺の神様

恋愛

ユエラオシェンジュン
月老神君
良縁を司る神様としてあがめられている神様。赤い糸で縁を結ぶ

商売

グアンションディージュン
關聖帝君
理財に長けた『三国志』の武将・関羽。商売繁盛の神様として信仰されている

学問

ウェンチャンディージュン
文昌帝君
文章を司どる学問の神様。かつては科挙の受験生が合格祈願をしていた

**子宝
安産**

ジューションニアンニアン
註生娘娘
子宝と安産、子の健やかな成長を見守る。特に子宝のご利益があるといわれる

**無病
息災**

チョンホアンイエ
城隍爺
都市の守護神。冥界とつながり、善悪の賞罰を管理する。閻魔大王のような存在

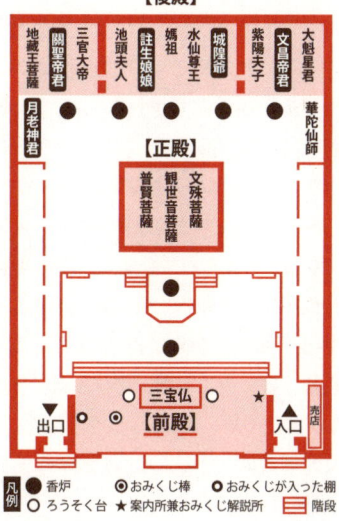

【後殿】

地藏王菩薩 / 關聖帝君 / 三官大帝 / 池頭夫人 / 註生娘娘 / 媽祖 / 水仙尊王 / 城隍爺 / 紫陽夫子 / 文昌帝君 / 大魁星君 / 華陀仙師

月老神君

【正殿】

文殊菩薩 / 観世音菩薩 / 普賢菩薩

三宝仏

【前殿】

▼出口　　◎　□　★　▲入口　売店

凡例：　香炉　◎おみくじ棒　□おみくじが入った棚　○ろうそく台　★案内所兼おみくじ解説所　階段

TOURISM

さらに
得ワザ

171 /310　龍山寺、実は夜も見モノ！

　古色あふれる廟宇が有名な龍山寺は夜もおすすめ。ライトアップされた姿は、昼間とはまた違った美しさ。ディープな地元グルメが楽しめる華西街夜市（P.98）もすぐなので、あわせて訪問しよう。

寺&占い　お得度 ★★☆

金運&仕事運UPの行天宮は
お祓いが無料！

シンティエンゴン

人気のお祓いは正殿前広場で毎日実施！

　行天宮は、商売繁盛の神様としてあがめられている關聖帝君を祀る寺。参拝方法は「三跪九叩」と呼ばれる特殊なものだが、パンフレットやモニターなど、日本語での解説が用意されているので安心。優しく教えてくれるボランティアスタッフも常駐している。

　また、毎日11:20（日曜12:00）からは、無料のお祓い「收驚」も実施。台湾では、人が驚いたり強いショックを受けたりすると体から「魂魄」が抜けて、心身の働きが悪くなると考えられている。收驚は心体を正常化するために魂魄を取り戻すための儀式。青い法衣をまとった効労生（聖門の弟子）が執り行っており、時間になると正殿前広場に列ができる。自分の番が来たら、効労生に名前、生年月日、住所を告げよう。言葉が心配な人は、漢字で紙に書いて渡してもOK！　本人以外のお祓いをお願いしたい場合は、その人の服や所有物を持って行くだけで、無料で対応してくれる。

📍 行天宮

行天宮
シンティエンゴン

1949年、玄空師父により建立された。大気汚染防止のため、線香をあげる行為（進香）を禁じているのも特徴。
🏠民權東路二段109号　☎02-2502-7924
⏰4:00〜22:00（お祓い11:20〜21:00、日曜12:20〜21:00）　㊡無休　🚇MRT行天宮駅から徒歩5分
日本語○
中山駅周辺　▶MAP P.229 F-1

How to 台湾式厄払い

無料ということもあり、効労生たちによる収驚の時間になると、大勢の人が列をなす。ここでは基本的な手順をチェック！

❶ 手を洗って身を清める

鏡には「洗心（＝心を清める）」「問心」という文字が書かれている

❷ 列に並んで順番を待つ

順番を待つ間は会話、携帯電話の使用、飲食（ガムを含む）はNG！

❸ 効労生に氏名を伝える

氏名はあらかじめ紙に書いておき、順番が来たら見せるとスムーズ

❹ 物をお祓いしてもらう

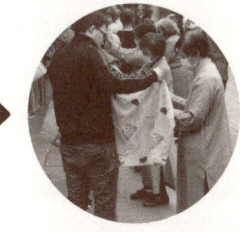

本人以外のお祓いは、その人の氏名を伝え所有物を見せるだけでOK

さらに得ワザ

173 /310　お守りも無料でもらえる！

行天宮の事務所では、浄化をすませたお守り「平安卡（平安カード）」を無料で配布している。これを受け取ったら正殿前まで行き、氏名、生年月日、住所を告げて神様にお願いごとをする。カードは常に身に着けていれば魔除けになる。

寺&占い　お得度 ★★☆

学問・試験のお願いには
野菜を供えてご利益アップ！

大根、ネギ、セロリを持ってお参りしよう

　台湾では、参拝の際にお供え物をすればご利益が増すと信じられている。また、お願いしたいものによって内容を変えるとさらに効果がアップすると考えられていて、お供え台には日本では目にしない一風変わったものが並んでいることが！

　例えば、「文昌宮」や「龍山寺」（P.156）などで学問の神様にお参りする場合は、中国語で縁起がよいとされる言葉「彩頭」に音が通じる大根（菜頭 ツァイトウ）、「聡明」の「聡」と音が同じネギ（蔥 ツォン）、「勤勉」の「勤」と音が重なるセロリ（芹菜 チンツァイ）をお供えして縁起を担ぐ。

　ちなみに、お供え物は参拝後に持ち帰り、縁起物としていただくのが台湾流。なので、売店などで自分の食べたいお菓子や果物を買って供えても OK だ。

　ただし、パッションフルーツのように種の多い果物やお釈迦様の頭に似たシャカトウは NG なので注意！

📍 **雙連**

文昌宮
ウェンチャンゴン

学問の神・文昌帝君を祀る。受験シーズンは受験票や試験当日に着る服を持参した受験生と親でごった返す。

🏠 民生西路 45 巷 9 号　☎ 02-2521-0366
🕐 7:00～21:00　🈳 無休
🚇 MRT 雙連駅から徒歩 2 分
[日本語×]

中山駅周辺　▶ MAP P.229 D-2

175

寺&占い　お得度 ★☆☆

日本語OKの占いは行天宮へ
思い出作りには文鳥占い！

占いブースが軒を連ねる「占い横町」で気軽に試そう

　夜市にも即席の店が立ち、気軽に占ってもらえるなど、台湾では占いがとてもポピュラー。

　特に、行天宮（P.158）の地下に広がる「占い横町」は、日本語対応可能なお店がずらり。H型になった地下道は東区と西区の2つに分かれており、全22のブースの中から好きなお店を選ぶことができる。なかには、米粒や亀を使った珍しい占いをする店も。この横町内で行列ができる人気の占い師は、徐實琴先生（旧：横町の母）。四柱推命と手相、人相、米粒占いがセットになったコースが2000元（約6000円）。健康、恋愛など、1回につき4項目まで相談にのってもらえる。

　また、龍山寺の地下街にも占いストリートがある。「芝羚論命」は「鳥卦」と呼ばれる文鳥占いで有名な店。文鳥に3枚の中国式タロットカードを選ばせ、運勢を占う。真っ白な文鳥は見ているだけでもかわいくエンタメ感覚で楽しめるので、旅の思い出にぜひ。

TOURISM

📍 **行天宮**

徐実琴
シューシーチン

日本と台湾の芸能人を数多く占ってきたベテランでやさしい人柄も魅力。予約が確実。

🏠行天宮地下道五号 ☎0975-354-282、02-2517-1229 ⏰10:00〜21:00 ⊗無休 ⊛MRT行天宮駅から徒歩5分 日本語○ 日本語メニュー○

中山駅周辺 ▶MAP P.229 F-1

📍 **龍山寺**

芝羚論命
ツーリンルンミン

恋愛運・仕事運・健康運の3つが占える文鳥の占いは1200元（約3600円）。

🏠西園路一段145号（龍山寺地下街命理二区F室） ☎02-2306-7639 ⏰11:00〜19:00 ⊗無休 ⊛MRT龍山寺駅から徒歩3分 日本語○ 日本語メニュー○

龍山寺 ▶MAP P.230 A-3

マッサージ　お得度 ★★☆

LCCの早朝便を待つなら
ホテルより24時間マッサージ店

体もスッキリ、ホテル代を払うより断然お得！

　日本と台湾を結ぶLCCは増えているが、復路は3〜4時台発の早朝便が多数。深夜にチェックアウトするとなると、ホテル代がもったいない。そんなときは24時間営業のマッサージ店を活用！

　「六星集足體養身會館」なら、フット＆ボディマッサージ105分1800元（約5400円）。芸能人にもファンが多く、サービスも良質だ。ホテルのような広い店内でくつろぎたいなら「千里行足體養生會館」がおすすめ。足裏40分＋全身アロマオイルマッサージ90分2350元（約7050円）。日本語対応のウェブサイトで（www.1000m.com.tw）でネット予約もできるほか、割引クーポンも発行している。なかにはシャワー付きの部屋もあるので、マッサージを受けて入浴も済ませれば、まさにホテルいらず！　マッサージ店には珍しく両店クレジットカード払いOKというのもうれしい。週末の深夜は現地の人で混み合うので、なるべく早く予約しよう。

📍 南京三民

六星集足體養身會館 南京會館
リウシンジーズーティーヤンシェンホイグアン ナンジンホイグアン

台北市内に6店舗展開。営業時間は店ごとに異なり、南京會館のみ24時間。

🏠南京東路五段76号　☎02-2762-2166
🕐24時間　㊡無休
🚇MRT 南京三民駅から徒歩3分
日本語△　日本語メニュー○
台北中心部　▶MAP P.227 F-2

📍 松江南京

千里行足體養生會館
チエンリーシンズーティーヤンシェンホイグアン

3人以上の利用なら、ホテルまでの無料バス送迎もある（利用は10時〜22時）。

🏠南京東路二段62号　☎02-2531-5880
🕐24時間　㊡無休
🚇MRT 松江南京駅から徒歩4分
日本語○　日本語メニュー○
中山駅周辺　▶MAP P.229 F-2

マッサージ　お得度 ★★☆

料金表を印刷＆持参で割引
足で踏まれる裏メニューも⁉

日本ではなかなか受けられない施術を試すチャンス！

「足満足」は、足つぼマッサージ40分500元（約1500円）など、リーズナブルな料金体系が魅力のマッサージ専門店。

もとの価格帯も良心的だが、ウェブサイト（1209187126223.tw66.com.tw）に掲載されている料金表を印刷して持って行けば、さらに割引が。例えば、上記の足つぼマッサージ40分が380元（約1140円）、全身マッサージ付きの90分コース1500元（約4500円）が999元（約2997円）と、平均3〜4割引きに。

小尻・小顔矯正など、他店にはない珍しい施術も多数。なかには、店員が天井のバーにつかまりながら客の背中にのって全身を揉みほぐす足踏みマッサージ「踩背」40分500元（約1500円）も。足を使ったほうが深層部にある筋肉を刺激できるため、手よりも効果が期待できるのだとか。公式サイト（zumanzu.com）のメニュー表などには掲載されていないので、直接お店でリクエストしよう。

📍 台北駅周辺

足満足 懐寧店
ズーマンズー ホアイニンディエン

受付には日本語堪能なスタッフが常駐しているのでコース選びも安心。西門店もある。

🏠 懐寧街18号　☎02-2381-9990
🕗 8:00〜翌2:00　無休
🚇 MRT台北車站から徒歩3分
日本語○ 日本語メニュー○ ※予約が望ましい
台北駅周辺 ▶MAP P.231 D-1

✏ MENU

踩背（足踏み）40分　500元（約1500円）

シャンプー　お得度 ★★☆

初めての台湾式シャンプーは
サロンが集まる中山駅周辺で！

リーズナブルな料金でヘッドスパ感覚が味わえる

　台湾ならではの美容体験がしたいという人におすすめなのが、イスに座ったまま髪を洗う台湾式シャンプー。泡で髪の毛をピンと立てる様子は写真映えもバッチリ。

　台湾では、お出かけ前にサロンに立ち寄ってシャンプー＆ブローしてもらう人も多く、どの美容室でも気軽に受けられるサービスのひとつ。特に、中山駅周辺には地元OLも通うおしゃれサロンが集まっているので質がよく、日本語OKのスタッフがいる店が多いのもうれしい。例えば「Yellow Ted」は、アロマオイルを取り入れるなど、ケアの仕方や素材にもこだわっているお店。シャンプー剤は日本製のものを使用しているので、シャンプーの質が合わず髪が傷んでしまう心配もない。料金は、肩から首にかけてのマッサージも付いて950元（約2850円）〜。街歩きをして疲れたら、休憩代わりに立ち寄ってリフレッシュする、という使い方もできる。

📍 **中山駅周辺**

Yellow Ted
イエローテッド

台北に4店舗を構える人気のヘアサロン。台湾式シャンプー（洗髪2回→すすぎ→マッサージ）は所要約1時間。
🏠中山北路二段4-2号　☎02-2542-9786
🕐11:00〜20:00、木曜〜19:00、土・日曜〜18:30
🈺月曜　🚇MRT中山駅から徒歩3分
[日本語○]　[日本語メニュー○]　※予約が望ましい
[中山駅周辺]　▶MAP P.229 D-2

✏️MENU

シャンプー＆ブロー
（首・肩のマッサージ付き）
950元（約2850円）

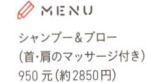

シャンプー　お得度 ★☆☆

色も香りも自由自在！
高品質シャンプーをDIY

自分だけのオリジナルシャンプーを手に入れる！

　台湾でシャンプーというと、サロンでオーダーする洗髪のことを思い浮かべがちだが、最近は自分好みのシャンプーを手作りできるショップが人気を集めている。

　「mr. hair」は、サロン用のヘアケア用品を扱う業者と提携し、アジア人向けの商品を開発・販売している台湾のヘアケアブランド。ここではオリジナルのシャンプーを自分で作るDIY体験ができる。

　作り方はいたってシンプル。まず髪質に合ったベース液（ノンシリコン）を選んだら、好きな色と香りを混ぜるだけ。カラー3色（赤・青・黄）は食用のものを使用。レモンやラベンダー、バラなど約10種類ある香りのエッセンスは植物由来のものなので敏感肌の人も安心だ。ビッグサイズ（900㎖）は790元（約2370円）、スモールサイズ（200㎖）は220元（約660円）。液漏れしないようにジップ付きのプラスチックバッグに入れて持って帰ろう。

TOURISM

📍 **國父紀念館**

mr.hair
ミスターヘアー

シャンプー以外にも、色や香りをチョイスして自分好みのコンディショナー、ボディソープ作り体験ができる。

🏠 光復南路280巷23号　☎02-2711-9737
🕐12:30～21:30　⊛無休　🚇MRT國父紀念館駅から徒歩2分
日本語○　日本語メニュー○
東區　▶MAP P.235 F-2

✐MENU
オリジナルシャンプー作り
220元（200㎖）（約660円）

そのほか　お得度 ★★☆

深夜も観光を楽しみたいなら
24時間営業の書店

立ち読み、座り読みOKのおしゃれ書店

　夜も比較的安全な台湾。ナイトスポットもバラエティ豊かで、夜市はもちろん、クラブやバーなど遊び方はお好み次第。そんななかでもカルチャー女子におすすめなのが本屋さん！

　おしゃれエリア・東區にある「誠品 敦南店」の書店フロアは24時間営業していて、本好きにはたまらないスポット。ほかの誠品書店と同様、立ち読み、座り読みOKで、時間を気にせず本を選ぶことができる。また、フロアの一角にはMITの文具など、ちょっとしたおみやげが買えるコーナーもあり、見ているだけでも楽しい。

　それ以外の階には、カフェや雑貨店、台湾の新進気鋭のデザイナーズブランドなどが並び、22時30分まで営業している。地下2階にある音樂館（CD店）は翌0時まで営業しているので、C-POPファンは注目！　J-POPや洋楽のCDがセールで安く手に入ることもあるので、ぜひチェックしてみよう。

📍 **東區**
誠品 敦南店
チョンピン ドゥンナンディエン

台湾初の24時間営業の大型書店。ほか、カフェやCDショップ、雑貨店なども入っている。

🏠 敦化南路一段245号（書店は2F）
☎ 02-2775-5977　🕐 2F 24時間（B1F 11:00〜22:30、音楽館 11:00〜翌0:00）
🈂 無休　🚇 MRT忠孝敦化駅から徒歩3分　日本語△
東區　▶MAP P.234 C-3

そのほか お得度 ★★☆

土日限定のマーケットには
運命の出合いが待っている？

一点ものの手作りアイテムをチェック！

台北では、毎週末になると、あちこちでユニークなマーケット（市集）が開かれる。

人気はクリエイターたちの一点ものが多く集まる、「シンプルマーケット」や「西門紅樓創意市集」などのクラフトマーケット。オンラインショップ以外ではマーケットでしか販売していないというアーティストも多数！　出展者の顔ぶれも毎回異なるので、気に入ったものを見つけたら迷わずゲットするのが賢明だ。何度訪れても毎回新しい発見があるのもマーケットの大きな魅力！

近年は旬の野菜やフルーツ、加工食品などを扱うファーマーズマーケットも徐々に数を増やしている。ほとんどのブースで試食が可能なので、歩き回るだけでも楽しく、お腹もいっぱいに。いつ訪れても楽しいが、一番のおすすめはマンゴーが旬になる5～8月。いろんな種類のマンゴーを試食できるので、各店をのぞいてみよう！

TOURISM

📍 **台北101周辺**

Simple Market
シンプル マーケット

ハンドメイドにこだわったマーケット。雑貨や食品など約300店が出店している。
🏠松壽街50号（中央広場）　☎なし
🕐日曜13:00～19:00　🈲月～土曜
🚇MRT台北101／世貿駅から徒歩3分
日本語△
台北101周辺 ▶MAP P.233 E-3

📍 **西門町**

西門紅樓創意市集
シーメンホンロウチュワンイーシージー

西門町のランドマーク、西門紅樓前で開催。出店は20～30店程度。
🏠成都路10号　☎なし
🕐土曜14:00～22:00、日曜～21:30
🈲月～金曜　🚇MRT西門駅から徒歩1分
日本語△
西門町 ▶MAP P.230 B-2

プチワザ**10**連発

台湾の街歩きや観光スポットで使える豆知識＆便利アプリをご紹介！

182 /310　お得度 ★☆☆

マッサージは予約時に女性マッサージ師を指名で安心

店によっては混雑時に他店からヘルプを頼むなどクオリティが安定していない場合も。特に全身コースを希望の女性は女性のマッサージ師を指名予約するのがおすすめだ。

183 /310　お得度 ★★☆

台湾の変身写真はもらえる枚数がハンパない

変身写真は2万円前後が相場。割高に感じるかもしれないが、撮影データを大量に受け取ることができ、豪華なアルバムを作ってもらえるなど他国に比べサービスが手厚い！

184 /310　お得度 ★☆☆

まるでヘッドスパ気分！高級系シャンプーがスゴい

ヘッドスパのようなサービスの台湾式シャンプーも。「青絲胡同髪療會所」は90〜120分1680元（約5040円）。日本のエステより格安。

康青龍 ▶MAP P.232 B-1

185 /310　お得度 ★★☆

これがあればもっと当たる!?占いは準備も大事！

台湾は「四柱推命」もポピュラー。占ってもらう際は、占い師に自分の生年月日だけでなく出生時間まで伝えられると、より占いの精度があがるとか。調べてから訪問しよう。

186 /310　お得度 ★★☆

月下老人は七夕やバレンタインデーに訪問！

恋の神様・月下老人は、月下老人の誕生日である旧暦8月15日、情人節と呼ばれる七夕やバレンタインデーにお参りするとご利益がアップするといわれている。カレンダーをチェック！

187 /310　お得度 ★☆☆

エビ釣りは深夜に楽しむ！

屋内の釣り堀で釣ったエビをその場で焼いて食べられる「エビ釣り」は、遊べる居酒屋感覚で、ビール片手に楽しむのが吉。「全佳楽」の営業は17:00〜翌3:00、1時間300元（約900円）〜。

中山駅周辺 ▶MAP P.229 F-1

188 /310　お得度 ★☆☆

パイナップルケーキを自分で作れる！

中華菓子の名店「郭元益」は、士林店でパイナップルケーキ作り教室を実施している。料金は1人350元（約1050円）。9時、13時の1日2回実施。1週間以上前に予約を。

台北広域 ▶MAP P.225 E-2

189 /310　お得度 ★★☆

現地ガイドブックや情報誌をゲット

書店で手に入れたいのが現地のガイドブック。中国語だが、店名や住所などは漢字だからこそ理解しやすい。「東京Walker」の台北版「台北Walker」など、情報誌には最新情報が満載。コンビニでも取り扱いがあるのでチェックしよう。

190 /310　お得度 ★★☆

龍山寺参拝の際は周辺甘味も必食！

龍山寺を訪れるなら、お寺の参拝だけではもったいない。周辺には創業100年を超える老舗が集まっている。特に、「三六圓仔店」などの甘味処のレベルが高いので、立ち寄ってみよう。

191 /310　お得度 ★★☆

オフライン地図を使えば街歩きがサクサク

Googleマップのアプリからオフラインマップを入手しておくと街歩きに便利。ネット接続がなくても道路名や周辺の店の情報が得られる。無料なのでスマホユーザーはゲットしておきたい。

得ワザ

LOCAL

ノスタルジックな絶景タウン九份を
2倍、3倍楽しむTIPSとは？
温泉の町「北投」、夕景が美しい「淡水」など
台北からMRTで行ける郊外エリアを
堪能するためのテクニックも伝授！

全44ワザ

九份 お得度 ★★☆

九份のベストフォトスポットは
豎崎路にあり！
シューチールー

激混みを避けて絶景が撮れる時間と場所は？

映画のロケ地になるほど、そこかしこで絵になる光景が見られる
九份。なかでも誰もがイメージするノスタルジックな絶景ポイント
は豎崎路にある。特に階段の途中にある、阿妹茶酒館の横にある小
道を入ったところはイチオシの撮影スポットだ。

九份は台北近郊の観光地のなかでも特に人気が高く、観光客はも
ちろん、台湾の地方からの旅行者もよく訪れる場所。山の斜面に広
がる小さな町は、いつ来ても人、人、人で大混雑。特に通りのちょ
うちんが灯り始める夕刻からは、大変な混雑ぶり。絶景を撮影した
くても、人波が風景の邪魔をしてしまうこともある。そのため、美し
い景色を撮影したいなら、昼から階段付近の茶藝館を訪れて、席に
着いてしまうのがコツ。また、豎崎路の階段は、上から下を見下ろ
す眺望も見応えあるが、階段を下り切ってから上を見上げるように
撮影すると、これもまた絵になるのでおすすめ。

📍 九份

阿妹茶酒館
アーメイチャージウグアン

豎崎路でひときわ目を引く茶藝館。2階には室内席、3
階には屋外のテラス席が設けられている。

🏠 新北市瑞芳区市下巷20号 ☎02-2496-0492、
2496-0833 ⏰8:30〜翌0:00、土曜〜翌2:00
㊡無休 🚏舊道バス停から徒歩8分
日本語○ 日本語メニュー○
九份 ▶MAP P.236

九份絶景ポイントMAP

ちょうちんを軒下に連ねたレトロな家並みは、九份を代表する風景。撮影のベストスポットは阿妹茶酒館の横の小道。

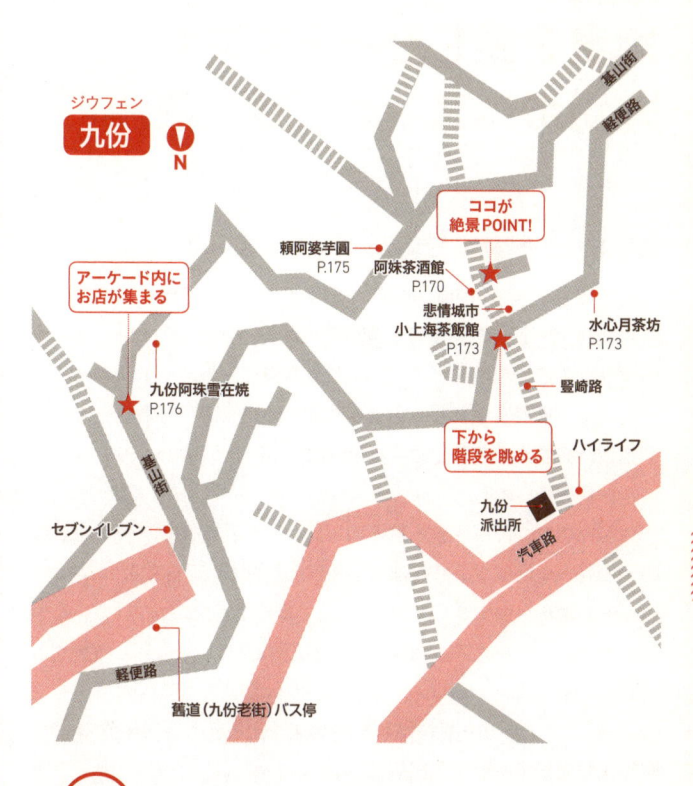

ジウフェン
九份

N

頼阿婆芋圓
P.175

ココが
絶景POINT!

阿妹茶酒館
P.170

アーケード内に
お店が集まる

悲情城市
小上海茶飯館
P.173

水心月茶坊
P.173

九份阿珠雪在焼
P.176

墨崎路

下から
階段を眺める

ハイライフ

基山街

九份
派出所

セブンイレブン

汽車路

基山街

軽便路

軽便路

舊道（九份老街）バス停

さらに
得ワザ

193 /₃₁₀ **訪問はできる限り平日に！**

　九份は中国からの旅行者にも大人気。団体客が押し寄せる土日は道という道に人がごった返す混雑ぶり。往復の交通も混雑しやすい。旅程に融通がきく人は、できる限り平日昼間に訪問しよう。

九份 お得度 ★★☆

絶景を楽しむならココ！
九份のベスト茶藝館3選

個性を競う茶藝館、絶景はテラス席が狙い目

　九份は急勾配の山の斜面に町が広がっている。そのため茶藝館の多くが山の斜面に立ち、遠く広がる海を見下ろせるようになっている。眺望自慢の店がほとんどで、いずれも見晴らしのよいテラス席を設けている。絶景を撮影したいならやはりテラス席が一番。一方、茶藝館自体の雰囲気を味わうなら店内席を選べば、ゆっくりと落ち着いてお茶を楽しめる。

　茶藝館のなかでも絶景を誇るのは、九份の茶藝文化の先駆者ともいわれる「九份茶坊」の姉妹店「水心月茶房」。海を望むパノラマビューが素晴らしく、テラス席に座るとまるで天空のカフェにいるかのよう。オーナーが陶芸家なので、茶器の美しさも抜群。茶杯150元（約450円）など、趣味のいいオリジナル陶器も購入できる。さらに、1989年公開の映画『非情城市』の舞台となった民家を改装した茶藝館「非情城市 小上海茶飯館」もおすすめ。メインストリートの豎崎路を見下ろすように立っているので、雰囲気のある店内とちょうちんの連なる風景がダブルで楽しめる。このほか「吾穀茶糧 SIID CHA」では、客家の伝統茶、擂茶の体験ができる。擂茶とは、すりつぶした穀物類などをお湯と合わせて飲むもの。店内は茶藝館というよりカフェのようなおしゃれさがあり、九份でも珍しいタイプの店。さまざまな茶藝館が狭い路地にひしめいていて迷ってしまうが、この3軒を選べば間違いない。

九份ベスト茶藝館DATA

水心月茶坊
シュイシンユエチャーファン

🏠新北市瑞芳区軽便路308号　☎02-2496-7767
🕐12:00〜20:30、土・日曜11:00〜20:30　㋡
無休
日本語○　日本語メニュー○
九份　▶MAP P.236

悲情城市 小上海茶飯館
ベイチンチョンシー シャオシャンハイチャーファングアン

🏠新北市瑞芳区豎崎路35号 2F　☎02-2496-08
52　🕐10:00〜22:00　㋡無休　㋞舊道バス停
から徒歩10分　日本語○　日本語メニュー○
九份　▶MAP P.236

吾穀茶糧 SIID CHA
ウーグーチャーリアン シッチャー

🏠新北市瑞芳区基山街166号　☎02-2496-9976
🕐11:00〜19:00　㋡無休　㋞舊道バス停から
徒歩12分　日本語△　日本語メニュー○
九份　▶MAP P.236

LOCAL

さらに
得ワザ

195 /310　文化遺産でお茶ができる！

　新北市の指定歴史建築に登録されている築100年の邸宅を、修改
築し茶藝館に。九份の茶藝文化の先駆的存在といわれている。

📍 九份
九份茶坊
ジウフェンチャーファン

🏠新北市瑞芳区基山街142号　☎02-2496-9056
🕐9:30〜21:00　㋡無休
㋞舊道バス停から徒歩8分
日本語○　日本語メニュー○
九份　▶MAP P.236

九份 お得度 ★★☆

こんなところに絶景が!!
イモ団子屋のイートインが穴場

九份名物は味も景色も抜群の店で

九份スイーツといえば何といってもイモ団子。自然な甘みとモチモチ食感で、観光客だけでなく台湾の老若男女にも大人気。台湾人も九份を訪れたら、芋団子を食べるのを楽しみにしている。

「阿柑姨芋園店」はメインストリートの豎崎路を上り切った高台にある人気店。イモ団子は2人でシェアしても食べきれないほどのボリュームで45元(約135円)! テイクアウトする人が多いが、ここでは断然、イートインがおすすめ。実は、店先からは見えない奥まった箇所に、眺望ばっちりの別空間が広がっているのだ!

イートインスペースへは、店頭から奥へと通じる通路を抜けて行く。その先にあるのは、小さな店先からは想像できない広々とした空間。眺望が見事で、窓に面したカウンター席に座ると、九份の山と海が一望できる。九份名物も景色も一度に楽しめるので、一石二鳥を狙うなら、この店は絶対にはずせない。

📍 **九份**

阿柑姨芋園店
アーガンイーユーユエンディエン

アズキや緑豆入りのイモ団子が人気の店。一見テイクアウト専門店のようだが、奥にイートインスペースがある。

🏠 新北市瑞芳区豎崎路5号 ☎02-2497-6505
🕘 9:00～22:30 ㊇無休
🚌 舊道バス停から徒歩10分
[日本語×] [日本語メニュー×]
[九份] ▶MAP P.236

🖊 MENU

芋圓　45元(約135円)

九份名物!!　モチモチグルメ

九份名物は昔ながらの素朴な味のものが多い。リーズナブルなので、はしごもおすすめ！

モチモチ食感。温かくても冷たくてもおいしい

📍 九份
頼阿婆芋圓
ライアーポーユーユエン

カラフル団子は、黒ゴマ、タロイモ、ヤマイモ、緑茶を使用したもの。ミックスの総合口味は45元（約135円）。
🏠新北市瑞芳区基山街143号
☎02-2497-5245　⏰7:00～20:00、金～日曜～21:00　㊡無休
🚌舊道バス停から徒歩7分
日本語△ 日本語メニュー×
九份 ▶MAP P.236

📍 九份
金枝紅糟肉圓
ジンジーホンザオバーワン

でんぷんで作った半透明の皮で、紅麹で味付けした甘い豚肉を包み揚げした肉圓が名物。九份に3店舗ある。
🏠新北市瑞芳区基山街112号
☎02-2496-0240　⏰9:00～19:30、土・日曜～20:30　㊡無休　🚌舊道バス停から徒歩10分　日本語× 日本語メニュー×
九份 ▶MAP P.236

上／魚団子の五色丸湯60元（約180円）、下／紅糟肉圓45元（約135円）が店の看板メニュー

さらに得ワザ

197 /310　昼の九份は海景もキレイ！

九份は山の斜面にある町。ノルタルジックな夕暮れの路地がフィーチャーされがちだが、実は高台から見下ろすと遠くに太平洋の眺望が広がっている。山と海のコントラストは格別！　昼限定の絶景も楽しもう。

LOCAL

九份 お得度 ★☆☆

パクチー入りアイスクレープ!?
九份はおもしろスイーツの宝庫

九份の新定番を人より先に試してみよう

　九份スイーツといえばイモ団子が根強い人気だが、最近ではそれ以外のニューフェイスが続々と登場している。台北市内ではなかなかお目にかかれないような、九份限定のスイーツや変わり種もバリエーション豊かなので要チェック!

　なかでも九份の新定番を予感させるのが「米詩堤甜點王國」のシュークリーム。芋頭泡芙(タロイモシュークリーム)は、パイ風の大きなシューにタロイモのクリームがずっしり詰まって1つたったの50元(約150円)。台湾らしい素朴な甘さで、あっさりとした味わい。大きくてもペロッと完食できる。ほかに、サツマイモ味のクリームもあり、食べ比べてみるのも楽しい。

　また、パクチー、アイス、ピーナッツ粉をクレープ生地に包んだ花生捲冰淇淋も変わり種としておすすめ。1つ40元(約120円)で驚きの新テイストにトライできる。パクチー抜きも可。

📍九份

米詩堤甜點王國 九份店
ミーシーディーティエンディエンワングオ ジウフェンディエン

店舗は老街入口付近。タロイモの味をしっかり感じるクリームが人気。
🏠新北市瑞芳区基山街29号 ☎02-2497-6296 🕐10:00～19:00、金・土曜～20:00 🈳無休 🚏舊道バス停から徒歩4分 日本語△ 日本語メニュー○
九份 ▶MAP P.236

📍九份

九份阿珠雪在焼
ジウフェンアージュー シュエザイシャオ

パクチーとアイスの異色コラボが楽しめる。行列ができるほどの人気店。
🏠新北市瑞芳区基山街20号 ☎02-2497-5258 🕐9:00～19:00 🈳無休 🚏舊道バス停から徒歩5分
日本語△ カード×
九份 ▶MAP P.236

新定番⁉ な二大スイーツ

新定番の予感がするおすすめはこれ！　どれも新テイストながら昔からの素朴な味もちゃんと生かしている。

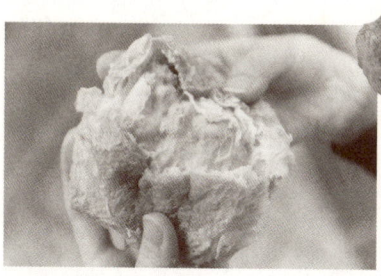

タロイモシュークリーム
芋頭泡芙 50元（約150円）
ユィトウパオフー

たっぷり入ったタロイモ味のクリームが魅力。甘過ぎない素朴な味がたまらなく台湾チック。サツマイモ味もある。

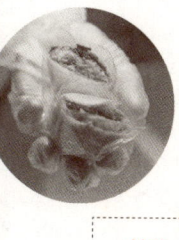

ピーナッツクレープアイス
花生捲冰淇淋 40元（約120円）
ホアションジュエンビンチーリン

アイス、パクチー、ピーナッツ粉入りクレープ。アイスの冷たさとパクチーの刺激、ピーナッツ粉の食感がよく合う

> ＜ひとことフレーズ＞
>
> パクチーを入れないでください。
> **請 你 不要 放 香菜。**
> チーン ニー ブーヤオ ファーン シャンツァイ

> さらに
> 得ワザ

199 /310 　現地発ツアーを利用する

各社が企画する九份ツアーに参加するのも手。送迎付きで移動もラク。現地では自由行動となるプランもあり、選択肢も幅広い。各社のサイトから事前にネットで申し込もう。

台北ナビ	4480円〜
URL	www.taipeinavi.com
VELTRA	1400元〜
URL	www.veltra.com
H.I.S.	US$49〜
URL	www.his-j.com
JTB	1600元〜
URL	www.jtb.co.jp

200/310

おみやげに困ったら
菓風小舗の九份グッズを！

人とは違う、ファニーな九份みやげを買える店

　九份老街には飲食店も多いが、おみやげショップはさらに多い。しかし、そのほとんどはパイナップルケーキやキーホルダーなど、台北でも手に入るものばかり。

　そこでおすすめなのが、老街に店を構える「菓風小舗」。デザイン性も高く、オリジナリティあふれる品ぞろえは九份イチ。金塊チョコ（180元／約540円）、石炭チョコ（150元／約450円）など、かつてゴールドラッシュや炭鉱業で栄えた九份の歴史をしのばせる、九份ならではのアイテムが手に入る。なかには麻雀のパイや、ドラッグストアで見かける人気商品のパロディスナックなど、日本では考えられないようなパッケージの商品も。もらった人が思わず笑顔になるような"いやげ"にならないアイディアがうれしい。

　なお、多くの店は19〜20時には閉店してしまうので、おみやげは夜景観賞前に購入するのがコツ。買いそびれないよう注意しよう。

📍 **九份**

菓風小舗 九份店
グオフォンシャオブー ジウフェンディエン

九份限定や、台湾で定番の商品のパロディ版など、笑えるグッズやスイーツがそろうおみやげショップ。

🏠 新北市瑞芳区基山街68号
☎ 02-2406-1067　🕘 9:30〜18:30　㊡ 無休
🚌 舊道バス停から徒歩6分
日本語×

九份　▶ MAP P.236

九份 お得度 ★★★

タクシーをチャーターすれば渋滞回避＆ラクラク移動！

グループ利用は断然お得。見どころ追加もおすすめ

　台北から九份への交通機関は数種あるが、グループ数人で行くならタクシーチャーターが一番スムーズ。

　料金は、自分で現地のタクシーに交渉した場合、1台4時間で2000元（約6000円）が相場。ウェブで旅行会社などを通した場合は3000元（約9000円）といった具合だ。道路の混雑状況によるが、台北↔九份間は車で約40分〜1時間と、バスや電車より圧倒的に早い。九份の観光は1〜2時間程度あればメインスポットを楽しめるので、移動を含め4時間あれば十分だ。1台を4人でチャーターした場合、1人500元（約1500円〜）〜。バスや電車での待ち時間や煩わしさから解放されることを考えると、お値打ち価格。

　さらに、チャーターならば時間内に好きな場所で乗降できる融通性もある。例えば、ランタン上げができる十分など、九份近郊のエリアを一緒に回ってもらうのもおすすめ。

LOCAL

チャーター依頼の指さしフレーズ！

> 九份までチャーターをお願いします。
> ウォシャンバオチャーダオジウフェン
> 我想包車到九份。

> 1日チャーターするといくらですか？
> バオチャーイーティエンドゥオシャオチエン
> 包車一天多小錢？

※そのほかのお役立ちフレーズはP.220をチェック！

九份　お得度 ★★★

上級者は往路を瑞芳駅（ルイファン）から、復路を基隆経由（ジーロン）で2倍楽しむ

意外に簡単、試す価値ありの電車利用

　九份への交通は、忠孝復興駅からバスで行く方法が多く紹介されており、その経路は混雑しがち。そのため少しでも混雑を避けたいなら電車利用がおすすめ。切符は駅のタッチパネル式自動券売機で買うのが便利。購入時に、台北駅乗車、瑞芳駅（ルイファン）下車を選択。続いて、乗車時刻や車種（自強（ジーチアン）／特急［約40分］、莒光（ジューグアン）／急行［約45分］、區間（チュージエン）／普通［約40～55分］）を選ぶ。區間以外は座席指定も可能だ。さらにお得なのは、EASY CARD（悠遊卡）を使用し、乗車する方法。切符より値段も安く、どの車種に乗っても44元（約132円）。切符購入の場合に必要な特急料金が不要のため、最大32元（約96円）安くなる。しかし、座席指定できないのと、瑞芳駅には停まらない電車もあるので注意が必要。帰りはバスを利用し基隆（ジーロン）へ向かえば、台北行きに比べ人も少ない。有名な廟口夜市のグルメも楽しめて一石二鳥。基隆から台北へは渋滞のない電車を利用しよう。

往路

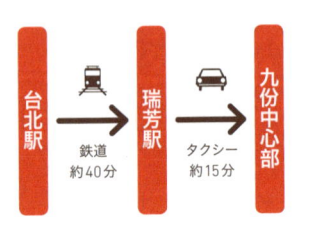

復路

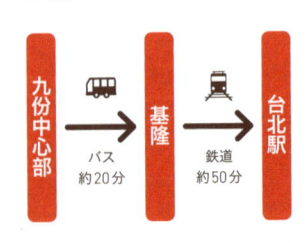

九份 お得度 ★★☆

帰りのタクシーを拾うなら
バス停付近で待ち伏せを！

ラクなタクシー利用は、注意点も忘れずに

　九份からの帰り道はバスだとかなり混雑するので、タクシーを活用する方法も覚えておこう。豎崎路の階段を下り切ったところに九份派出所があるが、その付近のバス停周辺は車の往来も多く、スペースもあってタクシーを拾いやすい。瑞芳駅までは道路の混雑具合にもよるが、所要時間10〜15分で料金は205元（約615円）。九份〜瑞芳間は政府が定める価格があるため、値段交渉も必要ない。

　また、九份老街の入口付近もタクシーが多く往来する場所。観光後にバスには乗らず、タクシーで直接台北へ帰ることも可能だ。バスのように混雑しないので体力的にラクだが、注意点も多い。まず、料金は定額を掲げる場合もあるが、交渉次第と考えよう。相場は1200元（約3600円）程度。運転が荒いなど、運転手によっては当たり外れがある。また、所要時間は台北まで約45分と長距離乗車となるので1人での乗車や、夜間は十分な注意が必要だ。

📷

LOCAL

> さらに
> 得ワザ
>
> ## 204 /310　基隆の廟口夜市で食べるべきは？
>
> 　九份帰りに立ち寄りたい基隆は海に近い港町。街なかには歴史ある廟口夜市がある。「百年呉家」の鼎辺趖55元（約165円）は基隆名物。米粉の麺、すり身団子や野菜などがスープに入っている。

九份　お得度 ★☆☆

写真映えする無料の映画館を休憩に使っちゃおう

坂道を歩き疲れたらレトロな映画館へ

　山の斜面にへばりつくように広がる町、九份。見どころは2時間ほどで攻略できるが、勾配のきつい坂道も多い。歩き回って疲れたら眺めのいい茶藝館で休みたいものだが、週末は観光客も多く、入店は30分〜1時間待ちなんてことも…。

　そんなときに利用したいのが、無料で入場できる「昇院戯院」。ここはかつて九份がにぎわっていた頃、映画館として利用されていた建物。場所は、メインストリートの「豎崎路」を下ってすぐ、茶藝館「非情城市 小上海茶飯館」(P.173) を左に曲がったところにある。2010年に修復され、現在は歴史を紹介するドキュメンタリー映像や、レトロな映画の上映を行う無料シアターとなっている。館内は、広い空間に座席が何列にも連なっていて、映画を見ながら休憩することもできる。全盛期の九份を再現した展示もあり、写真撮影もOK。レトロな雰囲気を楽しめるフォトスポットとしても人気。

📍 九份

昇平戯院
ションピンシーユエン

閉鎖されていたかつての映画館を修復し、現在は無料シアターとして開放している。レトロな雰囲気が人気。
🏠 新北市瑞芳区輕便路137号
☎ 02-2496-9926　⏰ 9:30〜17:30、
金・土曜〜20:00、日曜〜18:00　🈺 第1月曜
🚌 舊道バス停から徒歩10分

九份 ▶ MAP P.236

プチワザ**8**連発

訪問前に知っておけば損しないTIPSをまとめてチェック!

---

206 /310　　お得度 ★☆☆

雨が降ってしまったら
ライトアップ狙いで!

絶景が楽しみな九份だが、土地柄天候が変わりやすく、雨も多い。雨天だと海や山の景色は望めないので、訪問の際は必ず天気予報を確認しよう。雨が降ってしまったら、日が暮れるまでガマン。メインストリートの竪崎路のライトアップは雨天でも美しいので撮影して楽しもう。

---

207 /310　　お得度 ★☆☆

勾配が急なので
歩きやすい靴で!

九份はメインストリートが階段になっている。また、老街と呼ばれる商店街も、勾配の急な細い路地なので、観光中はかなり歩き回る。雨天時は石畳の地面がすべりやすくなるので、サンダルなどは避けたいところ。運動靴などで訪問しよう。

---

208 /310　　お得度 ★★☆

公衆トイレはハードル高し!
お店で済ませよう

九份には公衆トイレもあるが、衛生面で日本人にはハードルが高い。お手洗いは食事をした店や茶藝館ですませるのがベター。「霞海城隍廟」や「九份遊客中心(ビジターセンター)」もトイレを開放しているので、街歩き中に行きたくなったときのために覚えておこう。

---

209 /310　　お得度 ★★☆

茶藝館は日暮れ前に
入店しよう

夕方は日没の絶景を見るために、観光客が茶藝館に押し寄せる。テラス席など、眺望が約束される座席を押さえたいならば、午後早めに入店して場所取りがてらゆっくりお茶を楽しみたい。雨天でも街のライトアップが美しいので、竪崎路や街景が見える席を確保しよう。

---

210 /310　　お得度 ★☆☆

ハーブを使った
人気MITコスメの店も

九份には阿原(P.141)の支店がある。台北市内で買う時間がない人は、訪問ついでに購入する。そのほか「稲ында文化×九份限定×燦哥創意」には九份限定柄のマスキングテープもあるのでおみやげ用に要チェック。

九份　▶MAP P.236

---

211 /310　　お得度 ★★★

民宿に宿泊すれば
朝景・夕景を楽しめる

台北から日帰りも楽しいが、1泊すれば早朝の人が少ない時間に絶景を独り占めできる。「九份喜來園景觀民宿」のように部屋から美しい景色を眺められる民宿もある。ぜひ一度試してみよう。

九份　▶MAP P.236

---

212 /310　　お得度 ★☆☆

ウッドサンダルを
セミオーダーできる!

九份の隠れた名物がウッドサンダル。好きな柄の鼻緒や台を選べるセミオーダーができるお店も多い。「九份木屐手創館」なら老街から近く便利。下駄一足1800元(約5400円)ほか。既製品の取り扱いもあるので、おみやげにぜひ。

九份　▶MAP P.236

---

213 /310　　お得度 ★☆☆

映画で予習すれば
街歩きを2倍楽しめる!

九份を舞台にした映画『悲情城市』は1989年にヴェネツィア国際映画祭金獅子賞を受賞。街がロケ地になっているので訪問前に観ておくと、街歩きがより楽しい! 竪崎路にある茶藝館「悲情城市 小上海茶藝館」(P.173)も「黄金酒家」という名前で登場する。

平溪線 お得度 ★★☆

これぞ"猫村"みやげ！
猫形の P（パイナップル）ケーキが激カワ！

かわいくておいしい、この町ならではのPケーキ

　台北から列車で約50分、ローカル鉄道・平溪線（ピンシーシェン）が走る緑豊かな渓谷地帯にある侯硐（ホウドン）。ここは100匹以上の猫がのびのびと暮らす"猫の村"と呼ばれるエリア。猫カフェのようにお金を払わなくても、たくさんの猫と無料で触れ合える、猫好きにとってパラダイスのような場所だ。そんな侯硐には、台北では手に入らないとっておきのおみやげがある。それは、「艾妮西點烘焙」の猫形パイナップルケーキ。チョコチップやゴマで目が描かれ、食べるのがもったいないほどのかわいさ。値段は6個セットで180元（約540円）とお手頃で、誰にあげても喜ばれること間違いなし！

- - - - - - - - - - - - - - - -

📍 **侯硐**

艾妮西點烘焙
アイニーシーディエンホンペイ

侯硐駅の近くにある店で、猫をモチーフにしたお菓子を販売。パイナップルケーキ作りの見学もできる。

⌂ 新北市瑞芳区柴寮路38号　☎ 02-2497-9898
🕘 9：30〜19：30　㉺ 無休
🚇 台鉄侯硐駅から徒歩1分
日本語×

平溪線 ▶ MAP P.224 C-3

1 肉球クッキー30元（約90円）　2 竹炭入りパイナップルケーキ30元（約90円）　3 アイシングクッキー30元（約90円）

得ワザ

215 / 310

`平溪線` お得度 ★★☆

旧正月じゃなくても ランタンがあげられる！

天燈で天の神様にお願いを

旧暦1月15日に行われるランタン祭りは年に1度だけだが、十分には一年中ランタンを飛ばせるスポットが。天燈1色150元（約450円）〜。

📍 **十分**

幸福天燈
シンフーティエンドン

平溪線の十分駅近くにあるランタン上げの店。
🏠新北市平溪区十分街76号
☎0921-885-575　🕙10:30〜20:00　㊡無休
🚉台鉄十分駅から徒歩2分　[日本語△]

`平溪線` ▶MAP P.224 C-3

＜天燈のあげ方＞

1 十分駅の吊り橋近くにある幸福天燈へ。片言の日本語が通じる

2 「黄色は金運」など、願いの内容で色を選ぶ。1色と4色がある

3 スタッフが火をつけるのでランタンが飛ばないよう押さえる

4 合図で手を放すとランタンが空に舞い上がり、神様のもとへ

---

216 / 310

`平溪線` お得度 ★★☆

雨の日が狙い目！ 猫さわり放題♪

雨天でも出かける価値あり！

人気の猫村・侯硐へ行くなら、祝祭日と週末をはずそう。人が多いとのびのびと過ごす猫の姿は見られない。おすすめは雨の日。訪れる人がまばらなうえ、猫が屋根の下に集まり見つけやすい。なお、侯硐駅前の観光案内所で無料で荷物を預かってもらえる。

さわってニャ〜ン

217 / 310

`平溪線` お得度 ★★☆

平溪線の1日券は 目的に合わせ購入を

5回以上乗車するなら1日券を

侯硐や十分、菁桐など見どころの多い平溪線沿線。各駅に訪れるなら、乗車ごとにチケットを買わず、乗り降りし放題の「平溪線1日PASS」を購入しよう。値段は80元（約240円）。侯硐、十分、菁桐など主要スポットのみ訪問予定の人は1回15元（約45円）〜の乗車券を毎回買うほうが安上がりの場合もある。目的別に購入を。

LOCAL

185

218 /310

淡水 お得度 ★★☆

淡水のカフェは
おしゃれ＆景色も最高！
(ダンシュイ)

静かなカフェから淡水河の風景を眺められる

　水辺の景色の美しさで知られる台北近郊の町・淡水。水辺の眺望を満喫するには、カフェをうまく利用するのがコツ。ドーナツ形ワッフルが人気の「Ancre Café」には大きな窓があり、店内のどの席からも淡水河が眺められる。テラス席ならさらに水辺に近く、海風に吹かれながらのんびり過ごせる。

📍 **淡水**

Ancre Café
アンクレ カフェ

淡水老街にあるスイーツと軽食の店。店内は木造船を思わせる造りで、レトロ感あふれるインテリアもいい。
🏠新北市淡水区中正路233-3号 2F
☎02-2626-0336　🕚11:00〜21:00　㊏不定休
🚇MRT淡水駅から徒歩15分
[日本語△] [日本語メニュー○]
[淡水] ▶MAP P.236

✏MENU
甜甜圈鬆餅（ドーナツ形ワッフル）
150元（41個　約450円）

さらに
得ワザ

219 /310　　駅前のマックも眺望よし！

　MRT淡水駅前にあるマクドナルドは、知る人ぞ知る隠れたビューポイント。2階に屋根付きの開放的なテラス席があり、涼しい日陰に座りながら目の前に広がる淡水河の景色を眺められる。

220 / 310

淡水 お得度 ★★☆

夕日を眺めるなら
漁人碼頭から!
ュィレンマートウ

沈む太陽と橋が作り出す絶景

夕日の名所として知られる淡水で、とびきりロマンチックな日没を見たければ漁人碼頭へ。付近には美しい曲線の情人橋が。夕暮れ時はカップルでにぎわうので、日没時間の30分前には到着して場所取りを。辺りをオレンジ色に染めて沈む夕日は息をのむ美しさだ。ここからは対岸などに船が出ており、船上から夕日を眺めるのもおすすめ。日没後は橋のライトアップを見逃さないように。

📍 淡水

漁人碼頭
ュィレンマートウ

MRT淡水駅から4kmの、淡水河口にある港。
🏠新北市淡水区観海路135号
🚕MRT淡水駅からタクシーで10分

淡水 ▶ MAP P.236

📷 LOCAL

221 / 310

淡水 お得度 ★★☆

街並みを満喫するなら
淡水こそレンタサイクル

手頃で便利な淡水の足

淡水周辺はサイクリングコースが整備され、台北より走りやすい。レンタルは1時間15元(約45円)〜!

📍 淡水

新北市河濱公園自行車租借淡水站
シンベイシーホービンゴンユエン ズーシンチョーズージエダンシュイジャン

MRT淡水駅前にあるレンタサイクルショップ。
🏠MRT淡水駅後方広場 ☎02-8978-5108
🕐11〜3月8:00〜18:00(土・日曜〜19:00)、4〜10月8:00〜19:00(土・日曜〜20:00)
🈺無休 🚇MRT淡水駅から徒歩2分 日本語△

淡水 ▶ MAP P.236

＜自転車の借り方＞

1 スタッフにパスポートを渡し、借用書に名前と電話番号などを記入

2 自転車は全部で14種類もあるので好みの車種がきっと見つかる

3 選んだ自転車を出口まで自分で運び、借用書をスタッフに渡す

4 車体のバーコードを読み取ってもらえば手続き完了。さあ出発!

222 / 310

紗帽山・北投　お得度 ★★☆

食事をすれば
入浴料が無料に！

紗帽山の食事は温泉で

　紗帽山温泉郷は台北駅からMRTで16分、そこからタクシーやバスに乗り換えて10〜20分の場所にある温泉地。ここにあるレストラン併設の温泉施設は、食事をすると入浴料が無料になる所が多い。まず入浴料を払って温泉に入り、その後レストランで入浴チケットを見せて食事をすると、食べた料金から入浴料が差し引かれるシステム。

　また、有名温泉地の北投にも、食事をすると足湯が無料になる温泉がある。

📍 **北投**

川湯温泉養生料理
チュワンタンウェンチュエンヤンションリアオリー

源泉掛け流し。風呂は和風だが料理は台湾式。
🏠北投区行義路300巷10号　☎02-2874-7979
🕐温泉24時間（10〜4月6:00〜翌3:00）、レストラン11:00〜翌5:30（10〜4月12:00〜翌0:00）　🈷旧正月前の4日間　🚇MRT石牌駅からタクシーで10分　[日本語×]
台北広域 ▶MAP P.225 E-1

📍 **北投**

少師禅園
シャオシーチャンユエン

料理が評判の老舗。食事をすると足湯が無料に。
🏠幽雅路34号　☎02-2893-5336　🕐温泉11:00〜21:00、土・日曜11:00〜22:00（4〜9月）、11:00〜23:00（10〜3月）　食事12:00〜14:30、18:00〜21:30　🈷無休
🚇MRT新北投駅からタクシーで5分　[日本語×]
北投 ▶MAP P.236

---

223 / 310

烏來　お得度 ★★☆

温泉の街・烏來に
無料の露天風呂が!!

野趣あふれる温泉に0元で入る

　烏來温泉は清流流れる山中にある台北の奥座敷。温泉リゾートというと何だか高そうなイメージだが、実は無料で入れる温泉もある。その名は「烏來露天公共浴池」。南勢渓のほとりにある公衆浴場で、目の前を川が流れ、その向こうにに緑の山が配されたすばらしいロケーション。更衣室があるので水着に着替えて入ろう。いくつもの湯船があるので好みの湯かげんのものを探して入浴を。

📍 **烏來**

烏來露天公共浴池
ウーライルーティエンゴンゴンユィチー

地元の人々に愛される川辺の公衆浴場。
🏠新北市烏來区烏來里南勢渓畔
☎02-2661-6355（烏來風景特定区遊客中心）
🕐24時間　🈷無休　💰無料　🚌新店客運バス「烏來」バス停から徒歩20分。バス下車後、烏來老街を通り覧勝大橋を渡ってから河原に下る小道を進む
[日本語×]
烏來 ▶MAP P.236

224／310

猫空 お得度 ★★☆

お茶の郷・猫空は
青空茶藝館がイチオシ
マオコン

隠れ家的茶藝館で茶葉料理を

　台北の南郊外にある猫空は、一面に茶畑が広がる鉄観音茶の郷。一帯には茶藝館が多く、なかでもイチオシなのが邀月茶坊だ。人もまばらな山中にあり、茶畑や竹林など広い敷地の各所に席が設けられていて、市内では味わえない静けさが魅力。しかも、まさかの24時間営業！　予算も1人200元（約600円）前後と、市内よりリーズナブル。食事には猫空ならではの茶葉料理がおすすめ。

＜猫空名物　お茶料理！＞

皮と餡に茶葉を練り込んだ小籠包。お茶の風味が生きる。100元（約300円）

シダ科植物の山菜である山蘇を茶葉と共に炒めた料理 240元（約720円）

📍 猫空

邀月茶坊
ヤオユエチャーファン

美しい自然を愛でつつお茶を楽しめる茶藝館。
🏠指南路三段40巷6号　☎02-2939-2025
🕐24時間　㊡無休　🚋ロープウェイ猫空駅から徒歩20分　 日本語△ 日本語メニュー○
猫空 ▶MAP P.236

225／310

猫空 お得度 ★★☆

お茶の郷に
意外なパワスポが！

祭改で身も心もスッキリ！

　猫空ロープウェイの途中駅にある台湾道教の総本山。「祭改」という独特の運気変えの儀式をしてもらえる。お礼の額は任意で。

📍 猫空

指南宮
ジーナンゴン

山中の壮麗な道教寺院。敷地からの眺めは絶景。
🏠萬壽路115号　☎02-2939-9922
🕐4:00〜20:30　㊡無休　㊨無料
🚋ロープウェイ指南宮駅から徒歩3分　 日本語△
猫空 ▶MAP P.236

226／310

猫空 お得度 ★★☆

ロープウェイは床が
透明のキャビンを狙う！

限定キャビンで空中散歩気分

　動物園駅と猫空駅を結ぶロープウェイ「猫空纜車」には、通常のゴンドラと床が透明のクリスタルキャビンがある。後者は眼下の眺望を楽しめるが4台に1台のみの限定。専用の列で待機を。週末など混雑時はキャビンを選べない場合もあるのでオンライン予約（www.gondola.taipei）が安心。

猫空 ▶MAP P.236

227/310

台中 お得度 ★★☆

春水堂の創始店で
限定メニューを食べる！

台中限定の小吃がある！

　タピオカミルクティー発祥の店としても有名な春水堂は、1983年に台中で創業。台中には創始店があり、他店では味わえない限定メニューも提供している。どれもオープン当初にあったメニューを復活させたもので、ラインナップは、干し豆腐の炒め物70元（約210円）、水餃子60元（約180円）、鉄観音茶で煮たゆで卵18元（約54円）の3品。タピオカミルクティーとの相性も抜群だ。

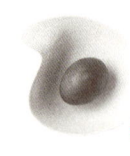

1

2

3

創業当時の味を再現した、甘くないお茶うけ

📍 台中

春水堂 創始店
チュンシュイタン チュアンシーディエン

台湾で44店舗を展開する国民的人気のお茶カフェ。
🏠西区四維街30号 ☎04-2229-7991
🕐8:00〜22:00 休無休 交台鉄台中駅からタクシーで10分 [日本語×] [日本語メニュー○]
台湾全図 ▶ MAP P.224 B-2

228/310

台中 お得度 ★★☆

台北とはひと味違う!?
大型リノベを満喫

スイーツ店やカフェが大集結！

　台中のリノベスポットは規模とデザイン性の高さが格別。その代表格が、過去に眼科だった建物を利用した「宮原眼科」。もともと中華菓子店で、手作りパイナップルケーキ380元（15個／約1140円）も絶品。築100年以上になる旧市庁舎を改築した「CAFÉ 1911 台中市役所」も必見。どちらの店もスタッフの制服までコンセプトを統一しており、まるでテーマパークにいるような気分になれる。

📍 台中

CAFÉ 1911 台中市役所
カフェ 1911 タイジョンシーイースオ

1911年建造の市庁舎をムードあるカフェにリノベ。
🏠西区民権路97号 ☎04-3507-7357
🕐11:00〜21:00 休無休 交台鉄台中駅から徒歩10分 [日本語×] [日本語メニュー×]
台湾全図 ▶ MAP P.224 B-2

宮原眼科
ゴンユエンイエンコー

スイーツ店らしからぬ品格たっぷりのレトロビル。
🏠中区中山路20号 ☎04-2227-1927
🕐10:00〜22:00 休無休 交台鉄台中駅から徒歩2分 [日本語○] [日本語メニュー○]
台湾全図 ▶ MAP P.224 B-2

緑光計畫 Fantasy Story
リューグアンジーホア ファンタジー ストーリー

水道会社の寮をアート＆カルチャーの発信地に。
🏠西区中興一巷2〜26号 ☎なし 🕐10:00〜20:00頃（店舗により異なる）
休無休 交台鉄台中駅からタクシーで17分
[日本語△]
台湾全図 ▶ MAP P.224 B-2

229 / 310

高雄 お得度 ★★☆

ガオション

高雄にはアジア1
美しい駅がある！

駅というより芸術作品！

高雄の美麗島駅は、4500枚のステンドグラスを使った光のドームで名高い駅。毎日11時、15時、20時に光のショーも開催。見学無料。

📍 高雄

美麗島站光之穹頂

メイリーダオジャンアンジーチョンディン

2014年、米国の旅行雑誌のランキングでアジア一美しい駅に輝いた。直径30mの光のドームは世界最大のステンドグラスアート。
🏠新興区中山一路115号 MRT 美麗島駅構内
🚇MRT 美麗島駅構内

台湾全図 ▶MAP P.224 A-3

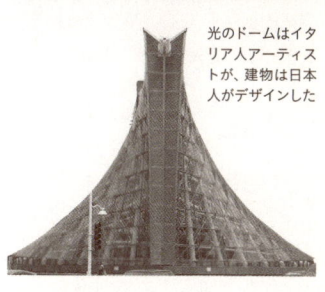

光のドームはイタリア人アーティストが、建物は日本人がデザインした

230 / 310

高雄 お得度 ★★☆

高雄発祥パパイヤミルクは
夜市で味わう！

美容と健康にも効果あり

実はパパイヤミルクは高雄発祥。専門のスタンドやチェーンも多いが、飲むべきは六合夜市の「鄭老牌」。1杯500ccで、お値段50元（約150円）！

📍 高雄

鄭老牌

ジョンラオパイ

夜市の有名屋台。パパイヤミルクは甘さ控えめ。
🏠新興区六合二路1号 ☎なし ⏰16:00頃～翌4:00頃 ⏰無休 🚇MRT 美麗島駅から徒歩3分 日本語× 日本語メニュー×

台湾全図 ▶MAP P.224 A-3

231 / 310

高雄 お得度 ★★☆

高雄最高クオリティの
カラスミをゲット

上質なカラスミを安く買える

高雄にはその場で焼いて試食させてくれる店が並ぶカラスミストリートがある。店によっては台北より3～4割も安く購入できることも！

📍 高雄

好味珍烏魚子専業

ハオウェイジェンウーユィズージュアンイエ

カラスミは180gで750元（約2250円）程度。
🏠塩埕区七賢三路119号 ☎07-551-5805
⏰9:30～21:30 ⏰無休
🚇MRT 塩埕埔駅から徒歩5分 日本語×

台湾全図 ▶MAP P.224 A-3

LOCAL

232/310

台南 お得度 ★★☆

台北では食べられない！極上のマンゴーを味わう

旬のフルーツたっぷりのかき氷

マンゴーの主要産地に近い台南では、台北よりかき氷が安く食べられる。新鮮な愛文マンゴーがてんこ盛りで200元（約600円）。4～9月のみ。

台南

裕成水果店
ユィチョンシュイグオディエン

質のいい果物を使ったかき氷やジュースが人気。
民生路一段122号 ☎06-229-6196
営12:00～翌2:00 休無休 交台鉄台南駅から徒歩15分 日本語× 日本語メニュー×
台湾全図 ▶MAP P.224 A-3

233/310

台南 お得度 ★★☆

縁結び効果大！月下老人を訪れる

霊験あらたかな恋のパワスポ

台南の大天后宮にいる月下老人は、縁結びに絶大なご利益ありで、その実力は台湾一とも噂される評判の神様。参拝すれば願いが叶うかも!?

台南

大天后宮
ダーティエンホウゴン

17世紀創建の由緒ある寺廟。女神媽祖を祀る。
永福路二段227巷18号 ☎06-221-1178
営7:00～20:30 休無休 料無料
交台鉄台南駅から徒歩17分 日本語×
台湾全図 ▶MAP P.224 A-3

234/310

台南 お得度 ★★☆

レトロな林百貨はライトアップもキレイ！

台南の街歩きは夜も楽しい

林百貨は話題の台湾雑貨店が多数入ったデパート。昼もいいが、夜はレトロなビルが美しくライトアップされ、絶好の撮影スポットに。

台南

林百貨
リンバイホオ

2014年文化発信地に生まれ変わった日系デパート。
忠義路二段63号 ☎06-221-3000
営11:00～22:00 休無休
交台鉄台南駅から徒歩15分 日本語×
台湾全図 ▶MAP P.224 A-3

235/310

花蓮 お得度 ★★☆

市場のアミ族ダンスは無料で見ごたえアリ！

アミ族文化に気軽に触れられる

大理石の産地・花蓮は原住民のアミ族が多く住むことでも知られる町。石藝大街では毎晩無料でアミ族のダンスショーが行われている！

花蓮

石藝大街
シーイーダージエ

石の工芸品を売る小さな店が並ぶストリート。
花蓮市廣東街326号
☎03-835-3730 営19:30～20:00 休無休
交台鉄花蓮駅からタクシーで10分
台湾全図 ▶MAP P.224 C-2

得ワザ

STAY

物価に比べてホテルの宿泊料は
リーズナブルさに欠ける台湾。
宿泊先は"＋α"の体験ができる
とっておきの宿を選びつつ、
予約時の割引術でお代は少しでも安く！

全11ワザ

236 / 310

ホテル　お得度 ★★☆

台北101が見える
ホテルに泊まる！

年越しの花火も見よう！

　台北101周辺には、バー、レストラン、屋上プールなどを完備した高級ホテルが点在。しかも、窓から台北101が見えるホテルが何軒も集まっている。予約時にはビュー付きの部屋をリクエストするのを忘れずに！　毎年、年越しに開催される台北101のカウントダウン花火に合わせて宿泊すれば、部屋から花火を見ることもできる。ただし、年末年始は宿泊客が殺到するので、できるだけ早く予約を。

📍 台北101周辺
ハンブルハウス台北
寒舎艾麗酒店

🏠 松高路18号　☎02-6631-8000　Ⓜ MRT市政府駅から徒歩5分　ⓘ 15:00　ⓞⓊⓣ 12:00　🛏235　💴1万2000元〜（サービス料・税金別途）　日本語○

台北101周辺　▶ MAP P.233 F-2

---

237 / 310

ホテル　お得度 ★★☆

初めての台湾なら
中山駅周辺を！
（ジョンシャン）

アクセス良好で旅しやすい

　中山駅は台湾のメインターミナル台北駅からひと駅。MRT路線も、淡水信義線、松山新店線が2本乗り入れており、どこに行くにもアクセスしやすいのが魅力。メイン通りにはデパートが立ち並び、シャンプー体験ができるヘアサロンや有名グルメ店が集結。価格帯に関係なく、日本語対応の店も多いので、台湾が初めての観光客には安心だ。日系ホテルも集まっているので予算に合わせて選択を。

📍 雙連
グロリアプリンスホテル台北
華泰王子大飯店

🏠 林森北路369号　☎02-2581-8111　Ⓜ MRT雙連駅から徒歩8分　ⓘ 15:00　ⓞⓊⓣ 12:00　🛏220　💴6000元〜（サービス料・税金別途）　日本語○

中山駅周辺　▶ MAP P.229 E-2

得ワザ

238 / 310

`ホテル` お得度 ★★☆

立地もよくおしゃれ！amba系列が便利

ウェブの早割で10%オフ！

「amba」は台北でシェアを拡大中のデザイナーズホテル。人気のエリア西門町、中山駅周辺、松山に展開し、最寄り駅からのアクセスのよさもうれしい。予約は公式ウェブサイト（www.amba-hotels.com/jp）が最安なので、そこから予約を。21日前までに予約すれば、朝食付きプランが日〜木曜が10%割引き、金・土曜は5%割引きに。連泊割引きやツアープランもあるので、サイトを要確認！

📍 **西門町**

amba 台北 西門町
台北西門町意舎酒店

🏠 武昌街二段77号 5F　☎02-2375-5111
🚇 MRT西門駅から徒歩5分　`IN` 15:00
`OUT` 12:00　🛏160　💴スマートルーム（ダブル）2700元〜（サービス料・税金別途）　`日本語○`

`西門町` ▶MAP P.230 B-1

📍 **中山駅周辺**

amba 台北 中山
台北中山意舎酒店

🏠 中山北路二段57-1号　☎02-2565-2828
🚇 MRT中山駅から徒歩7分　`IN` 15:00
`OUT` 12:00　🛏90　💴スマートルーム 3500元〜（サービス料・税金別途）　`日本語○`

`中山駅周辺` ▶MAP P.229 D-2

📍 **松山**

amba 台北 松山
台北松山意舎酒店

🏠 市民大道七段8号　☎02-2653-2828
🚇 MRT松山駅から徒歩1分　`IN` 15:00
`OUT` 12:00　🛏189　💴スマートルーム（ダブル）3581元〜（サービス料・税金別途）
`日本語○`

`台北広域` ▶MAP P.225 F-2

239 / 310

`ホテル` お得度 ★★☆

おしゃれな富錦街で暮らすようにステイ

（フージンジエ）

住民気分で滞在できる

台北きってのおしゃれタウン「富錦街」。宿が少なかったこのエリアに待望のB&Bが登場。それが緑あふれる住宅街にある、古いマンションの2階を改築した「富錦街這裡 Tree Street」だ。部屋は、大きな窓から街路樹の緑が見えるツリールーム（シングルベッド2台＋ソファベッド1台）と、本をインテリアにちりばめたブックルーム（ダブルベッド1台）の2タイプ。松山空港が徒歩圏内なのもうれしい！

📍 **富錦街**

富錦街這裡 Tree Street
フージンジエジョーリー ツリーストリート

🏠 富錦街405号2F　☎02-2763-3802
🚇 MRT松山機場駅から徒歩5分　`IN`
15:00　`OUT` 12:00　🛏2　💴ツリールーム2400元、ブックルーム2000元（サービス料・税金別途）　`日本語×`

`台北中心部` ▶MAP P.227 E-1

STAY

195

240/310

ホテル お得度 ★☆☆

夢のデザインホテル！ 「誠品」に泊まる

アジア一の書店がホテルに

　台湾の観光スポットとしてはずせない「誠品」は、香港などにも支店を持つアジア最大級の書店。その世界観を取り入れたホテルが、台北に誕生。しかも、誠品一の規模を誇る「誠品生活 松菸店」直結なので、最新ショッピングスポット＆グルメが目と鼻の先！　日本からは公式サイトや楽天トラベル経由でオンライン予約が可能。特に後者はキャンペーン価格もあるので予約時にチェックしたい。

📍 **台北101周辺**
エスリテホテル
誠品行旅

「誠品書店」の誠品グループが手掛けるホテル。壁一面に本が並ぶロビーも話題。🏠菸廠路98号　☎02-6626-2888　⊗MRT國父紀念館駅から徒歩10分　IN 15:00　OUT 12:00　🛏104　🏷シングルルーム1万6000元〜（サービス料・税金別途）日本語○

台北101周辺 ▶MAP P.233 E-1

241/310

ホテル お得度 ★☆☆

ホテルもリノベ！ 1920年代の邸宅にステイ

歴史を感じる滞在を満喫！

　台湾は、古い建物を改築し再利用するリノベーションがブーム。観光スポットだけでなく、近年はリノベホテルも続々誕生。クラシカルさと新しさの混じった雰囲気が楽しめる。なかでも台湾のパイナップル王といわれた人物の邸宅をリノベーションした「台北シティホテル」は赤レンガづくりの外観が印象的。台北最古の問屋街・迪化街からも徒歩5分、1〜2階には「スターバックス保安門市」（P.84）も入店。

📍 **迪化街**
台北シティホテル
台北城大飯店

🏠重慶北路二段172号　☎02-2553-3919　⊗MRT大橋頭駅から徒歩5分　IN 15:00　OUT 12:00　🛏173　🏷スーペリアシングル6000元〜（サービス料・税金別途）日本語○

迪化街 ▶MAP P.228 B-1

242 / 310

ホテル　お得度 ★★★

日系なら日本語OK、ポイントもたまる

言葉の心配も不要

　日系のホテルは日本語が通じるスタッフが常在しているのが大きな魅力。また、ホテルの会員ポイントや特典が国内と同様に使えることも多い。例えば、「ホテルサンルート台北」なら、宿泊するとサンルートクラブのポイントが25元（約75円）ごとに1ポイント加算される。そのほか、平日の室料が割引になるなど、随時特典内容が変わるのでウェブサイト（www.sunroute.jp）を確認しよう。

📍 中山國小
ホテルサンルート台北
燦路都飯店

🏠 民權東路一段9号　☎02-2597-3610
Ⓧ MRT中山國小駅から徒歩3分
IN 14:00　OUT 12:00　🛏125
㋰ シングルルーム3200元〜（サービス料・税金別途）　日本語○
中山駅周辺　▶MAP P.229 D-1

243 / 310

ホテル　お得度 ★☆☆

ゲストハウスなら情報収集もできる！

おひとり様でも安心！

　ゲストハウスはホテルより格安で泊まれるのがポイントだが、それ以外の魅力も盛りだくさん。特に台湾は日本文化に興味のある若年層がオーナーというケースが多く、おしゃれなスポットやトレンドを教えてもらえる場合も！　ガイドブックには載っていない生の声を聞くことができる。また、ゲストハウス主催のツアーや、宿泊者同士で夕飯を一緒に食べる機会もあるなど、おひとり様も楽しく過ごせる。

244 / 310

ホテル　お得度 ★★☆

エアコンは強め！部屋着対策で快適に

夏場も羽織るものは持参

　日本では当たり前にある浴衣などのルームウエアも、台湾では用意がないのが一般的。パジャマは持参しよう。また、エアコンが強めに設定されており、夏でも室内がかなり冷える。パジャマは長袖長ズボンが無難。パーカーなど羽織るものも、必ず1枚持って行きたい。なお、冬は冷えるが暖房器具がない施設が多いので、冬の旅行時はそれを見越して厚手の部屋着を用意するのがおすすめ。

STAY

245 / 310

`ホテル` お得度 ★★☆

Airbnbを使えば
好立地&リーズナブル！

お得に民泊体験

　台湾は各地に Airbnb（エアビーアンドビー）のオーナーが存在し、宿泊先は<mark>アパートタイプからゲストハウスまで幅広い選択肢がある。</mark>例えば、台北101周辺など、ホテル泊だと1泊3万円はくだらない高級エリアでも、<mark>Airbnbのアパートタイプを利用すれば2名1室1泊8000円前後で泊まれる場合も。</mark>4人以上のグループ旅行の際も、<mark>低予算で全員同じ部屋に宿泊できるので、サイトをチェックしよう。</mark>

Airbnb
URL www.airbnb.jp

「暮らすように旅しよう」をコンセプトに、世界中の人たちと部屋を貸し借りできるサービスを提供するウェブサイト。世界191カ国3万4000以上の都市に200万件以上の登録物件があり、個人宅の部屋や一軒家、お城などに民泊できる。

---

246 / 310

`ホテル` お得度 ★★☆

予約サイトと公式HP
を比較する

最安値で旅行しよう！

　各予約サイトはホテルの公式サイトにはない特別割引セールがあったり、<mark>楽天などのようにお買い物ポイントが貯まるなど、</mark>独自の特典やキャンペーンがある。例えば、エクスペディアは、<mark>ほかの予約サイトより宿泊料金が高かった場合、差額の2倍の金額を返金する最低価格保証サービスも用意（返金は上限2万円まで）。</mark><mark>アプリ限定の割引や、直前割などもあるので、選ぶ際は徹底的に比較検討を。</mark>

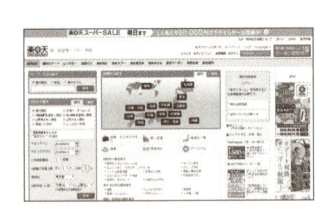

エクスペディア
URL www.expedia.co.jp

Booking.com
URL www.booking.com

楽天
URL travel.rakuten.co.jp

Agoda
URL www.agoda.com

得ワザ

OTHER

得だらけのモデルコースや
出入国、市内の移動のお得な情報まで。
お得＋時短の技が満載！
簡単にできる技を使って
旅をより一層充実したものにしよう。

全64ワザ

得ワザモデルコース①

ザ・定番 お楽しみコース

台北の定番を楽しむためのプチ技を
盛り込んだコース。シャンプー、
小籠包に、台湾限定の火鍋まで！
定番グルメ＆スポットを満喫しよう。

10:00

まずはシャンプーで すっきり！

座ったまま楽しむ台湾式の
シャンプーを体験。観光前
にすっきり！ サラサラの
髪で街へ出かけよう。

▼
▼

12:00

小籠包ランチ

台湾といえば小籠包。現地
で人気の名店で思いきり楽
しもう！

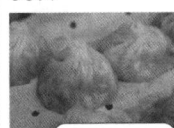

→下段をチェック

▼
▼

14:00

雑貨のおみやげを

中山駅周辺は雑貨店が集ま
るショッピングスポット。
ここで雑貨をまとめ買い！

得ワザ

247 /310

日本人オーナーだから 安心のクオリティ！

台湾のサロンはサービスが日本と違ってカルチャー
ショックを受けることもあるが、日本人経営の「ansle
ep」なら安心！ 予約も日本語でOK。

→下段をチェック

得ワザ

248 /310

日本の半額で食べられて、 平日は24時間営業！

「京鼎樓」は東京、横浜、千葉などに支店を持つ、「鼎泰
豐」(P.14)に次ぐ有名店。本場で食べれば10個190
元（約570円）と日本のおよそ半額で食べられる！

得ワザ

249 /310

「台湾好,店」は、 3階が無料の休憩所！

雑貨や原住民のアイテム
を扱う。3階は旅行者向け
に休憩スペースとして無
料開放。日本へ無料で手
紙が送れるサービスも。

→P.201をチェック

SHOP LIST

📍 中山駅周辺

ansleep
アンスリープ

🏠雙城街13巷16-3号 ☎02-2592-5567
🕒10:00〜20:00、日曜〜18:00
🈲木曜、隔週水曜
🚇MRT中山國小駅から徒歩3分
日本語○ 日本語メニュー○
中山駅周辺 ▶ MAP P.229 E-1

📍 中山駅周辺

京鼎樓
ジンディンロウ

🏠長春路47号 ☎02-2523-6639
🕒11:00〜14:30、17:00〜翌0:00、日・月曜
11:00〜14:30、17:00〜22:00 🈲無休
🚇MRT中山駅から徒歩10分
日本語△ 日本語メニュー○
中山駅周辺 ▶ MAP P.229 E-2

15:00

恋のお願いをしに
迪化街へ

中山駅周辺から徒歩約15分の迪化街へ移動。問屋街で買い物しつつ、台北きっての恋愛パワースポットへ。

▼
▼

17:00

日が暮れる前に
士林夜市へGO！

台北最大級の夜市を散策。ピークを迎える19時前にサクッと訪問しておこう。

▼
▼

19:00

ディナーは
酢っぱい火鍋!?

夜市から市内中心部へ戻り、発酵した白菜のスープで肉などの具材を煮込む「酸菜白肉火鍋」を体験！

▼
▼

21:00

デザートにマンゴー
かき氷を！

3時のおやつはあえてスキップ。夕食後に深夜までオープンの店でかき氷を。

得ワザ

250 /310

台北霞海城隍廟で
開運茶と恋守りゲット

参拝セットを購入すると恋のお守りとお茶がもらえる。バレンタインなどに訪問すればご利益UP。

→下段をチェック

得ワザ

251 /310

士林夜市は洋服や
雑貨の店も充実

グルメ屋台が並ぶ、屋内の「士林市場」は昼から営業している。混雑前に軽く腹ごしらえをし、買い物メインで楽しむのもアリ。

→P.90をチェック

得ワザ

252 /310

日本ではレアな
酸っぱい火鍋をチェック

中国東北地方にルーツを持つ「長白小館」の鍋。2人なら小サイズ980元（約2940円）で十分！

→下段をチェック

得ワザ

253 /310

名店は夜も営業！
昼より並ばず入れる

台北の「ICE MONSTER」は23時半閉店と夜遅くまで営業している。日中よりも行列せず入れる確率が高いので、21～22時台を狙って訪問しよう。

→P.60をチェック

-------------------- SHOP LIST --------------------

📍 中山駅周辺

台湾好, 店
タイワンハオ ディエン

🏠南京西路25巷18-2号 ☎02- 2558-2616 ⊗12：00～21：00 ㊡月曜 ⊗MRT中山駅から徒歩2分
日本語△
中山駅周辺 ▶ MAP P.229 D-2

📍 迪化街

台北霞海城隍廟
タイペイシャハイチョンホアミアオ

🏠迪化街一段61号 ☎02- 25 58-0346 ⊗6：16～19：47 ㊡無休 ⊗MRT北門駅から徒歩10分
日本語×
迪化街 ▶ MAP P.228 A-2

📍 東區

長白小館
チャンバイシャオグアン

🏠光復南路240巷53号 ☎02- 2751-3525 ⊗11：30～14：00, 17：00～21：00 ㊡月曜 ⊗MRT國父紀念館駅から徒歩3分
日本語× 日本語メニュー○
東區 ▶ MAP P.235 E-2

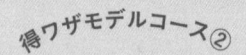

カルチャー満喫 最旬スポットルート

定番グルメはもちろん、台北最古の問屋街や台北101周辺など、新旧カルチャーを感じられるスポットへ。仕上げは夜景で最高の思い出を！

8:00

朝食は魯肉飯

白米に煮込んだ豚そぼろをかけた魯肉飯。台湾人のソウルフードを味わおう。

▼
▼

得ワザ 254 / 310

ローカルに人気の店で ワンコイン朝ごはん

朝食というと豆乳がメジャーだが、魯肉飯店も早朝から営業する。「金峰魯肉飯」は大サイズでも50元（約150円）。汁物を付けても500円以内に収められる。

→下段をチェック

11:30

中山駅周辺で ショッピング

雑貨店が集まる中山駅周辺で特にセンスのよい一軒へ。

▼
▼

得ワザ 255 / 310

ショッピングついでに オフィスものぞける！

紙雑貨をデザインする「MIIN GIFT」はアトリエの一角を店舗として開放。デザイナーの仕事場ものぞけるなんて貴重！

→下段をチェック

13:00

おしゃれスーパーで 火鍋ランチ!?

台北駅周辺のオーガニックスーパーが手掛けるこだわりの火鍋レストランへ。

得ワザ 256 / 310

オーガニックスーパーの 地下で火鍋を食べる

台湾産の有機農野菜などを扱うスーパー「天和鮮物」の地下には、店の食材を使用した穴場の火鍋店「海道食堂」が！　天和主題鍋600元（約1800円）。

→下段をチェック

SHOP LIST

📍 **中正紀念堂**
金峰魯肉飯
ジンフォンルーロウファン

🏠 羅斯福路一段10-1号
☎ 02-2396-0808　⏰ 8:00～翌0:00　❌無休　🚇MRT中正紀念堂駅から徒歩7分

日本語△ | 日本語メニュー○
中山駅周辺 ▶ MAP P.231 E-3

📍 **中山駅周辺**
MIIN GIFT
ミーン ギフト

🏠 中山北路二段26巷12-1号 3F
☎ 02-2521-2785　⏰ 10:00～18:00　❌土・日曜　🚇MRT中山駅から徒歩4分

日本語×
中山駅周辺 ▶ MAP P.229 D-2

📍 **台北駅周辺**
天和鮮物
ティエンホーシエンウー

🏠 北平東路30号
☎ 02-2351-6268　⏰ 10:00～21:00　❌無休　🚇MRT善導寺駅から徒歩3分

日本語×
中山駅周辺 ▶ MAP P.229 E-3

15:00

迪化街でレトロ散歩

迪化街で台湾茶やドライフルーツなど乾物みやげを購入。まとめ買いで値切るのを忘れずに！

 →P.119をチェック

▼
▼

18:00

鼎泰豐101店でディナー

夕飯は王道グルメの小籠包を。本店の「信義店」は激混みなのであえて台北101にある支店をチョイス。

▼
▼

20:00

台北随一の夜景スポットへ

食後はそのまま台北101に上って夜景を眺めるのもいいが、ちょっぴり足をのばせばもっと美しい景色が見られるスポットが！

 得ワザ

257 /310　茶藝館より高レベル!?　台湾茶の試飲を狙う

高級茶葉店は商品をゆっくり試飲させてくれる。急須で丁寧に淹れる「臻味茶苑」のお茶は茶藝館なみのおいしさ！

→下段をチェック

得ワザ

258 /310　ノスタルジックな街並みは「迪化街一段」に

ガイドブックで目にするレトロな看板が並ぶ通りは迪化街一段。記念撮影もここならバッチリ！

 得ワザ

259 /310　混雑時はテイクアウトしフードコートで食べる

鼎泰豐はテイクアウトも可能。混雑時は食べたいものを持ち帰り用に注文し台北101のフードコートに移動して食べよう。

 得ワザ

260 /310　台北101は上るより眺めるほうがキレイ！

台北101の夜景はビルの外から眺めるのがおすすめ。無料の野外展望台、象山親山歩道へ足を運ぼう。

→下段をチェック

------------------- **SHOP LIST** -------------------

📍 台北駅周辺

海島食堂
ハイダオシータン

🏠北平東路30号 B1F
☎02-2351-6268　🕐11:30～14:30、17:30～21:00　🈺無休
🚇MRT善導寺駅から徒歩3分
日本語×

中山駅周辺　▶ MAP P.229 E-3

📍 迪化街

臻味茶苑
ジェンウェイチャーユエン

🏠迪化街一段156号
☎02-2557-5333　🕐10:00～18:00　🈺不定休
🚇MRT北門駅から徒歩10分
日本語△ 日本語メニュー○

迪化街　▶ MAP P.228 A-2

📍 象山

象山親山歩道
シアンシャンチンシャンブーダオ

🏠信義区南港山系西北側山麓
🚇MRT象山駅から徒歩20分
🈯無料

台北広域　▶ MAP P.225 F-3

雨の日を楽しむ！インドア充実コース

雨季も長く、突然雨が降り出すことも多い台湾の天気。そんなときは、インドアで楽しめるスポットを巡って、雨の日ならではの観光を楽しもう。

10:00

ショッピングモールへGO

台北きってのショッピングエリア台北101周辺へ。ビルも駅直結で濡れない！

▼
▼

13:00

茶藝館でランチ＆お茶

雨の日には無理に外を歩き回らず、ゆっくり茶藝館で過ごすというのも乙なもの。食事が充実している茶藝館をチョイス。

→下段をチェック

得ワザ 261 / 310

デパートで買い物すれば免税書類を作ってもらえる

台北101周辺は税金還付制度（P.131）を実施している店が多く、同日に同一店舗において2000元（約6000円）以上買い物をすれば、税金払い戻しに必要な「税金還付明細申請書」を作成してもらえる。

得ワザ 262 / 310

台北101周辺の百貨店は全部繋がっている！

台北101周辺のデパートはそれぞれ「信義連通天橋」という屋根付きの歩道で繋がっており、雨天でも移動しやすい。通路は市政府方面まで続いている。

得ワザ 263 / 310

お茶だけじゃもったいない！ランチもセットで移動ゼロ

「竹里館」はベジタリアン向けの美しい点心も提供しており食事メニューも充実。移動せずにランチもお茶も楽しめる！

-------- SHOP LIST --------

📍 **中山國中**

竹里館
ジューリーグアン

🏠民生東路三段113巷6弄15号
☎02-2717-1455　🕙10:00〜18:00
🈶無休　🚇MRT中山國中駅から徒歩5分
日本語△　日本語メニュー○
台北中心部　▶MAP P.227 D-1

📍 **圓山**

台北市立美術館
タイペイシーリーメイシューグアン

🏠中山北路三段181号
☎02-2595-7656　🕙9:30〜17:30、土曜〜20:30　🈶月曜　🚇MRT圓山駅から徒歩7分
💰30元　日本語○
台北中心部　▶MAP P.226 C-1

17:00
美術館で芸術鑑賞
圓山にある台北市立美術館へタクシーで移動。現代美術を楽しもう。企画展も多く、ミュージアムショップでの買い物も楽しい。

▼
▼

20:00
夜市の代わりに京劇を鑑賞！
暴風雨でない限り、雨天決行の夜市は多いが、外での食べ歩きは難しいことも。そんなときには伝統芸能の「京劇」がおすすめ！

→下段をチェック

▼
▼

22:00
深夜ごはんは近くの熱炒で
ディナーには京劇のシアターから徒歩3分の店へ。終演後の22時頃でも営業している海鮮居酒屋で格安ディナーを楽しもう。

得ワザ 264 / 310

土曜17時以降なら入館料が無料になる！
毎週土曜は営業時間を20時半までに延長し、入館料が無料に。キッズカフェも併設している。

→P.204をチェック

得ワザ 265 / 310

ドリンクスタンドで観劇前の小腹を満たす
20時（土曜は20:50）開演なので、夕食を食べるタイミングが悩ましい。そんなときはタピオカ入りのドリンクで小腹を満たそう。

得ワザ 266 / 310

休憩時間も大サービス！キャストと無料撮影会
「台北戯棚 TaipeiEYE」では幕間の休憩時間や、終演後など、キャストと記念写真を撮れるチャンスがかなり多い！無料なのでお見逃しなく！

得ワザ 267 / 310

全品100元（約300円）！遅めの夕飯は海鮮居酒屋で
1皿100元（約300円）がウリの海鮮居酒屋。空芯菜の牛肉炒めなど、魚介以外のメニューも充実！冬季は火鍋380元（約1140円）〜も用意。

→下段をチェック

━━━━━ SHOP LIST ━━━━━

📍雙連
台北戯棚 TaipeiEYE
タイベイシーボンタイベイアイ

🏠中山北路二段113号　☎02-2568-2677
🕐20:00〜21:00、土曜〜21:30
🈺火・木・日曜　🚇MRT雙連駅から徒歩5分
💰550元、土曜880元　日本語○
中山駅周辺　▶MAP P.229 D-1

📍雙連
鮮定味生猛海鮮
シエンディンウェイションモンハイシエン

🏠錦州街25号　☎02-2511-5877
🕐17:30〜翌2:00　🈺無休
🚇MRT雙連駅から徒歩10分
日本語○
中山駅周辺　▶MAP P.229 E-1

交通 お得度 ★★☆

EASYCARDを利用すれば
MRTの運賃が2割引！

改札をラクラク通過。MRT移動の必需品！

　MRTの乗車券は、1回用のコイン「トークン」もあるが、何度も乗るならICカードの「EASYCARD（悠遊卡）」が便利。日本の交通ICカードと同様に、チャージすれば何度も使えるので、毎回トークンを購入する手間もなし。しかも、EASYCARDで乗車すれば運賃が2割引になる特典も！　購入は、空港、MRT駅の窓口や券売機、コンビニなどで。MRT以外にも、市バスやタクシー、コンビニでも利用できて便利。スターバックスをはじめコーヒーショップなど、これ1枚で会計できるお店も、どんどん増えている！

＜ EASYCARDの購入方法＞

❶ 券売機を探す

→

駅構内で買う場合は「EASYCARD SALE」と表示のある券売機を探そう

❷ 言語を選択する

「English（英語）」を押し「EasyCard Purchase（カードを購入）」を選択。主要駅には日本語対応の券売機も

❸ 「Confirm」を押す

→

「Adult NT$100（大人100元）」を選び「Confirm（確認）」を押す

❹ お金を払う

お金を入れるとカードが出てくる。必要な分だけチャージをして使おう

<h2 style="text-align:center">＜チャージの仕方＞</h2>

❶ 「悠遊卡加值」を選ぶ

最初の画面で「悠遊卡加値（カードをチャージ）」を押す。カードを置くだけで画面が切り替わる機械もある

❷ カードを置いて入金

画面右下のチャージ台にカードを置く。100元（約300円）からチャージが可能。おつりが出ない機械もあるので注意しよう

❸ 「下一歩」を押す

お金を挿入し「下一歩（次へ）」を押す。「加値成功」と表示されたらチャージ完了。チャージ中はカードを動かさないように

269／310

交通　お得度 ★★★

Taipei Pass 割引券で計3万元以上もお得！

100以上のクーポンが付き！

　MRTと台北市・新北市のバスの乗り放題券「Taipei Pass」を購入するともらえるクーポン付きパンフレットが大充実。観光名所、レストラン、カフェ、ショップなど、100カ所以上で割引サービスやプレゼントなどの特典を受けることができる。お茶、小籠包、麺など、台湾旅行でははずせないお店が入っているのもうれしい。パスは1日券180元（約540円）、2日券310元（約930円）、3日券440元（約1320円）、5日券700元（約2100円）があり、MRT各駅の窓口や、台北駅のカスタマーセンターで購入できる。パンフレットは数量限定で、なくなり次第終了になるので早めにゲットを。

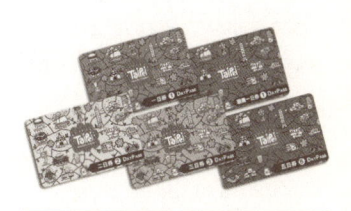

例えばこんな特典が！

・鼎水樓 南京店（▶ MAP P.227 E-2）で、小籠包（10個入り）を注文するともう1籠サービス（店内利用に限る）

・明星咖啡館（▶ MAP P.231 D-2）で、平日夜にセットメニューを注文すると、同行者の注文分が半額になる

・台北101展望台（▶ MAP P.233 F-2）で、クーポン利用で団体チケット価格を適用（その他の割引との併用及び年越し花火イベントは適用不可）

※ 2016年9月発行分例

交通　お得度 ★★☆

アプリで EASYCARD の 残高をラクラク確認！

ひと目で残高がわかる便利なアプリ

EASYCARD の残高は、改札機通過時や電子マネー利用時にモニターに表示されるほか、MRT駅の査詢機（チャーズージー）で確認ができる。でも、無料でダウンロードできるアプリ「Easy Wallet」があれば、残額チェックはもっと簡単に！　スマホでいつでもどこでも確認できるので、長期滞在者やリピーターは登録しておきたい。なお、台湾のMRTは日本と違って残高不足になった状態でも降車はできるシステム。ただし、残高がマイナスのままでは乗車はできないので、利用前にチャージを。不足分はチャージ時に差し引かれる。

＜ Easy Wallet の使い方＞

❶ アプリを ダウンロード

アプリケーションストアで「Easy Wallet」と検索し、アプリをダウンロードする

❷ 利用規約に 同意する

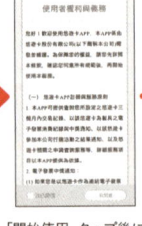

「開始使用」タップ後に利用規約が表示されるので「我已閲讀」をチェックし「我同意」を押す

❸ EASYCARD を登録

「卡片自訂名稱」に名前、「悠游卡外觀卡號」にカード裏面の番号を入力、「新增」をタップ

❹ 利用履歴 を閲覧

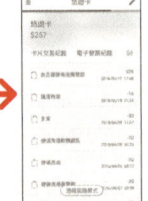

登録が完了すると、残高が表示される。利用履歴は画面中央下の3本線をスライドして見る

271/310

交通　お得度 ★★☆

午前に買うなら1日券、午後なら24時間パス

使い始めるタイミングで選ぼう

MRTに回数無制限で乗ることができるチケットは2種類。「24時間」と「1日」、同じように思えるが、使い始める時間帯で選ぶのが賢い買い方。MRT24時間フリーパスは、利用開始時点から24時間が使い放題。例えば、夜便で到着後すぐに使い始める場合は翌日の夜までが有効期間になる。一方、1日券（台湾捷運一日票）は使用する当日のみ有効。夕方に購入すると、ほとんど元がとれないので注意しよう。

台湾捷運一日票

150元（約450円）。チャージの必要がないので、利用額を気にせずにMRTに乗ることができる

MRT24時間フリーパス

24時間乗り放題で180元（約540円）。48時間280元（約840円）や72時間380元（約1140円）もある

272/310

交通　お得度 ★☆☆

禁止事項を確認して移動もストレスなし！

知っておきたいMRTのマナー

MRTのホーム、車内では飲食禁止。これを破ると1500元（約4500円）以上7500元（約2万2500円）以下の罰金が科せられてしまう。改札前にある「進入本區　禁止飲食」と書かれた黄色い線を越えたら、アメやガムでさえもNGなので気を付けて。また、博愛座（優先席）は空いていても座らないのが現地での暗黙のルール。ついつい疲れて座ってしまうと赤っ恥をかくことになるので注意しよう！

273/310

交通　お得度 ★★☆

MRTの駅で充電ができる！

移動途中にサクッと充電！

旅行中はネット検索をしたり、写真を撮ったりと、スマホのバッテリーを消費しがち。そんなときはMRTの駅へ！　ほとんどの駅に「充電站」というコンセントを設置したコーナーがあるのだ。台北駅はMRTと鉄道駅の間に、広いスペースが設けられとても便利。なかには改札を通らなくても充電できる駅もある。

OTHER

得ワザ

274/310

`交通` お得度 ★★☆

迷わない、ぼったくられない！
タクシー移動のコツ

気を付ければタクシー利用も安心

初乗り70元（約210円）と日本に比べ料金が安く気軽に乗れるタクシー。利用頻度が高いからこそスマートに利用したいもの。例えば、行き先は住所を漢字で紙に書いて渡すとスムーズ。ガイドブックの住所部分をスマホで撮影、ネット情報のスクリーンショットを拡大して見せるというのもアリだ。料金はメーター制なので走り出してもメーターが動いていなかったら、運転手に声をかけて。

台湾の都市はどこも安全だが、用心に越したことはないのはタクシー乗車時にもいえること。流しのタクシーを拾う際は、「臺灣大車隊」や「大愛計程車」という、大手のタクシー会社を選ぶと安心。車上の社名表示灯やドアに書いてあるので、チェックしてからタクシーを止めよう。また、車体がきれいなタクシーを選ぶのもポイントのひとつ。夜間の女性1人での乗車は極力避けたい。

275/310

`交通` お得度 ★☆☆

慣れたらバス移動
運賃は15元（約45円）！

バス利用で行動範囲が広がる

路線が多く複雑なバスも、路線さえ覚えてしまえばMRTでは行きにくいエリアもカバーしていて便利。乗車はバス停で手を挙げてバスを止める、下車は降車ボタンを押すだけ。料金は台北市内なら一律15元（約45円）。支払い方法は車内前方の電光掲示板の表示「上車収費（先払い）」「下車収費（後払い）」を確認。行き先がわからない場合は、運転手に「往〇〇（〇〇へ）」と書いた紙を見せて。

＜バスの乗り方ポイント＞

☑ **行き先をチェック**

バス停には路線番号と路線図が書かれているのでチェック。逆方向に乗らないようによく見ておこう

☑ **EASYCARDを使う**

おつりがないので小銭の準備が必要だが、EASYCARDならその手間が省ける。MRTとの乗り換え割引も

☑ **手を挙げないと止まらない！**

乗りたいバスが近づいてきたら手を挙げてアピール。挙げないとバスは停車しないので注意しよう

276/310

交通 お得度 ★★★

安い、速い、楽しい！YouBike を利用する

ローカル気分でサイクリング！

　YouBike は台北市のレンタルサイクル。おもな MRT 駅や観光名所の近くに 150 以上ものステーションがあり、クレジットカードがあれば旅行者でも利用可能。料金も、最初の 4 時間は 10 元（約 30 円）／30 分、4 〜 8 時間は 20 元（約 60 円）／30 分、8 時間以降は 40 元（約 120 円）／30 分と安い。駅から離れた名所に行くときに利用したり、街中や川沿いのサイクリングロードを走ったり、さまざまな楽しみ方がある。

< YouBike の借り方>

ステーションを探す。HP やアプリでステーションの場所や空車状況を確認できる

「Kiosk」で IC 付きクレジットカードの情報を登録＆精算する。英語の画面もある

登録後に自転車を選び 90 秒以内にスタンドからはずす。サドルが逆向きのものは故障中

スタンドの空きがあれば、自転車を借りたステーションでなくても返却することができる

277/310

交通 お得度 ★★☆

便利なアプリを使って YouBike をレンタル

アプリで空き状況を確認しよう

　YouBike は地元の人の通学・通勤手段でもあるので、時間帯によってはステーションに自転車がないことも。そこで、スマホユーザーは「YouBike 微笑單車」というアプリをダウンロードしておくと便利。起動すると、現在地から近いステーションが空き状況と共に表示される。行きたいステーションをタップし、切り替わった画面の「路線導航」をタップすると、行き方を示す地図になる。

緑のスマイルマークが付いているのは空き自転車ありのステーション

OTHER

278 / 310

出入国　お得度 ★★☆

オンライン登録で入国カードいらず！

機内でゆっくり過ごしたい人におすすめ

　台湾内政部移民署のウェブサイトで、氏名や生年月日、職業、便名、台湾での滞在地などを登録すれば、オンラインで入国カードを申請することができる。機内や入国審査場で慌てて記入する必要がなくなり、自宅で落ち着いて入力することが可能に。登録は必要項目を英語で記入し、「Confirm（確認）」ボタンを押して「Success（成功）」と表示されたら完了。入国審査ではパスポートのみを提示すれば、審査官はオンライン申請済みだと理解してくれる。もし「Immigration card?（入国カードは）」と聞かれたら「Online（オンライン）」と答えよう。オンライン申請をしても、通常の入国カードを提出するときと同様に、列に並び、指紋と顔写真の個人識別情報の提供は必要になる。

URL https://oa1.immigration.gov.tw/nia_acard/acardAddAction.action

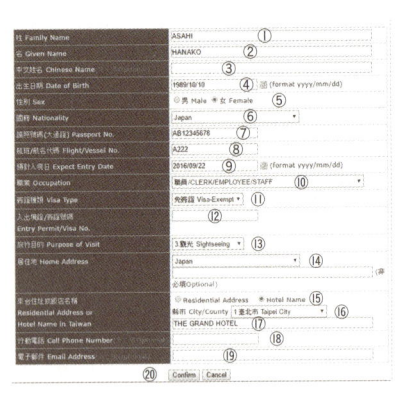

①姓（ローマ字）②名（ローマ字）③漢字の姓名（記入しなくても OK）④生年月日⑤性別⑥国籍（「Japan」を選択）⑦パスポート番号⑧搭乗機の便名⑨台湾入国予定日⑩職業（会社員は「職員／EMPLOYEE」、該当がない場合は「其他／OTHER」⑪ビザの種類（ビザなしは「免簽證 Visa-Exempt」）⑫ビザの番号（ビザなしは空欄）⑬旅行の目的（観光は「3. 観光 Sightseeing」）⑭日本の現住所（国名を選択。詳細は記入しなくても OK）⑮台湾での住所（ホテル滞在は「Hotel Name」を選択）⑯滞在する都市（台北は「1 臺北市 Taipei City」）⑰滞在するホテルの名前⑱携帯電話番号（記入しなくても OK）⑲メールアドレス（記入しなくても OK）⑳「Confirm（確認）」ボタン

279 / 310　　リピーターなら優先入国できる！

　過去 12 カ月間に 3 回以上台湾を訪問した人は、オンライン（https://niaspeedy.immigration.gov.tw）で「常客證」の申請を。書類をプリントアウトし持参すれば、優先的に入国審査を受けられる。

280/310

`移動` お得度 ★★☆

台北行きリムジンバスは24時間運行！
桃園空港からの空港MRTも開通

深夜でも早朝でも市内へ移動できちゃう！

　桃園空港から台北市内へはリムジンバスでもアクセス可。主に國光客運、大有巴士、長栄巴士、建明客運の4社のバスが運行し、なかでも國光客運の台北駅行き（1819番）は15～20分ごとと本数が多くて便利。24時間運行しているため、深夜到着便や早朝出発便の利用者でも簡単に市内にアクセスできる。タクシーは台北市内まで約40分、料金が約1200～1400元（約3600～4200円）と高め。グループであればタクシーもいいが、リムジンバスなら料金は125元（約375円）。所要時間は台北駅まで約55分と、タクシーとそれほど変わらないので、1人旅ならなおさら利用しやすい。また、2017年3月に桃園空港と台北市内とを結ぶMRT空港線が開通。コスパ面ではMRTが一歩リードだが、深夜早朝の移動にはバスをうまく活用したいところ。チケットは、「客運巴士」を目印に移動しカウンターで購入。バス会社ごとに分かれた窓口に行こう。購入後は「巴士乗車月台（バス乗り場）」へ。

281/310

`移動` お得度 ★★☆

出発直前まで有名店グルメを味わう

とことん台湾を楽しむ！

　桃園空港は第1ターミナルに「新東陽国民美食吧」、第2ターミナルに「好食城」「統一超商美食広場」というフードコートがある。台湾料理の「青葉」の定食屋「青葉食堂」や擔仔麺の「度小月」など名店ぞろい。松山空港はレストランの数こそ少ないがタピオカミルクティーの「春水堂」も入店。市内にいるかのように本場の味を楽しめるのは、美食の街の空港ならでは。搭乗時間ギリギリまでグルメを味わい尽くそう。

＜台湾桃園国際空港＞

青葉食堂	第2ターミナル4階 台湾スタイルの定食が人気
皇家博承	第2ターミナル4階 数種の牛肉麺がある専門店
洪祖師担仔麺	第2ターミナル3階 1985年創業の老舗。担仔麺が名物
小南門	第2ターミナル3階 昔ながらの台湾の味を楽しめる
春水堂	第2ターミナルB2階 タピオカミルクティーの発祥店
度小月	第2ターミナルB2階 豚そぼろとエビの担仔麺が有名
鬍鬚張	第2ターミナルB2階 魯肉飯といえばココという名店
Comebuy Tea	第2ターミナル2階 バリエーション豊かなお茶が魅力
CoCo都可	第2ターミナル2階 フルーツジュースやお茶のスタンド

＜台北松山空港＞

春水堂	第1ターミナル2階待合室 45店舗を展開するお茶専門カフェ
老董牛肉麺	第1ターミナル国際線出発ロビー 24時間煮込む牛骨スープが濃厚

OTHER

282 / 310

移動　お得度 ★★☆

LCC を使えば航空券が片道 4000 円～！

安く気軽に台湾へGO！

　日本と台湾間で就航しているローコストキャリア（LCC）は 5 社（2016 年10 月現在）。片道 1 万円を切るチケットも多く、なかには 4000 円台というものも。さらにお得なチケットをゲットしたいなら、各社が不定期で開催するセールを狙おう。セール情報はメルマガで配信されるので、気になる会社のものを購読してみよう。LCC は毎年増便の傾向にあり、台湾旅行がますます気軽に楽しめるようになっている。

バニラエア
東京、大阪、沖縄⇔台北、東京⇔高雄
URL　www.vanilla-air.com/

Peach
東京、大阪、沖縄⇔台北、大阪⇔高雄
URL　www.flypeach.com

タイガーエア
東京、大阪⇔高雄
URL　www.tigerair.com

スクート
東京⇔台北、大阪⇔高雄
URL　www.flyscoot.com

ジェットスター・アジア航空
東京、大阪、名古屋⇔台北
URL　www.jetstar.com

---

283 / 310

移動　お得度 ★☆☆

ハローキティジェットなら移動も楽しい！

キティファンじゃなくても乗りたい！

　機体デザイン、搭乗券、機内食、トイレットペーパー、クッションまでキティづくし。かわいすぎるデザインで、移動まで楽しい思い出に！　機体は予約時に選択可能で、羽田ー台北松山路線はすべてキティ路線。

URL　www.evaair.com

---

284 / 310

移動　お得度 ★☆☆

ピークシーズンは個人旅行に軍配！

比較サイトも上手に活用

　オフシーズンは 2 泊 3 日ツアーが飛行機＋ホテル代で 2 ～ 3 万円台と、リーズナブルなパッケージが登場する。しかし、年末年始やゴールデンウィーク、お盆などのピークシーズンは、需要が増し価格が 2 ～ 3 倍に高騰。航空券、ホテル共に予約サイトを通し個人で予約するほうが割安に。スカイスキャナーなどの空港券比較サイトを利用すればリアルタイムで最安の航空券を確認できる。

得ワザ

285/310

両替 お得度 ★★☆

ATMを使って
24時間簡単引き出し

コンビニや空港で利用しよう

　多額の現金を持ち歩くのは危険なので、両替は最小限にしたい。現金が足りなくなったら現地のATMでクレジットカードを使い引き出すこともできる。ATMは空港、MRT駅構内や街なかにあり、ほとんどが24時間利用可能。現金の引き出しにはPIN（暗証番号）が必要なので、不明なら渡航前にカード会社に確認しておこう。ただし、確認には2週間程度かかるので時間に余裕をもって。

< ATMでの引き出し方>

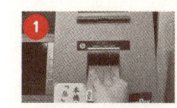
挿入口にカードを入れる。言語を選べるATMなら「日本語」や「英語」を選択しよう

カードの種類を選択する画面で「他行卡（OTHER CARD＝そのほかのカード）」を選ぶ

PIN（暗証番号）を入力する。日本でカード決済をするときに入力する4桁の数字と同じもの

口座の種類を選択する画面で「信用卡帳戸（CREDIT CARD＝クレジットカード）」を選ぶ

引き出したい金額を選ぶ。または、直接金額を入力して、現金とレシートを受け取る

286/310

両替 お得度 ★★☆

両替するなら日本より
レートのよい現地空港で

空港に到着したらまず両替

　台湾元への両替は日本より現地でのほうがレートがいい。空港での手数料は30元（約90円）だが、市内で銀行を探す手間や時間を考慮すると、到着後に空港で行うのがベター。両替にはその都度手数料がかかるので、グループ旅行の場合は1人ずつよりもまとめて両替して人数で割るほうが得。現金だけでなくクレジットカードも併用する2〜3泊の旅行なら、両替金額は2〜3万円で十分だろう。

287/310

両替 お得度 ★★☆

市内銀行を使うなら
手数料なしを狙う！

両替レートはネットでチェック

　市内の銀行で両替をする場合は、まずレートを確認。各銀行の両替レートを比較できるサイト「ファインドレート」（findrate.tw）を利用すると便利。「日幣」を選ぶと、銀行別にレートの比較一覧表が表示される。トップの「日幣／台幣兌換推薦銀行」に表示されるのが最もレートのよい銀行。「現鈔買入」の数値が大きい銀行（レートのよい銀行）、「現鈔手續費」で手数料の低い銀行を狙おう。

288/310

通信 お得度 ★★☆

プリペイドSIMなら
入れ替えるだけ！

いつもの携帯をそのまま使う

ネット回線を利用すれば、オンラインマップも使用でき街歩きに便利。おすすめは現地でのプリペイドSIMカードの購入。日本で使っている携帯のSIMカードと入れ替えるだけで、簡単に台湾の回線を利用できるようになる。料金は3日間の利用で300元（約900円）。Wi-Fiルーターを借りるより安上がりで通話もできる。SIMカードは桃園空港で購入できる。中華電信は事前にネット予約も可能だ。

1 SIMフリー端末を用意

日本のキャリア端末はSIMロックがかかっているので、台湾に行く前にSIMロックを解除するか、SIMフリーの端末を購入しよう

2 桃園空港で購入する

桃園空港では複数のキャリアから選べる。松山空港では中華電信のみだが、カウンターを設けている。街へ移動する前に購入すると便利

日数	価格
3日間	300元（無料通話100元）
5日間	300〜500元（無料通話50〜300元）
7日間	500元（無料通話150元）

3 設定する

設定に不安があれば、端末をあらあじめ英語モードに切り替えておこう。キャリアカウンターのスタッフに聞きながら設定するのがおすすめ

289/310

通信 お得度 ★☆☆

Wi-Fiを借りるなら
iVideoが安い！

日本での受け取りも可能

日本との連絡はLINEができればOK、ネットだけ常に使えるようにしたいという人はWi-Fiルーターをレンタルするという手がある。iVideoでは、高速ネット4Gが使い放題で1日374円〜と業界最安。受け取りや返却は、日本の空港や、現地コンビニ（空港店も選択可）、自宅に宅配を選べる。キャンペーン割引やメールマガジン割引もあるので要チェック。

URL www.ivideo.com.tw/japanese

290/310

通信 お得度 ★★☆

ちょこっとユーザーは
台北市のフリーWi-Fi

無料Wi-Fiで手軽に利用

台湾には政府が提供する無料Wi-Fiサービスがある。旅行中、そんなにネットは見ないという人は、この無料Wi-Fiの利用だけでも十分。台北市による「Taipai Free」、外国人向けの「iTaiwan」などがあり、MRT駅、夜市、学校などの公共施設をカバーしている。設定は、各公式サイトから利用者情報を登録するだけ。「Taipai Free」のサイトは日本語も対応している。

URL www.tpe-free.taipei.gov.tw

通信 ／ お得度 ★☆☆

地方に行かずに
台湾新幹線を満喫！

台湾新幹線にちょい乗り

　日本が新幹線の車両技術を初めて輸出し、現地導入した台湾新幹線（台湾高速鉄道）。地方に行く予定はないが、少しだけでも乗ってみたいという人には裏ワザが。それは、桃園空港からバスで高鐵桃園駅まで行き、そこから高速鉄道に約20分乗車して、台北駅へ向かうルート。料金は高速鉄道代160元（約480円）＋バス代30元（約90円）。空港から桃園駅までのバスは毎時2〜3本運行している。

その他 ／ お得度 ★★☆

台湾観光協会の
キャンペーンが使える

お得なキャンペーンを実施中

　旅行の日程が決まったら、チェックしておきたいのが台湾観光協会のホームページ。台湾観光協会では、旅行者に向けて年間を通じてウェルカムキャンペーンを実施している。事前申し込み制で、過去にはMRTや市バスなどに使える台北悠遊カード（EASYCARD）や、台湾特産品などがもらえるキャンペーンも！

台湾観光協会
URL　https://go-taiwan.net

その他 ／ お得度 ★☆☆

渡航前の最旬情報は
Instagramでゲット

最旬情報だらけのSNSを利用

　日本と同様、台湾の若い子たちはFacebookやInstagramなどのSNSが大好き。#台湾、#台湾美食、#台北美食などのワードでハッシュタグ機能を使って検索すれば、最旬の店情報をチェックできる。なかには何千人もフォロワーがいるパワーユーザーがいて、毎日話題のスポット紹介をしていることも。彼らをフォローすれば、ガイドブックでも追いつかない最新情報がゲットできる可能性大！

その他 ／ お得度 ★☆☆

レストラン予約は
コンシェルジュにお願い

有名店こそ予約して訪問を

　台湾の人はレストランやカフェに予約を入れて訪問することが多い。予約がないと長時間待たされることもしばしば。貴重な時間を無駄にしないためにも、事前に予約を。言葉が不安なら、ホテルのコンシェルジュにお願いしてみよう。「予約をしたい」は中国語で「我 想訂 位子（ウォ シャーン ディーン ウェイズ）」。レストラン名、予約したい時間と人数を書いたメモを手渡せば、対応してもらえる。

OTHER

✈ OTHER

プチワザ8連発

まだまだある！ MRTで、バスで、宿泊先選びで得するプチワザをチェック！

295 /310　　　お得度 ★★☆

**台北ナビのナビプラザは
ドリンク、Wi-Fi無料！**

台北ナビが運営する「ナビプラザ」は、MRT中山駅から徒歩10分。日本語可能なスタッフが常駐する。Wi-Fi完備で、無料でコーヒーやお茶を飲める。有料でスーツケースや買い物バッグを預かってくれるサービスも！

`中山駅周辺` ▶ MAP P.229 E-2

296 /310　　　お得度 ★★☆

**台湾新幹線「高鉄」は
早割で最大35%オフに！**

台湾高速鉄道には日本語のウェブサイト（www.thsrc.com.tw/jp）があり、日本からオンラインでチケット購入が可能。乗車予定日の5〜28日前に予約すれば運賃が10〜35%割引に。アプリ（T Express）があればスマホで予約、決済、発券まで行える。

297 /310　　　お得度 ★☆☆

**長期旅行者はホテルの
ランドリーをチェック！**

台湾はコインランドリーを見つけるのが難しい。長期滞在はホテルに洗濯ルームがあるか必ず確認を。また、現地で販売されている洗剤は大容量のものが多い。ちょっと手洗いしたいときのために日本のコンビニなどで売られている小分けの洗剤を持っていくと便利。

298 /310　　　お得度 ★★☆

**MRTのアプリを使って
移動をスムーズに！**

台北MRTの公式アプリ「台北捷運Go」は中国語のみ対応しているが、路線や運行状況の確認に便利。YouBikeステーションがどの出口にあるかもチェックできる。rGuideの無料アプリ「台北捷運」は非公式だが、英語にも対応している。

299 /310　　　お得度 ★★☆

**MRTの駅にある
MAPの写真を撮ろう**

Wi-Fiルーターのレンタルをしていないなど、街歩き中にインターネットを利用できない人は、スマホなどでMRT駅の出口付近にある周辺地図の写真を撮っておくのがおすすめ。駅周辺の主要スポットが出口番号と共に分かりやすく掲載されている。

300 /310　　　お得度 ★★☆

**郊外の百貨店発着の
無料バスをうまく利用**

百貨店が運行する無料バスは買い物をしなくても乗車できるのでかしこく利用を。例えば、士林夜市がある劍潭駅から内湖エリアはMRTだと40分以上かかるが、劍潭駅から内湖のミラマーモール（美麗華百楽園）行きの無料バスを使えば15〜20分で到着できる。

301 /310　　　お得度 ★★☆

**ガイドなしバスツアーで
台北近郊を自由に回る**

「台湾好行」（jp.taiwantrip.com.tw）は、予約不要のガイドなしツアーバス。1日乗車券を購入すれば好きなスポットで乗り降り可能。MRT淡水駅と、奇岩で有名な「野柳地質公園」をつなぐ路線など、個人では行きづらいエリアもカバーしている。

302 /310　　　お得度 ★★☆

**困ったときは街なかの
「借問站」に駆け込む**

「借問站」は民間企業と提携した観光案内所。無料でお茶や携帯電話の充電サービスを提供し、トイレやWi-Fiを使えるところも。コンビニやショップなども「借問站」マークがあれば買い物しなくても、休憩や情報収集のために立ち寄ってOK。

出発前に確認！　台北小籠包の店一覧

「鼎泰豐」以外にもこんなにある！　P.27の小籠包店を価格別に整理。宿泊先、訪問先の近くに店があるかチェックしよう。

 安 12.5元（約37.5円）／個

📍 康青龍
好公道 江浙上海點心
ハオゴンダオ ジアンジョーシャンハイディエンシン

学生に愛されるリーズナブルな点心の店。

🏠永康街28-1号　☎02-2341-6980
🕐9:00〜21:00　🈲水曜　🚇MRT東門駅から徒歩7分　日本語× 日本語メニュー○

康青龍 ▶MAP P.232 B-2

📍 台北駅周辺
蘇杭餐廳
スーハンツァンティン

江浙料理専門店。上品な味わいが特徴。

🏠済南路一段2-1号　☎02-2396-3186
🕐11:30〜14:00（LO13:50）、17:30〜21:00（LO20:00）　🈲無休　🚇MRT善道寺駅から徒歩7分　日本語△ 日本語メニュー○

台北駅周辺 ▶MAP P.231 E-2

📍 富錦街
小上海
シャオシャンハイ

貝柱のダシが効いた豚の脚肉の小籠包。

🏠民生東路四段62号　☎02-2718-5783
🕐10:30〜14:30、16:30〜21:00　🈲無休
🚇MRT松山機場駅から徒歩12分
日本語× 日本語メニュー○

台北中心部 ▶MAP P.227 E-1

📍 師大・公館
蘇杭點心
スーハンディエンシン

鶏＆豚骨のスープを肉餡に練り込んでいる。

🏠羅斯福路二段14号　☎02-2394-3725
🕐11:00〜20:30　🈲無休
🚇MRT古亭駅から徒歩3分
日本語○ 日本語メニュー○

台北中心部 ▶MAP P.226 B-3

📍 中正紀念堂
杭州小籠湯包
ハンジョウシャオロンタンバオ

コクがあるのにあっさりした肉餡がたまらない。

🏠杭州南路二段17号　☎02-2393-1757
🕐11:00〜22:00、金・土曜〜23:00
🈲無休　🚇MRT東門駅から徒歩8分
日本語○ 日本語メニュー○

台北駅周辺 ▶MAP P.231 F-3

📍 台北101周辺
北大行
ベイダーハン

豚肉だけを使い肉の甘みを際立たせている。

🏠光復南路427号　☎02-2729-9370
🕐11:00〜14:00、17:00〜20:30　🈲無休
🚇MRT台北101／世貿から徒歩10分
日本語× 日本語メニュー○

台北101周辺 ▶MAP P.233 D-2

📍 康青龍
高記
ガオジー

100種類以上のメニューがある上海料理の老舗。

🏠永康街1号　☎02-2341-9984
🕐10:00〜22:30（LO22:00）、土・日曜8:30〜
🚇MRT東門駅から徒歩1分
日本語△ 日本語メニュー○

康青龍 ▶MAP P.232 B-1

📍 中山駅周辺
金品茶樓
ジンビンチャーロウ

肉餡16g、皮5g、ひだ18折で徹底している。

🏠長春路16号　☎02-2511-7506
🕐11:00〜14:00、17:00〜21:00　🈲無休
🚇MRT中山駅から徒歩7分
日本語○ 日本語メニュー○

中山駅周辺 ▶MAP P.229 D-2

 高 22元（約66円）／個

得ワザ

知って得する 中国語 フレーズ

303/310 基本フレーズ

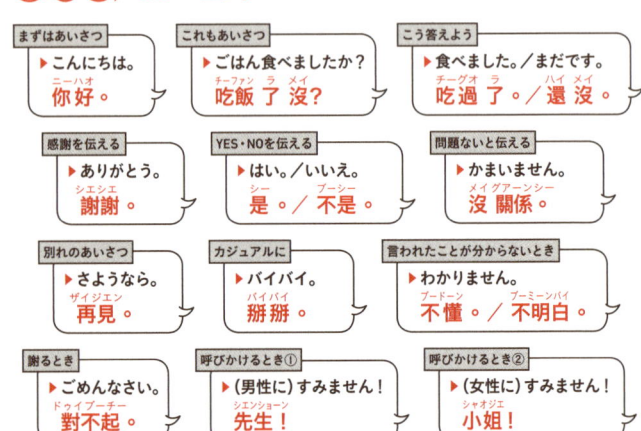

まずはあいさつ
▶ こんにちは。
ニーハオ
你好。

これもあいさつ
▶ ごはん食べましたか?
チーファン ラ メイ
吃飯 了 沒?

こう答えよう
▶ 食べました。/まだです。
チーグオ ラ ハイ メイ
吃過 了。/ 還 沒。

感謝を伝える
▶ ありがとう。
シエシエ
謝謝。

YES・NOを伝える
▶ はい。/いいえ。
シー ブーシー
是。/ 不是。

問題ないと伝える
▶ かまいません。
メイ グアーンシー
沒 關係。

別れのあいさつ
▶ さようなら。
ザイジエン
再見。

カジュアルに
▶ バイバイ。
バイバイ
掰掰。

言われたことが分からないとき
▶ わかりません。
ブードン ブーミーンパイ
不懂。/ 不明白。

謝るとき
▶ ごめんなさい。
ドゥイ ブーチー
對不起。

呼びかけるとき①
▶ (男性に)すみません!
シエンショーン
先生!

呼びかけるとき②
▶ (女性に)すみません!
シャオジエ
小姐!

▶ 数字

0	1	2	3	4	5	6	7	8	9	10
リーン	イー	アル	サン	スー	ウー	リュウ	チー	バー	ジウ	シー
零	一	二	三	四	五	六	七	八	九	十
	壹	貳	叁	肆	伍	陸	柒	捌	玖	拾

304/310 GOURMETフレーズ

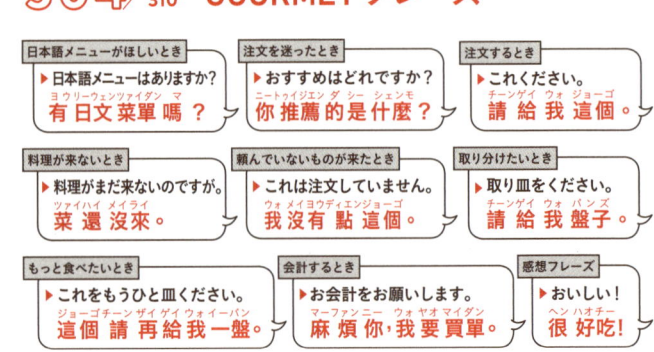

日本語メニューがほしいとき
▶ 日本語メニューはありますか?
ヨウ リーウェン ツァイダン マ
有 日文 菜單 嗎 ?

注文を迷ったとき
▶ おすすめはどれですか?
ニートゥイジエン ダ シー シェンモ
你 推薦 的 是 什麼 ?

注文するとき
▶ これください。
チーンゲイ ウォ ジョーゴ
請 給我 這個。

料理が来ないとき
▶ 料理がまだ来ないのですが。
ツァイハイ メイライ
菜 還 沒來。

頼んでいないものが来たとき
▶ これは注文していません。
ウォ メイヨウディエンジョーゴ
我 沒有 點 這個。

取り分けたいとき
▶ 取り皿をください。
チーンゲイ ウォ パンズ
請 給我 盤子。

もっと食べたいとき
▶ これをもうひと皿ください。
ジョーゴチーン ザイ ゲイ ウォイーバン
這個 請 再給 我 一盤。

会計するとき
▶ お会計をお願いします。
マーファンニー ウォヤオ マイダン
麻 煩你, 我 要 買單。

感想フレーズ
▶ おいしい!
ヘン ハオチー
很 好吃!

305/310　SHOPPING フレーズ

値段を確認
▶ いくらですか？
ドゥオシャオ チエン
多 少 錢？

写真などを見せながら
▶ これはありますか？
ヨウ ジョーゴ マ
有 這個嗎？

おみやげを買う前に
▶ 試食していいですか？
コーイー シーチー マ
可以 試吃嗎？

値段交渉可能なら
▶ もう少し安くしてください
チン ザイ ビエンイー イーディエン
請 再便宜 一 點。

感想フレーズ①
▶ かわいい！
ヘン コーアイ
很 可愛

感想フレーズ②
▶ すてき！
ヘン ハオ
很 好！

306/310　NIGHT MARKET フレーズ

列をなしている人に
▶ 並んでいますか？
チンウェン ニー ザイ パイドゥイ マ
請 問 你 在 排隊 嗎？

その場で食べるとき
▶ 食べていきます。
チーワン ザイ ゾウ
吃完 再 走。

持ち帰るとき
▶ テイクアウトします。
ウォ ヤオ ワイダイ
我 要 外帶。

辛いものが苦手なら
▶ 辛くしないでください。
ウォ ヤオ ブーラー
我 要 不辣。

ゴミは公共のゴミ箱へ
▶ ゴミ箱はどこですか？
ラーソートーン ザイ ナーリ
垃圾桶 在 哪裡？

見慣れないものを尋ねる
▶ これは何ですか？
ジョーゴ シー シェンモ
這個 是 什麼？

307/310　TOURISM フレーズ

施設に入るときに
▶ 入場券は必要ですか？
シューヤオメンピアオ マ
需要 門票 嗎？

パンフレットをもらう
▶ 日本語のパンフレットをください。
チンゲイ ウォ リーウィジェンジエ
請 給我 日語簡介。

撮影を頼むとき
▶ 写真を撮ってください。
チンバンウォパイジャオ
請 幫 我拍照。

位置を確認
▶ 一番近いトイレはどこですか？
ズイジン ダ シーショウジエンザイ ナーリー
最近 的 洗手間 在 哪裡？

参加方法を尋ねる
▶ 日本語のツアーに申し込みたいのですが。
ウォ シャーンバオミーン リーウィヨウラン
我 想 報名 日語遊覽。

308/310 LOCALフレーズ

行き先を確認
▶このバスは九份に行きますか？
ジョーゴゴーンチョーホイ ダオ ジウフェン マ
這個 公 車 會 到 九 份 嗎？

切符を買うとき①
▶一番早く着くチケットをください。
チーングイ ウォ ズイ ザオ ダオダー ダ チョーピアオ
請給 我 最早 到達 的 車票。

切符を買うとき②
▶大人2枚です。
ダーレンリアーンジャーン
大人 2 張 。

レンタサイクルを探すとき
▶自転車はどこで借りられますか？
ジアオターチョー ザイ ナーリー コーイー ジエダオ
腳踏車 在 哪裡 可以 借到？

台北駅にて
▶○○までの切符はどこで買えますか？
ダオ ダ チョーピアオ ザイ ナーリー コーイー マイ ダ ダオ
到 ○○的 車票 在 哪裡 可以 買得到？

309/310 STAYフレーズ

入るときと帰るとき
▶チェックイン／チェックアウトお願いします。
マーファン ニー ウォ ヤオ バン ジューファーン ジューファーン ショウシュー
麻煩 你，我 要 辦 住房 / 退房 手續。

外出時に
▶タクシーを呼んでください。
チーンバーン ウォジアオジーチョンチョー
請 幫 我 叫 計程車。

チェックイン時間の前に
▶荷物を預かってもらえますか？
シーンリー コーイー ジーファーン マ
行李 可以 寄放 嗎？

スタッフがいるか尋ねる
▶日本語ができる人はいますか？
ヨウホイシュオ リーウェンダ レン マ
有會 說 日文 的 人 嗎？

トラブル時に
▶お湯が出ません。
ロァシェイ ブー チューライ
熱水 不 出來。

310/310 タクシーフレーズ

荷物があるときに
▶トランクを開けてください。
チーンカイ ホウチョーシャン
請開 後車廂。

時間がないときに
▶急いでください。
チーンカイ クアイイーディエン
請 開 快一點。

住所を見せながら
▶ここまで行ってください。
チーンダオ ジョーリー
請 到 這裡。

メーターが動いてなかったら
▶メーターを動かしてください。
チーンアンティアオビアオ
請 按跳表。

目的地に着いたら
▶ここで停めてください。
チーンザイ ジョーリー ティーンチョー
請在 這裡停車。

得ワザ
MAP

台湾全図

台湾全図

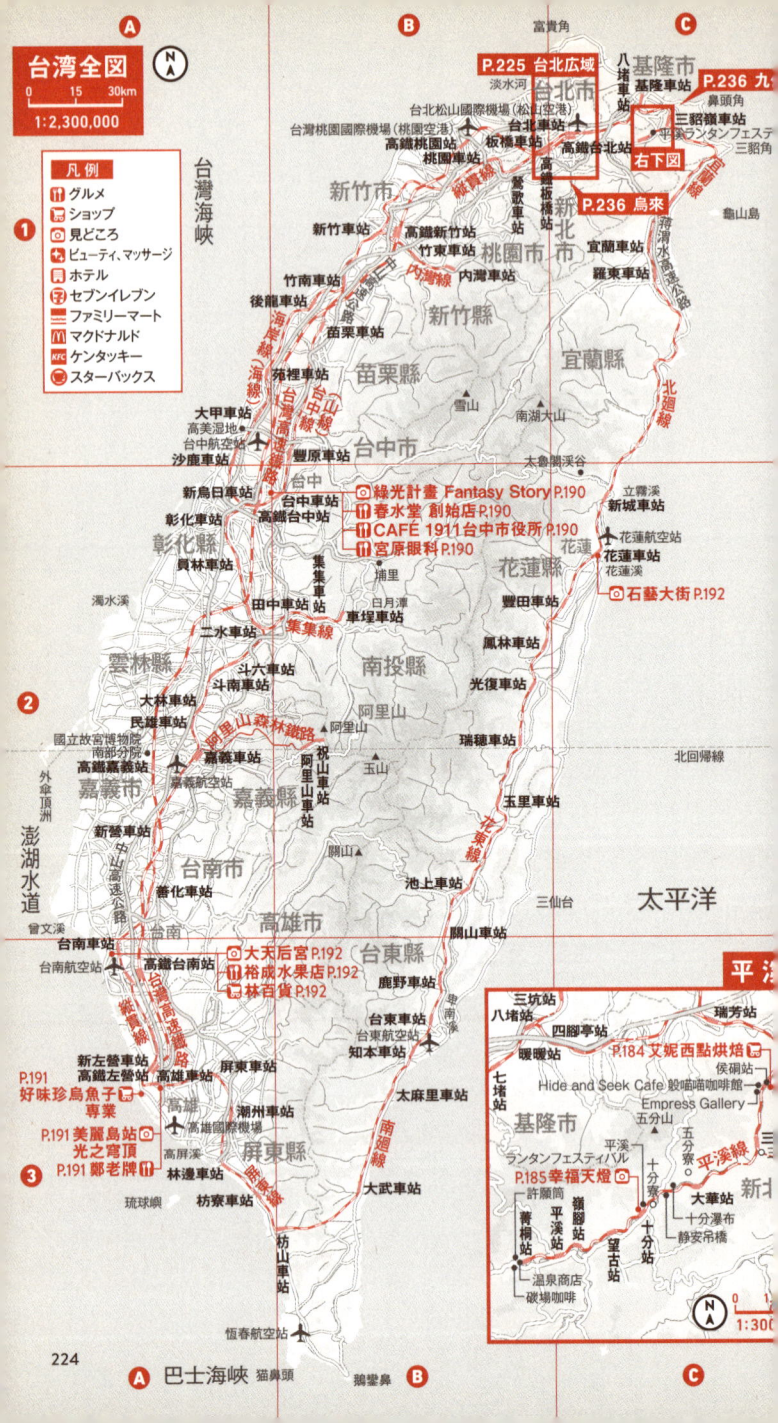

凡例
- グルメ
- ショップ
- 見どころ
- ビューティ、マッサージ
- ホテル
- セブンイレブン
- ファミリーマート
- マクドナルド
- ケンタッキー
- スターバックス

1:2,300,000
0　15　30km

台湾海峡

台湾桃園国際機場（桃園空港）
高鐵桃園車站
桃園車站

新竹県

新竹車站
高鐵新竹車站
竹東車站
竹南車站
後龍車站
苗栗車站
苗栗県

大甲車站
高美湿地
台中航空站
沙鹿車站

台湾高鐵（海線）
台湾高鐵（台中線）

新烏日車站
台中車站
高鐵台中車站
彰化車站
彰化県
員林車站

二水車站
雲林県
斗六車站
斗南車站
大林車站
民雄車站
国立故宮博物院南部分院
高鐵嘉義車站
嘉義市
嘉義車站
嘉義航空站
嘉義県

新営車站
中山高速公路
台南市
善化車站
高鐵台南車站
台南車站
台南航空站

新左営車站
高鐵左営車站
高雄車站
高雄
潮州車站
高鐵高雄車站
屏東車站
屏東県
林辺車站
琉球嶼
枋寮車站

P.191 好味珍烏魚子専業
P.191 美麗島站 光之穹頂
P.191 鄭老牌

枋山車站
恒春航空站

P.225 台北広域
P.236 九
P.236 烏來

台北市
台北車站
高鐵台北車站
板橋車站
右下図
新北市

基隆市
基隆車站
三貂嶺車站
鼻頭角
三貂角
平溪ランタンフェステ

桃園市
鶯歌車站
景安車站
宜蘭車站
羅東車站
宜蘭県

北廻線

◎ 緑光計畫 Fantasy Story P.190
◎ 春水堂 創始店 P.190
◎ CAFÉ 1911台中市役所 P.190
◎ 宮原眼科 P.190

集集線
車埕車站
田中車站
集集車站

南投県
埔里
日月潭
豊田車站
花蓮県
鳳林車站
光復車站
瑞穂車站

阿里山森林鐵路
阿里山
阿里山車站
祝山車站
玉山
関山
池上車站
関山車站

新城車站
立霧溪
花蓮航空站
花蓮車站
花蓮溪
花蓮
◎ 石藝大街 P.192

玉里車站
花東線

◎ 大天后宮 P.192
◎ 裕成水果店 P.192
◎ 林百貨 P.192

台東県
鹿野車站
台東車站
台東航空站
知本車站

太麻里車站
南廻線
大武車站

太平洋

北回帰線

平溪 *(右下図)*

三坑站
八堵站
四脚亭站
暖暖站
七堵站
基隆市

三貂嶺站
十分瀑布
瑞芳站
侯硐站
猴硐猫村
Empress Gallery
五分山

P.184 艾妮西點烘焙
Hide and Seek Cafe 殷喵喵咖啡館

ランタンフェスティバル
P.185 幸福天燈
許願筒
十分車站
十分站

平溪線
大華站
新

望古站
菁桐站
平溪站
嶺腳站
菁桐坑
温泉商店
菁桐咖啡

十分溝橋
静安吊橋

1:300

224

巴士海峡　猫鼻頭

鵝鑾鼻

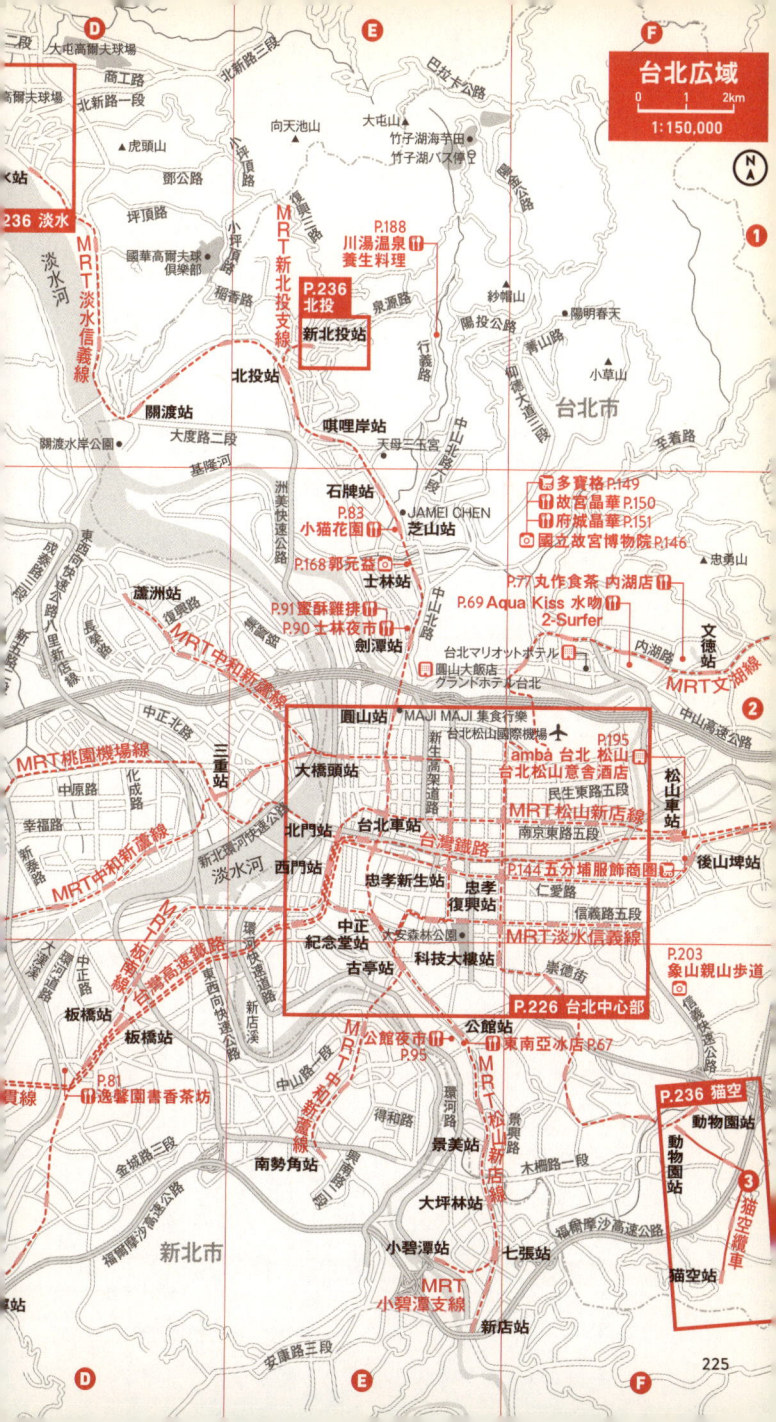

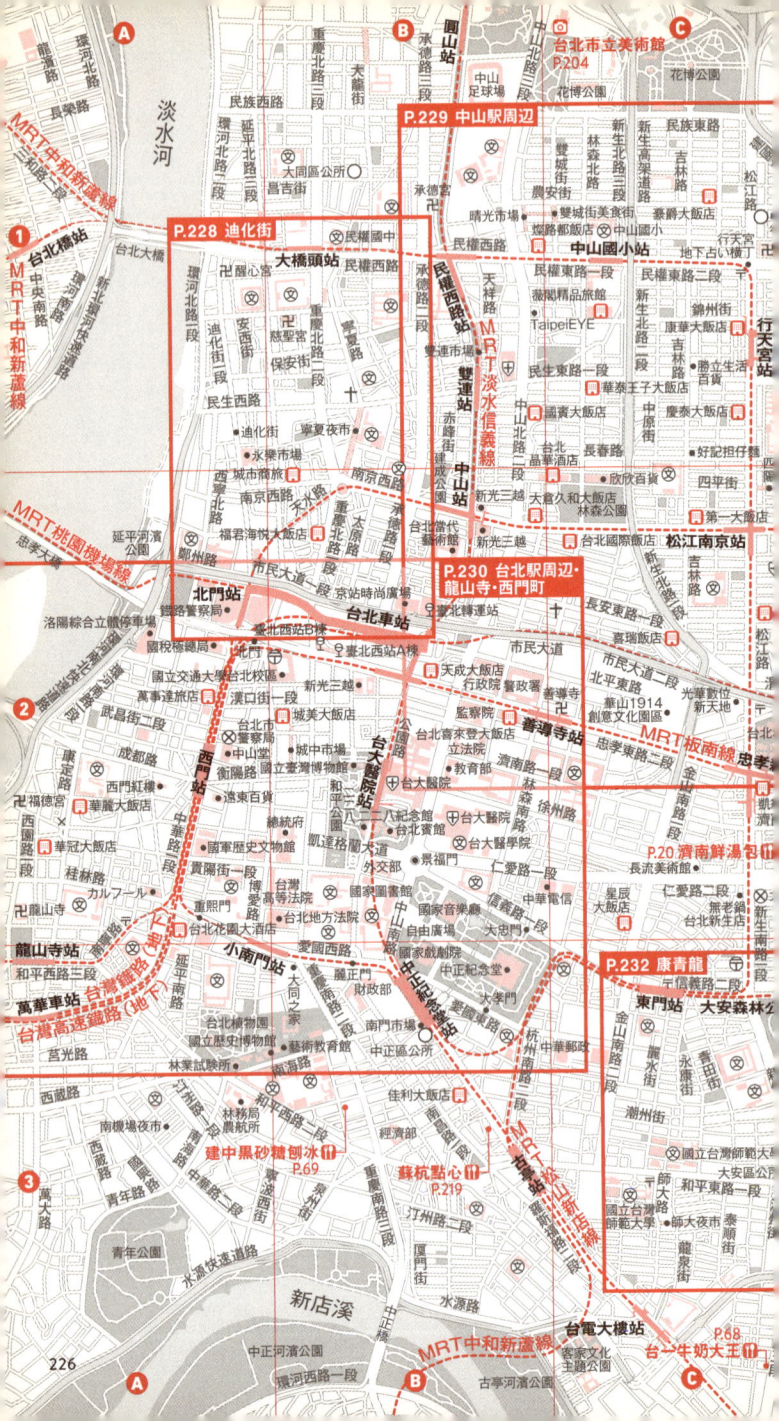

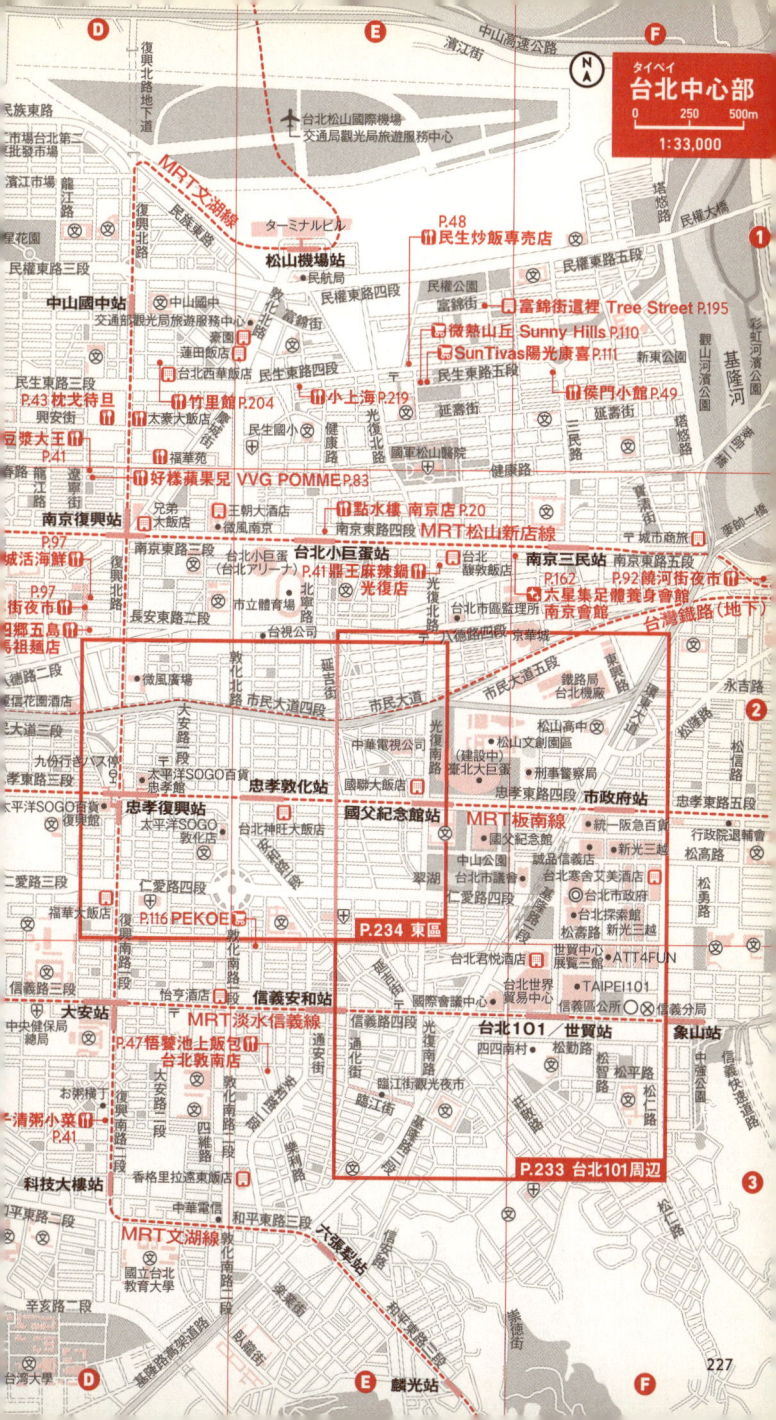

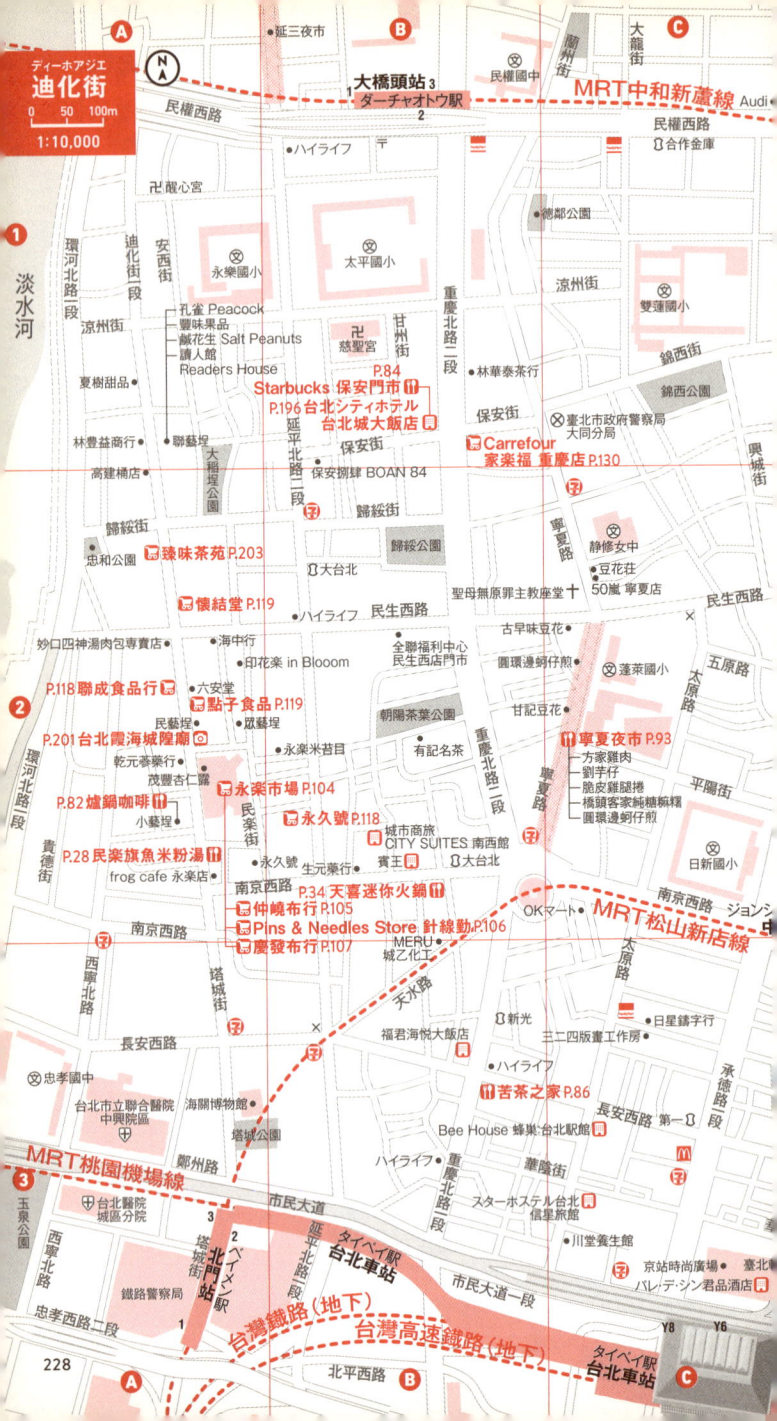

淡水河

MRT中和新蘆線　Audi

大橋頭站 3
ダーチャオトウ駅

環河北路一段
迪化街一段
安西街
涼州街
民権西路
民権西路
合作金庫
徳郷公園
太平国小
永楽国小
重慶北路二段
涼州街
双蓮国小
錦西街

孔雀 Peacock
豊味果品
鹹花生 Salt Peanuts
讀人館 Readers House
夏樹甜品
林豊益商行
高建桶店
慈聖宮
甘州街
林華泰茶行
錦西公園
P.84
Starbucks 保安門市
P.196 台北シティホテル
台北城大飯店
延平北路二段
保安街
保安街
臺北市政府警察局
大同分局
保安捌肆 BOAN 84

Carrefour
家楽福 重慶店 P.130

帰綏街
帰綏公園
寧夏路
静修女中
50嵐 寧夏店
豆花荘
民生西路
忠和公園
臻味茶苑 P.203
懐結堂 P.119
ハイライフ
民生西路
聖母無原罪主教座堂
古早味豆花
五原路
太原路

妙口四神湯肉包専売店
海中行
印花楽 in Blooom
六安堂
全聯福利中心
民生西店門市
園環魷仔煎
蓬莱国小

P.118 聯成食品行
點子食品 P.119
P.201 台北霞海城隍廟
乾元蔘薬行
茂豊杏仁露
小藝埕
眾藝埕
永楽米苔目
朝陽茶葉公園
有記名茶
甘谷街
日記豆花

永楽市場 P.104
P.82 爐鍋咖啡
P.28 民楽旗魚米粉湯
frog cafe 永楽店
永久號 P.118
永久號
生元薬行
城市商旅
CITY SUITES 南西館
賓王
大台北
重慶北路二段
寧夏路
寧夏夜市 P.93
方家雞肉
劉芋手
脆皮雞腿捲
穂頭客家純糖糯糍
園環魷仔煎
日新国小

南京西路
P.34 天章迷你火鍋
仲嶸布行 P.105
Pins & Needles Store 針線� P.106
慶發布行 P.107
MERU
城乙化工
OKマート
南京西路
MRT 松山新店線
ジョンシ

西寧北路
塔城街
天水路
新光
三二四版畫工作房
日星鑄字行

長安西路
忠孝国小
台北市立聯合医院
中興院區
海関博物館
塔城公園
福君海悦大飯店
Bee House 蜂巣台北駅館
華陰街
長安西路 第一
永徳路一段

MRT 桃園機場線
鄭州路
ハイライフ
重慶北路一段
スターホステル台北
信星旅館
苦茶之家 P.86

台北医院
城区分院
玉泉公園
西寧北路一段
鐵道警察局
市民大道
延平南路
北門站
ベイメン駅
台灣鐵路（地下）
台北車站
タイペイ駅
市民大道一段
川堂養生館
京站時尚廣場
臺北
バレ・デ・シン君品酒店
京站時尚廣場

忠孝西路二段
台灣高速鐵路（地下）
台北車站
タイペイ駅
北平西路

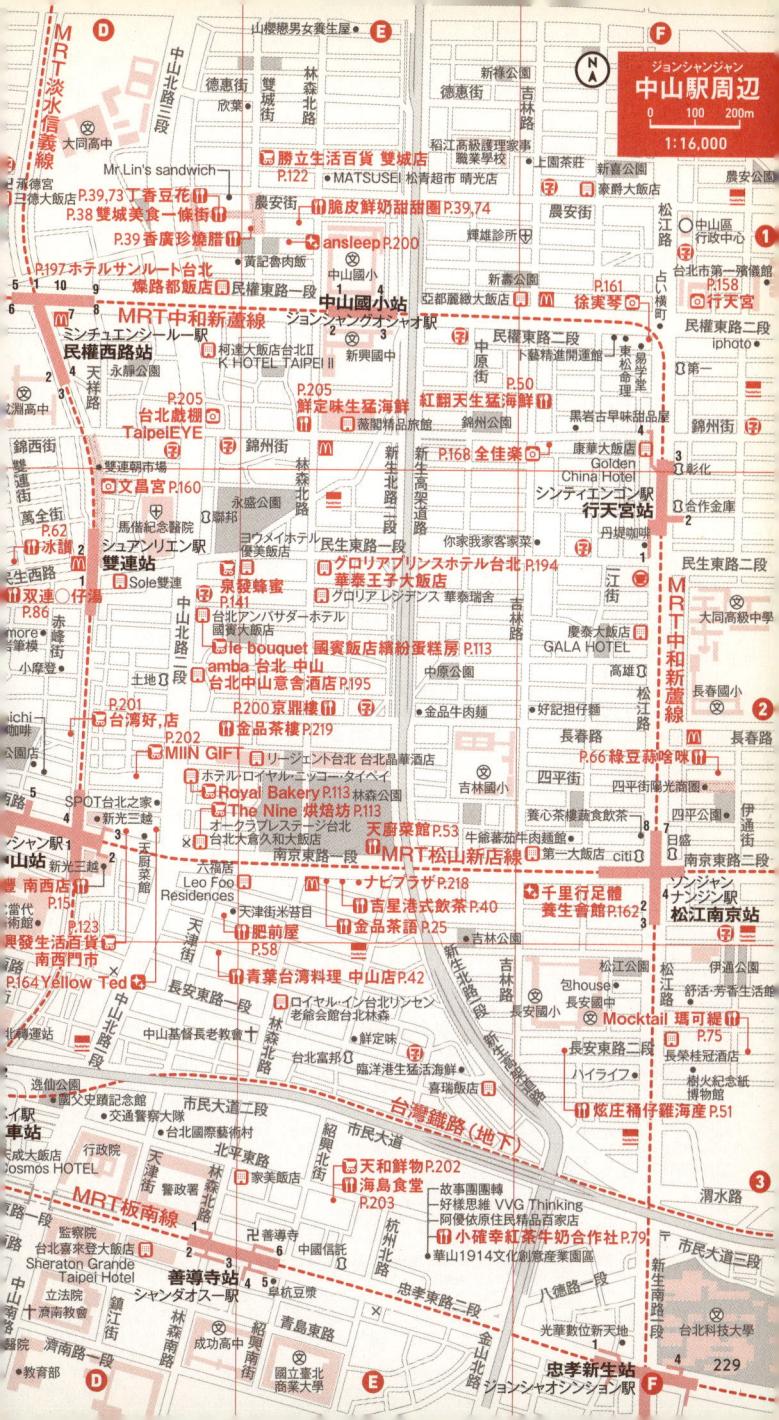

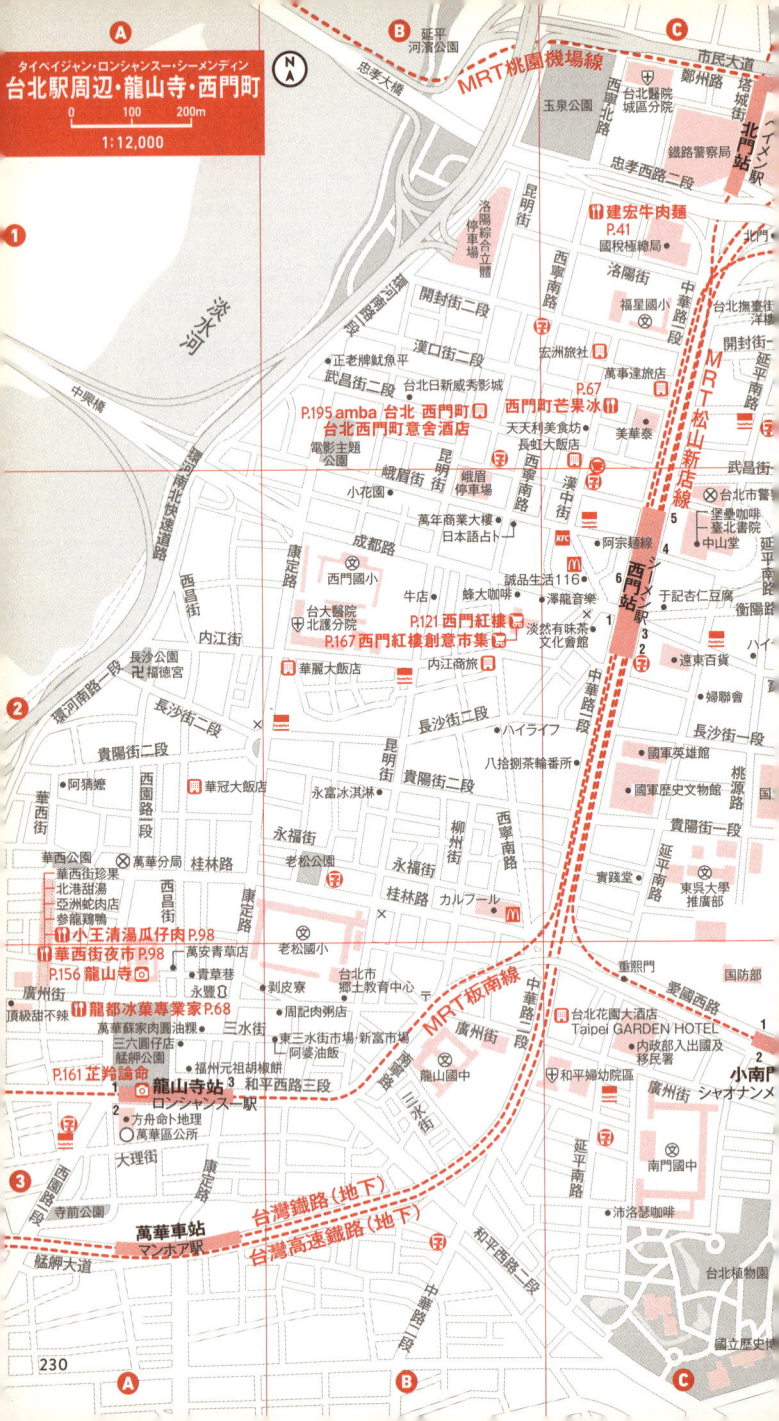

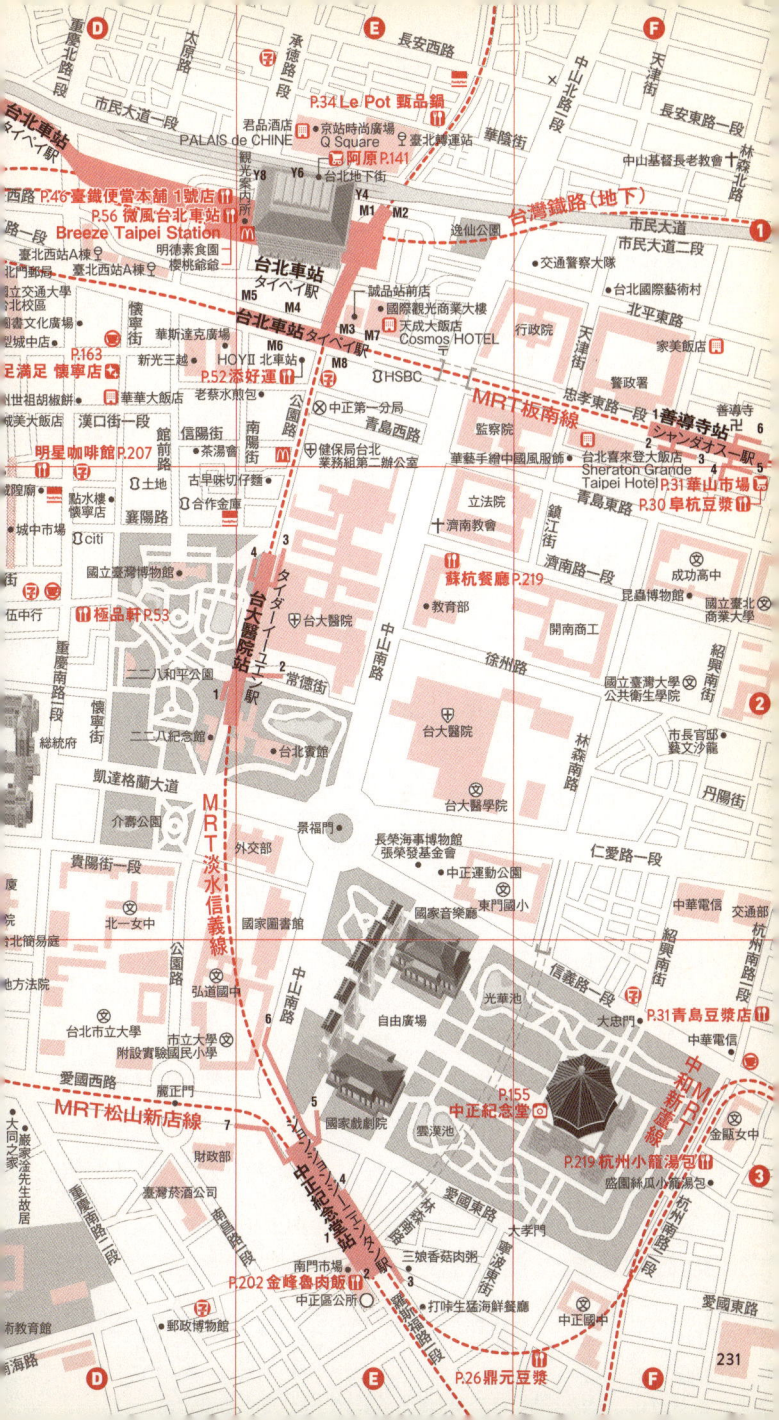

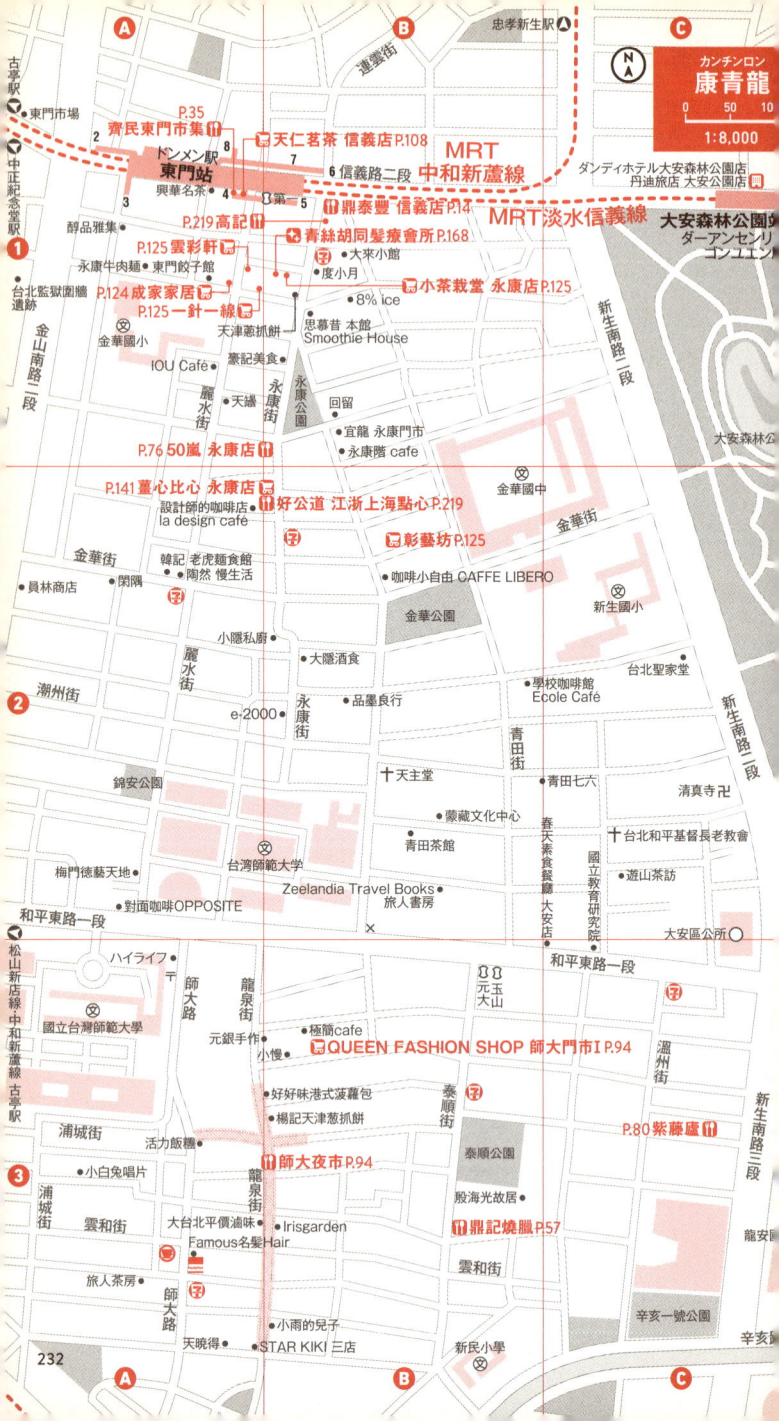

忠孝新生駅

連雲街

古亭駅

東門市場

中正紀念堂駅

P.35
齊民東門市集

ドンメン駅
東門站

天仁茗茶　信義店 P.108

信義路二段

MRT
中和新蘆線

ダンディホテル大安森林公園店
丹迪旅店 大安公園店

興華名茶

第一五

鼎泰豐　信義店 P.14

MRT淡水信義線

大安森林公園駅
ダーアンセンリ
コンユエン

P.219 高記

醇品雅集

P.125 雲彩軒

青絲胡同同髮療會所 P.168

大来小館

永康牛肉麵　東門餃子館

度小月

小茶栽堂　永康店 P.125

P.124 成家家居

P.125 一針一線

8% ice

新生南路二段

金華國小

天津蔥抓餅

思慕昔 本館
Smoothie House

大安森林公

IOU Café

豪記美食

麗水街

天綸

永康街

永康公園

回留

P.76 50嵐　永康店

宜龍 永康門市

永康階 cafe

P.141 薑心比心　永康店

金華國中

好公道 江浙上海點心 P.219

設計師的咖啡店
la design cafe

金華街

彩藝坊 P.125

金華街

韓式 老虎麵食館

咖啡小自由 CAFFE LIBERO

員林商店

閑隅

陶然 慢生活

金華公園

新生國小

小隱私廚

大隱酒食

麗水街

永康街

學校咖啡館
Ecole Café

台北聖家堂

e-2000

品墨良行

潮州街

青田街

天主堂

新生南路二段

錦安公園

蘑藏文化中心

青田街

青田七六

清真寺

台北和平基督長老教會

青田茶館

春天素食餐廳
大安店

國立教育研究院

遊山茶訪

梅門德藝天地

台灣師範大學
Zeelandia Travel Books

旅人書房

大安區公所

對面咖啡OPPOSITE

和平東路一段

和平東路一段

松山新店線
中和新蘆線
古亭駅

ハイライフ

師大路

龍泉街

元町
大山

國立台灣師範大學

元銀手作

極簡cafe

QUEEN FASHION SHOP 師大門市 I P.94

小慢

溫州街

泰順街

好好味港式菠蘿包

泰順街

楊記天津蔥抓餅

P.80 紫藤盧

浦城街

活力飯糰

龍泉街

新生南路三段

浦城街

小白兔唱片

師大夜市 P.94

殷海光故居

鼎記燒臘 P.57

雲和街

雲和街

大台北平價滷味

Irisgarden

Famous名髮Hair

師大路

辛亥一號公園

龍安

旅人茶房

辛亥

天曉得

小雨的兒子

STAR KIKI 三店

新民小學

A　　　　B　　　　C

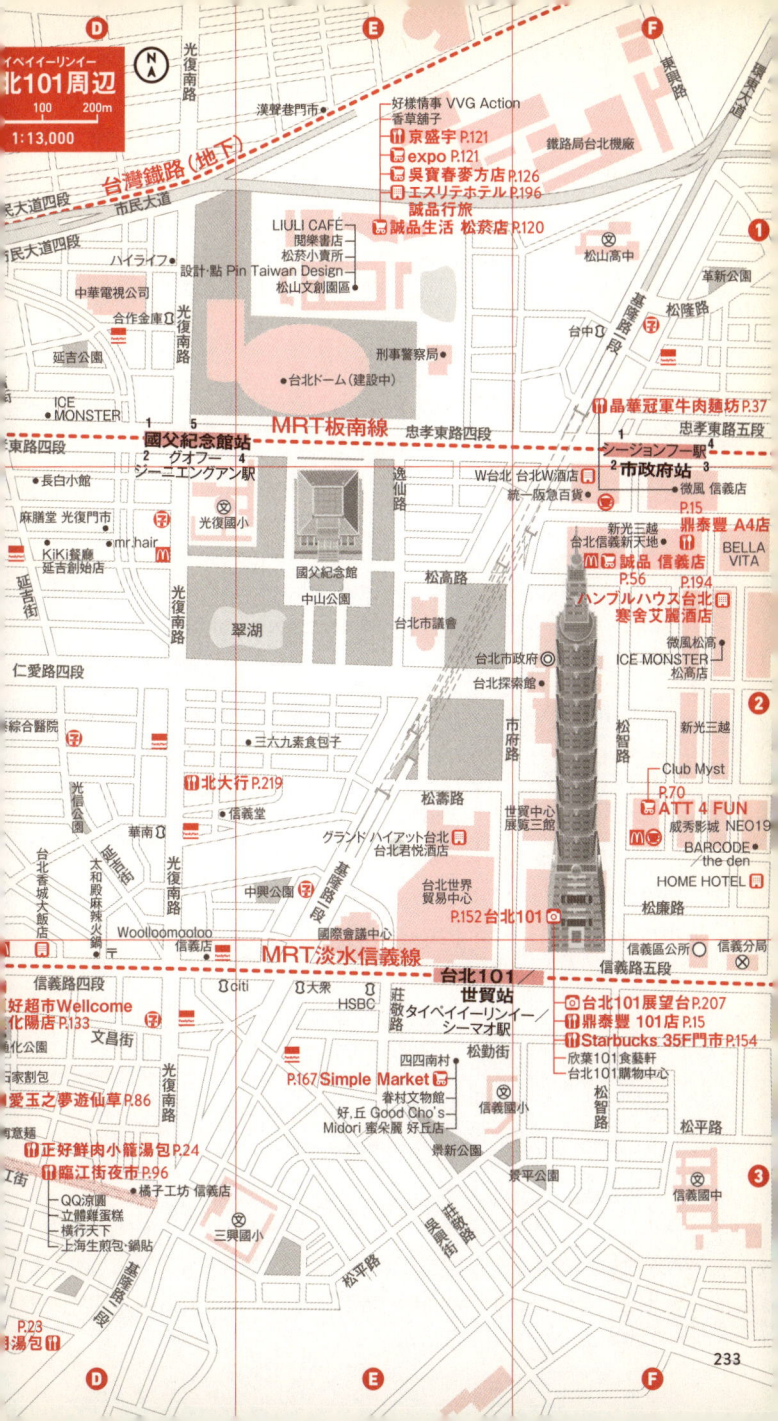

台灣鐵路（地下）

好樣情事 VVG Action
香草舖子
京盛宇 P.121
expo P.121
吳寶春麥方店 P.126
エスリテホテル P.196
誠品生活 松菸店 P.120

鐵路局台北機廠

LIULI CAFÉ
閣樂書店
松菸小賣所
設計點 Pin Taiwan Design
松山文創園區

松山高中
革新公園

中華電視公司
合作金庫
延吉公園

刑事警察局
台北ドーム（建設中）

松隆路

ICE MONSTER

晶華冠軍牛肉麵坊 P.37

MRT板南線
忠孝東路四段
忠孝東路五段

東路四段
國父紀念館站
グオフー
ジーニエングアン駅

逸仙路

シージョンフー駅
市政府站

長白小館
麻膳堂 光復門市

W台北 台北W酒店
統一阪急百貨

微風 信義店
P.15

KiKi餐廳
延吉創始店

mr.hair
光復國小

新光三越
台北信義新天地
誠品 信義店
P.56　P.194

鼎泰豐 A4店

BELLA VITA

延吉街

國父紀念館

松高路

ハンブルハウス台北
寒舍艾麗酒店

翠湖

台北市議會

微風松高

ICE MONSTER
松高店

仁愛路四段

台北市政府
台北探索館

新光三越

綜合醫院

三六九素食包子

市府路

松智路

Club Myst
P.70

北大行 P.219

信義堂

ATT 4 FUN
威秀影城 NEO19

台北信義城大飯店

華南

グランド ハイアット台北
台北君悦酒店

松壽路

世貿中心
展覽三館

BARCODE
the den
HOME HOTEL

中興公園

台北世界貿易中心

松廉路

Woolloomooloo
信義店

國際會議中心

P.152 台北101

信義區公所
信義路五段

信義分局

MRT淡水信義線

台北101
世貿站

好超市Wellcome
化陽店 P.133

citi
大衆

HSBC

文昌街

化公園

台北101展望台 P.207
鼎泰豐 101店 P.15
Starbucks 35F門市 P.154
欣葉101食藝軒
台北101購物中心

家割烹

タイペイイーリンイー
シーマオ駅

松勤街

愛之夢遊仙草 P.86

P.167 Simple Market

四四南村
眷村文物館
好,丘 Good Cho's
Midori 寒朵麗 好丘店

信義國小

松智路

義街

正好鮮肉小籠湯包 P.24
臨江街夜市 P.96

景新公園

景平公園

松平路

橘子工坊 信義店

QQ涼圓
立體雞蛋糕
橫行天下
上海生煎包・鍋貼

信義國小

三興國小

莊敬吳興街

松平路

P.23
湯包

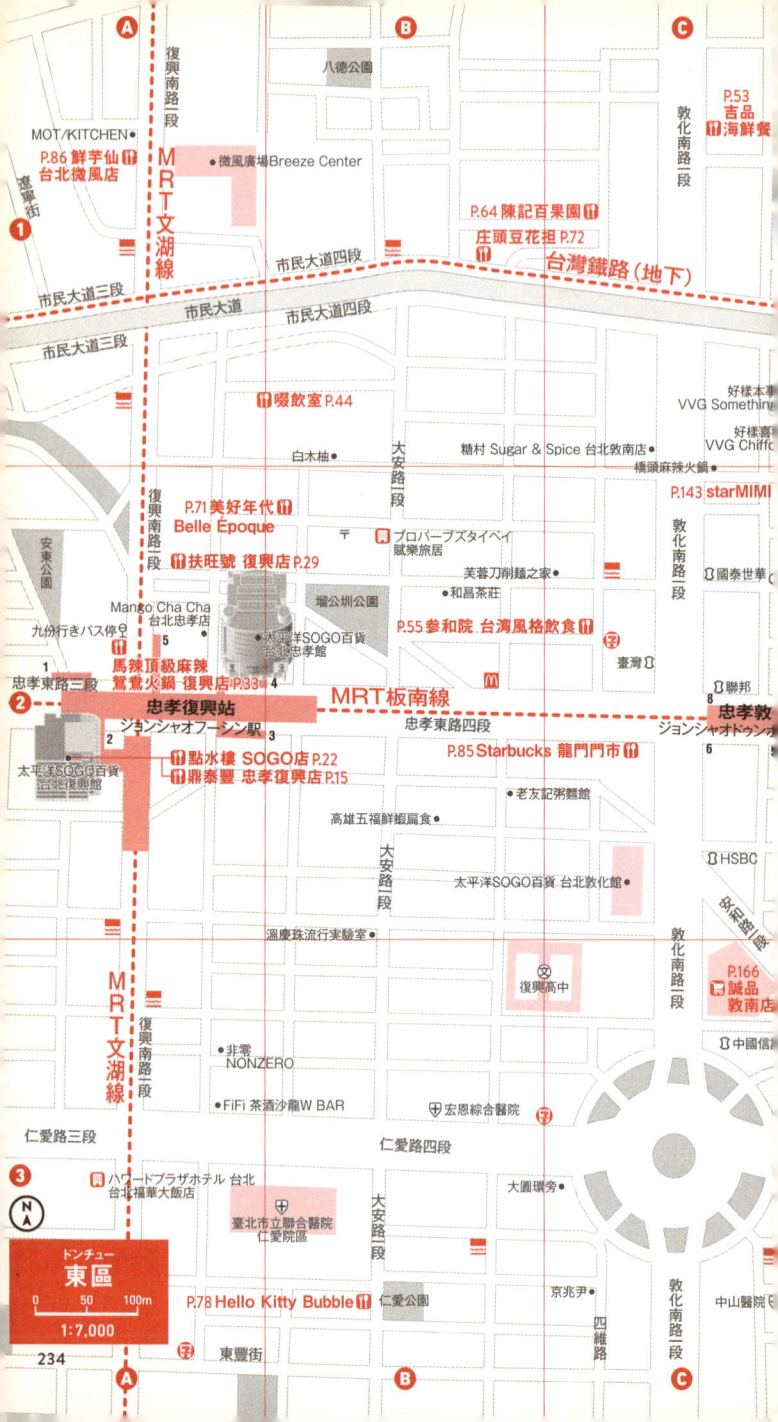

MOT/KITCHEN ●
P.86 鮮芋仙 台北微風店

MRT文湖線

復復南路二段

蓬萊街

八德公園

● 微風廣場 Breeze Center

市民大道四段

①

P.53 吉品 海鮮饗

P.64 陳記百果園

庄頭豆花担 P.72

台灣鐵路（地下）

敦化南路一段

市民大道三段

市民大道

市民大道四段

市民大道三段

市民大道四段

啜飲室 P.44

好樣本事 VVG Something

好樣喜 VVG Chiffo

糖村 Sugar & Spice 台北敦南店

白木耳 ●

橋頭麻辣火鍋

P.143 starMIMI

P.71 美好年代 Belle Époque

復興南路二段

安東公園

扶旺號 復興店 P.29

大安路一段

プロパーブズタイペイ 賦樂旅居

芙蓉刀削麵之家 ●

和昌茶莊

國泰世華

敦化南路一段

Mango Cha Cha 台北忠孝店

九份行きバス停⑤

增公圳公園

P.55 參和院 台湾風格飲食

太平洋SOGO百貨 台北忠孝館

臺灣

聯邦

1

忠孝東路三段

馬辣頂級麻辣 鴛鴦火鍋 復興店 P.33

②

忠孝復興站 ジョンシャオフーシン駅

2

MRT板南線

忠孝東路四段

M

忠孝敦

ジョンシャオトゥンカ

太平洋SOGO百貨 台北復興館

點水樓 SOGO店 P.22

鼎泰豐 忠孝復興店 P.15

P.85 Starbucks 龍門門市

8

6

HSBC

高雄五福鮮蝦扁食

老友記粥麵館 ●

大安路一段

太平洋SOGO百貨 台北敦化館

溫慶珠流行実験室 ●

敦化南路二段

復興高中

P.166 誠品 敦南店

中國信

MRT文湖線

復興南路二段

非零 NONZERO

● FiFi 茶酒沙龍 W BAR

宏恩綜合醫院

復興南路二段

仁愛路三段

仁愛路四段

大圓環旁

③

N

ハワードプラザホテル 台北 台北福華大飯店

臺北市立聯合醫院 仁愛院區

大安路二段

京兆尹

中山醫院

ドンチュー 東區

0 50 100m

1:7,000

P.78 Hello Kitty Bubble

仁愛公園

四維路

敦化南路二段

234

東豐街

A

B

C

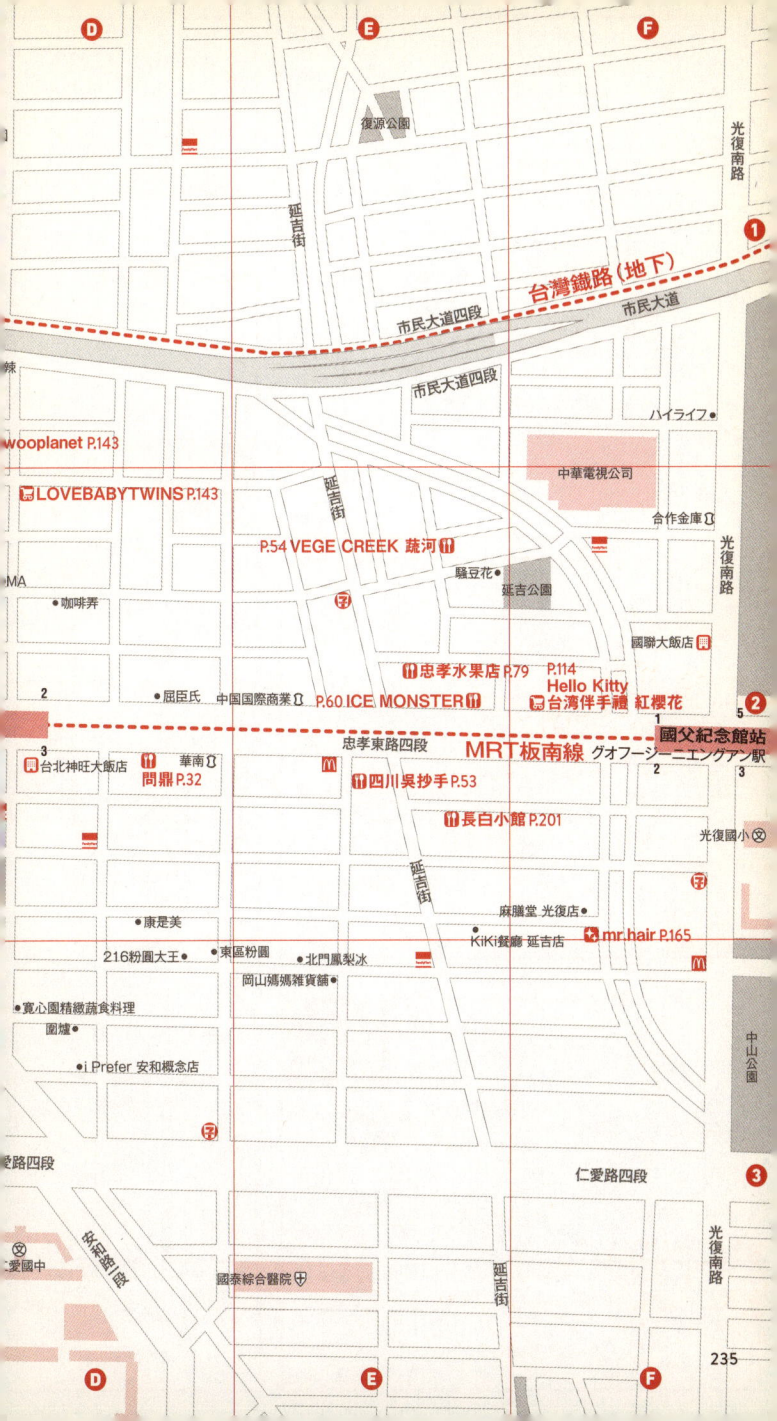

INDEX

迪化街	點子食品	119
台北駅周辺	天和鮮物	202
信義安和	頂好超市 Wellcome 通化陽店	133
康青龍	天仁茗茶 信義店	108
士林	多寶格	149
高雄	好味珍烏魚子專業	191
東區	Hello Kitty 台湾伴手禮店 紅櫻花	114
東區	PEKOE	116
迪化街	Pins & Needles Store 針線勤	106
迪化街	懷結堂	119
台北駅周辺	華山市場	31
中山駅周辺	MIIN DESIGN	202
康青龍	雲彩軒	125
迪化街	永久號	118
迪化街	永楽市場	104
東區	LOVEBABYTWINS	143
迪化街	聯成食品行	118
中山駅周辺	le bouquet 國寶飯店繽紛蛋糕房	113
中山駅周辺	Royal Bakery	113

📷 TOURISM ツーリズム

エリア	物件	ページ
台北101周辺	ATT 4FUN	70
中山駅周辺	ansleep	200
中山駅周辺	Yellow Ted	164
烏来	烏来露天公共浴池	188
雙連	文昌宮	160
士林	國立故宮博物院	146
象山	象山親山歩道	203
花蓮	石藝大街	192
貓空	指南宮	189
西門町	西門紅樓創意市集	167
北投	少師禪園	188
行天宮	徐実琴	161
台北駅周辺	中正紀念堂	155
九份	昇平戲院	182
行天宮	行天宮	158
十分	幸福天燈	185

台北101周辺	Simple Market	167
淡水	新北市河濱公園 自行車租借淡水站	187
台北駅周辺	足満足 懷寧店	163
台南	大天后宮	192
台北101周辺	台北101	152
雙連	台北戲棚 TaipeiEYE	205
圓山	台北市立美術館	204
迪化街	台北霞海城隍廟	201
中山駅周辺	千里行足體養生館	162
東區	誠品 敦南店	166
龍山寺	芷羚論命	161
國父記念館	mr.hair	165
高雄	美麗島站光之穹頂	191
淡水	漁人碼頭	187
北投	日勝生加賀屋	188
南京三民	六星集足體養身會館 南京店	162
台南	林百貨	192
龍山寺	龍山寺	156

🏨 STAY ステイ

エリア	物件	ページ
西門町	amba 台北 西門町	195
中山駅周辺	amba 台北 中山	195
松山	amba 台北 松山	195
台北101周辺	エスリテホテル	196
雙連	グロリアプリンスホテル 台北	194
迪化街	台北シティホテル	196
台北101周辺	ハンブルハウス台北	194
富錦街	富錦街道裡 tree street	195
中山國小	ホテルサンルート台北	197

STAFF

編集制作／omo!（土田理奈、後藤涼子）

編集協力／菅沼佐和子　王偉

編集制作・取材・執筆／
山田やすよ　金井千絵　高橋真紀　河部紀子　手塚よしこ

撮影・写真協力／
ミヤジシンゴ　日高奈々子　陳柔伊　陳小剛　何昌益　熊谷俊之

表紙・本文デザイン／
菅谷真理子＋高橋朱里（マルサンカク）

本文デザイン／
鈴木勝、永吉悠真、中條優貴、晴山まりも（有限会社フォルム）

地図制作／s-map

組版・印刷／大日本印刷株式会社

企画・編集／鈴木晴奈（朝日新聞出版　生活文化編集部）

行く前に知っておきたい
台湾の得ワザ300

2016年11月30日　第1刷発行
2017年4月30日　第3刷発行

編　著　朝日新聞出版

発行者　須田剛

発行所　朝日新聞出版
　　　　〒104-8011　東京都中央区築地5-3-2
　　　　電話（03）5541-8996（編集）
　　　　　　　（03）5540-7793（販売）

印刷所　大日本印刷株式会社

©2016 Asahi Shimbun Publications Inc.
Published in Japan by Asahi Shimbun Publications Inc.
ISBN 978-4-02-333926-2